KB260752

한반도의 분단과 통일

이제는 미국이 대답하라

KOREA : DIVISION, REUNIFICATION AND U. S. FOREIGN POLICY
Written by Martin Hart-Landsberg
Copyright 1998 © by Monthly Review Press
Korean translation © 2000 Dangdae Publishing Company
This Korea edition was published by arrangement with Monthly Review Press,
US, through Best Agency, Korea
All rights reserved

한반도의 분단과 통일
이제는 미국이 대답하라

마틴 하트-랜즈버그지음 | 신기섭 옮김

당대

이제는 미국이 대답하라
― 한반도의 분단과 통일

지은이/마틴 하트-랜즈버그
옮긴이/신기섭
펴낸이/김종삼
펴낸곳/도서출판 당대

제1판 제1쇄 인쇄 2000년 6월 29일
제1판 제1쇄 발행 2000년 7월 1일

등록/1995년 4월 21일(제10-1149호)
주소/서울시 마포구 연남동 509-2, 3층 121-240
전화/323-1316 팩스/323-1317
전자주소/dangbi@chollian.net

ISBN 89-8163-051-8

나의 아내 실비아에게

감사의 글

태평양 이쪽저쪽의 많은 사람들이 한국분단의 역사와 중요성에 관한 나의 연구에 도움을 주었다. 남한에서는 특히 강정구, 이수훈 그리고 임영일 교수가 많은 시간을 내어주었으며 또 통찰력 있는 의견을 제공해 주었다. 나는 또 1995년 여름에 나를 교환학자로 초청해 준 세종연구소에도 감사하고 싶다. 미국에서는 노엄 다이아몬드, 에드 리드, 데이비드 새터화이트, 서혁교, 유종애 씨를 특히 말해 두고 싶다. 그리고 미국후원활동위원회의 한국 프로그램에도 고마움을 표한다. 이 프로그램을 통해 1992~93년에 나는 동북아시아를 여행할 기회가 생겨서 한국통일과 관련된 문제들을 고찰할 수 있었다. 마지막으로, 나는 브루스 커밍스와 실비아 하트-랜즈버그, 서혁교, 제임스 웨스트에게 심심한 사의를 표하고 싶다. 이들은 모두 이 책의 초고를 읽고 유익한 조언을 해주었다.

1998년 1월
오레건 주 포틀랜드에서

차 례

머리말

이 책의 목적은, 한국을 민주적이고 평등하며 자주적인 나라로 만들고 미국인들이 새로운 대한(對韓) 정책을 수립하도록 유도하려는 한국인의 노력을 미국의 외교정책이 어떻게 그리고 왜 약화시켰는지를 설명하는 것이다. 이 일은 하찮은 것이 아니다. 대부분의 미국인들은 이런 생각과 정반대 내용의 한·미관계의 '공식' 역사를 믿기 때문이다. 예를 들어 미 국무부에서 발간한 한 출판물은 2차 세계대전 이후 미국과 국제연합이 한국에서 한 행동에 대해 이렇게 기술한다.

[일본 식민주의에서] 해방됐을 때, 점령군의 하나인 미국은 연합국 및 한국민들과 협력해 새로운 한국, 곧 통합되고 민주적이며 외세에서 자유로운 나라를 만들기 위해 협력할 것을 기대했다. 국제연합의 목표이기도 했던 이것은 부분적으로만 달성되었다…. 남한 국민은 국제연합의 감시 아래 자신들의 대표를 자유롭게 선출했으며 민주공화국을 성공적으로 건설했다. 북한 국민들은, 집권 공산 세력이 국민들의 의사표현의 자유를 인정하지 않는 가운데 이에 대항하는 정권을 세우도록 강요되었다. 이렇게 세워진 정권은 나중에 남한에 대해 이유 없는 기습공격을 감행하지만, 이 공격은 인명과

재산의 엄청난 대가를 치르고 국제연합에 의해 격퇴됐다. 이때부터 국제연합과 국제연합 가입국들은 자유롭고 독립된 통일국가를 이루려는 한국민들의 소망을 실현시키기 위해 끊임없이 노력했다.[1]

많은 정부관리와 해설자들은, 미국이 자국 군인들을 한국전쟁에 기꺼이 참전시켜 국제연합 깃발 아래 싸우도록 한 것을 민주주의에 대한 미국 정부의 헌신을 보여주는 가장 중요한 증거로 지속적으로 언급하고 있다. 이런 견해를 취하는 이들은 남한의 경우 이 헌신이 충분한 대가를 얻었다고 지적한다. 남한이 미국의 헌신으로 얻은 자유를 세계에서 가장 활기차고 번영하는 나라를 건설하는 데 이용했기 때문이라고 말이다. 요약하자면, 전통적인 시각에서 보면 동기가 이렇게 이상적이며 이처럼 성공적인 외교정책이 드물다.

한국전쟁의 역사적이고 이념적인 중요성은 1995년 7월 27일 워싱턴에 세워진 한국전쟁 기념관 개관식에 즈음한 정치연설에 잘 반영되어 있다. 개관식에서 빌 클린턴 대통령은 미국의 한국전쟁 참전의 중요성을 이렇게 표명했다. "미국이 파시즘을 격퇴한 건 공산주의가 널리 퍼지는 모습을 보자는 것이 아니라는 점을 뚜렷하게 보여줌으로써, [미국인들은] 자유세계를 냉전에서 승리하는 길에 올려놨다." 그리고 김영삼 남한 대통령은 이 기념식에 참석해 이런 요지의 말을 했다. "미군과 국제연합군이 흘린 피와 땀은 전쟁 이후 전세계에 걸친 자유의 실현 뒤에 자리잡은 주요 동력임이 증명됐다. …[그런 점에서 한국전은] 베를린 장벽을 무너뜨리고 공산주의의 붕괴를 예고하는 전쟁이었다."[2]

두 대통령은 나중에 공동 기자회견에서도 미군의 지속적인 한반도 주둔에 대한 견해를 피력했다. 클린턴 대통령은 "전쟁이 끝난 지 42

년이 지났지만 남한 국민들에 대한 위협은 여전히 존재한다. …〔그래서〕 미군이 주둔할 필요가 있고, 한국민들이 미군 주둔을 원하는 한 미군은 계속 한국에 주둔할 것이라는 우리나라의 약속을 재확인한다"고 말했다. 이에 대해 김 대통령은 다음과 같이 덧붙였다. "클린턴 대통령과 나는 확고한 한·미연합 방위태세를 유지하고 강화하는 것이 한반도는 물론이고 동북아시아의 평화와 안정을 유지하는 데 핵심적이라는 점을 재확인한다."[3]

한국전쟁 기념관에 들어서면, 19명의 미군이 정찰하는 실물보다 약간 큰 동상이 보는 이를 압도한다. 군인들은 지쳐 보이지만 기습공격에 대비해 경비를 서고 있다. 이 기념관은 베트남전쟁 기념관과 불과 몇 킬로미터밖에 안 떨어져 있지만, 많은 언론인들은 둘의 차이가 인상적이라고 한다. 찰스 크로트해머는 이렇게 설명한다.

베트남전쟁 기념관은 사람들을 전쟁의 여파, 곧 상실감 속으로 밀어넣는다. 한국전쟁 기념관은 전쟁의 현실성, 곧 두려움과 용기의 도가니로 몰아넣는다. 앞엣것은 헤아릴 수 없이 많은 죽음을 추모하지만, 뒤엣것은 충실히 수행된 투쟁을 기념한다….

베트남전쟁 기념관은 "이것은 전쟁이다. 다시는 안 된다"고 말하는 그릇이다. 그로부터 13년 뒤에 건립된 한국전쟁 기념관은 다른 감수성을 반영한다. 둘 사이의 기간에 르완다와 보스니아의 공포는 가장 확고한 반전주의자조차 다시 생각하게 했으며, 실로 그들의 생각을 뒤바꿨다. 13년 후의 우리는 "더 이상 전쟁을 배우지 않는 것"이 옳은 생각인지 확신이 서지 않는다. 13년 만에 우리는 싸울 가치가 있는 전쟁이 있고, 전쟁을 세심히 고르고 위대한 목적만을 위해 싸워야 하지만 그러나 싸울 만한 목적이 있다는 데 동의한

다. 한국전쟁이 그런 것이었다.[4]

한국전쟁에 참전한 미국인 수만 명의 희생을 부인하는 사람은 없다. 5만 4천 명 이상이 한국에서 숨졌는데, 이는 전쟁기간이 3배나 길었던 베트남전쟁에서 숨진 5만 8천여 명에 버금가는 숫자이다. 도전할 여지가 있는 것은, 이 전쟁의 해석과 미국의 대한정책이 형성된 방식이다. 실제로 한국전쟁 기념관의 비문은 우리에게 앞에서 제시한 공식적인 역사를 조심스럽게 받아들이도록 만든다. 비문에는 이렇게 씌어 있다. "우리나라는 만나본 적도 없는 국민과 미지의 나라를 지키라는 조국의 부름에 따라 제복을 입은, 아들과 딸들에게 경의를 표한다."

물론 이 비문은 슬픈 진실을 담고 있다. 한국전쟁 당시 대부분의 미국인은 전쟁으로 몰아가는 세력에 대해서도, 미국이 개입하는 이유에 대해서도 거의 몰랐다. 그러나 비록 비문이 미국 외교정책의 이타주의를 강조하는 형태로 되어 있지만, 그 의도와 상관없이 중요한 질문을 제기하기도 한다. 50년 가까이 지난 지금, 대부분의 미국인들이 한국분단과 한국전쟁 또는 미국의 대한 외교정책의 원인과 결과를 얼마나 이해하고 있는가 하는 질문 말이다. 답은 잘 모른다는 것이다.

아마 상황이 이렇게 된 것은, 주로 미국과 남한의 지도자와 여론형성층이 한국과 관련된 미국의 동기와 행동에 대해 잘못된 그림을 계속 제시한다는 점 때문일 것이다. 한반도에서 민주주의를 지키려는 미국 정부의 흔들림 없는 헌신적 노력을 찬양하는 그 많은 연설과 신문기사들은 1905년 태프트-가쓰라 각서를 거론하지 않는다. 이 비밀각서에서 미국 정부는 한국에 대한 일본의 지배권을 인정한다고 약속했고, 일본은 하와이와 필리핀에서 미국의 제국주의적 이권에 간섭하지 않을 것을 다짐했다. 한국인들이 아시아 문제를 다룬 1919년 파리평화회의와 1921~22년 워싱턴회의에서 자국의 독립문제를 제기하는 것을 미국과 일본이 반대한 사실을 거론하는 이도 없다.

미국과 한국의 관계에 대한 표준 해설조차도 한국분단의 주된 책임이 미국에 있음을 보여주는 역사적 증거를 간과하고 있다. 2차 세계대전을 끝내면서 일본이 항복하자, 미국 정부는 한국 북부에서 일본에 맞서 싸우던 소련군이 38선에서 남하를 멈춰야 한다고 일방적으로 선언했다. 이것은 전쟁이 끝난 뒤 몇 주 내에 남한에 진주하지 못하는 미군이 38선 이남—대략 한국의 2/3와 수도 서울을 포함하는 지역이며 이 지역은 나중에 남한이 된다—에서 일본군의 항복을 받을 수 있게 했다. 이 선언은 일본군 무장해제나 한국의 독립을 달성하기 위한 것이 아니라, 한반도에서 미국의 영향력을 보장하고 동북아에서 미국의 정치적·경제적 이권을 확대하기 위한 것이었다.

미군이 마침내 한국에 도착했을 때, 그들은 노동계급과 사회주의 성향의 남한 정부를 보게 됐다. 이 정부는 (분단 뒤 북쪽에 세워진 조선민주주의인민공화국보다 앞서는) 조선인민공화국인데, 대중들이 주도하는 인민위원회와 그와 관련되어 있는 대중조직을 통해 전국의 질서와 경제생산을 유지하고 있었다. 미국은 남쪽의 이런 대중기구를 강제적으로 파괴하고 대신 자체 군사정부를 세웠다. 이런 정책은 남과 북의 정치과정을 분리시켰으며 결국은 두 개의 정부 수립으로 몰아갔다. 그후 극단적으로 다른 정치 조직과 전망에 바탕을 두고 형성된 두 정부는 서로 한국의 유일한 합법정부라고 주장하게 된다.

이런 시각에서 볼 때 최선은 한국전쟁을, 분단국가를 통일하기 위한 내전으로 이해하는 것이다. 1950년 10월에 국제연합 주재 미국 대사조차 38선을 '가상의 선'[5]이라고 함으로써 이를 인정했다. 미국의 지원을 받은 남한 정부가 대중들로부터 인기를 얻지 못한 사실을 전제로 하면, 미국이 개입하지 않았다면 이 내전이 금방 끝났을 거라고 믿을 근거가 충분하다. 또 그랬다면 조선인민공화국을 지지하는 이들은 민주적인 한국을 건설할 또 한차례의 기회를 얻을 수 있었을 것이다. 하지만 미국이 개입했으며, 미국의 군사작전은 분단이라는 현상을 유지하는 데 성공했다.

계속된 분단은 한반도를 세계에서 가장 폭발의 잠재력이 큰 지역으로 바꿔놨다. 미국의 평론가와 정부관리들은 북한의 군국주의, 특히 핵위협을 내세우며 동북아시아 사람들이 위험에 처해 있다고 자주 경고한다. 그러나 중요한 것은, 미국이 한국전쟁 기간에 북한과 중국에 핵무기를 사용할 것이라고 위협함으로써 한반도에 핵위협을 먼저 끌어들였다는 사실을 이들이 보통 빼먹는다는 점이다. 이들은, 휴전협정을 위반하면서 1957년 한반도에 핵무기를 처음 들여온 나라도 바로 미국이라는 사실 또한 거론하지 않는다. 1976년 미국이 남한에서 연례적인 전쟁게임을 시작함으로써 핵위협을 정례화한 것을 거론하는 이도 없다. 게다가 그들은 미국이 아니라 북한이야말로 평화협정을 맺어 한국전쟁을 공식적으로 끝내려고 계속 시도하고 있다는 사실에 사람들이 주목하게 만들지도 않는다.

미국의 군사·정치·기업 지도자들이 한국의 평화적 통일을 촉진할 의지가 있는지, 아니 이는 고사하고 긴장완화의 의지가 있는지 의심할 이유는 충분히 있다. 적대적인 북한 정권이 있다는 사실이 몇몇 미국의 이해관계에 상당히 긍정적으로 작용하기 때문이다. 이에 적절한 사례인데, 소련이 붕괴한 직후 북한이 동북아 평화와 안정을 위협하는 주요한 핵 위협세력이 된 것은 우연이 아니다. 높은 군비와 공격적인 외교정책에 대한 〔국민들의〕 지지는 냉전이념의 수용에 주로 바탕을 두고 있다. 소련 붕괴와 함께 미국은 이 지역 내 〔군사〕활동을 정당화하는 새로운 냉전 군사전략을 만들어내지 않을 수 없었다. 미 국방부는 『철저한 재분석 : 새 시대의 세력들(*The Bottom-Up Review: Force for a New Era*)』에서, 미국은 중간 규모의 제3세계 국가와 동시에 두 지역에서 현대전을 펼칠 수 있는 군대가 필요하다고 결론 내렸다.[6] 또 미국의 이익에 가장 큰 위험은 이라크와 북한이 동시에 군사행동을 벌이는 것이라고 주장했다. 그래서 북한의 '위협'이 냉전시대 수준의 군사비 지출을 유지하는 것을 정당화하는 주요 핑곗거리가 되었다.

정치 및 기업 지도자들은 이 새로운 군사전략을 재빨리 이용했다. 북한의 위협 덕분에 이들은 스타워즈 미사일 방위체계를 다시 밀어붙일 수 있었다. 이 사업을 위해 확보한 자금은 1992년 19억 달러로 최고치에 이른 이후 1994년 4억 달러로 떨어졌는데, 1995년 스타워즈를 되살리려는 캠페인이 다시 한 번 힘을 얻었다. 이에 대해 『비즈니스 위크(*Business Week*)』는 이렇게 설명하고 있다.

대기업가들과 보수적인 정치인들은 이 사업이 자신들의 목표를 달성하는 데 완벽한 것으로 여겼다. 일련의 파문을 일으키는 보고서를 총알로 삼아 보수적인 두뇌집단의 레이건주의자들은 북한과 이라크 같은 불한당(rogue) 국가들의 위협을 공개적으로 거론했다. 공화당은 여론조사와 전문가집단의 견해에 근거해 민주당이 방위 보호막 설치 노력을 저지하면 유권자들이 폭발할 것이라고 생각했다. 반면 TRW, 록히드마틴 같은 무기 제조업체들은 국방부의 몇 안 되는 성장분야로서 횡재를 할 수 있었다.[7]

미국인들에게 북한의 위협을 심각하게 여기도록 열심히 노력한 정보관련 관리들은 미국 서부가 2000년에는 (당시 개발이 채 안 끝난) 북한의 새로운 미사일의 사정거리 안에 들어갈 것으로 예상된다고 주장했다. 한 상원의원은 이렇게 말했다. "이 정보가 진실에 근접하는 것이기만 해도, 미국의 주권에 대한 아주 심각하고 상대적으로 즉각적인 사상 최초의 도전이 된다."[8] 우리는 새로운 방위체계가 이 잠재적인 '도전'에 맞대응하기 위해 고안되었다고 추정할 수 있을 뿐이다.

아시아·태평양 지역의 강력한 미군 주둔을 정당화해 줌으로써, 북한의 위협은 군수산업 이외의 산업에도 잠재적인 이익을 제공한다. 한 분석가는 군사력과 경제력의 연관관계를 이렇게 설명한다.

국방부 고위관리는 『뉴욕타임스』의 토마스 프리드먼에게, 냉전 기간 동안 타이완 재계는 미국이 자국을 보호해 준다는 점 때문에 일본 기업보다 미국 기업을 선호했다고 말했다. 냉전 이후 세계에서도 미국의 성공적인 국제경찰 활동은 동일한 효과를 준다. 미국이 주도한 걸프전쟁 승전 뒤인 1993년 10월 사우디아라비아는 미국 기업인 보잉 및 맥도널 더글러스와 60억 달러 규모의 항공기 도입계약을 했다. 계약의 절반을 따낼 것으로 기대했던 유럽 컨소시엄 에어버스는 미국이 '안보를 미국에 의존하게 된' 사우디아라비아에 압력을 넣었다고 불평했다.[9]

최근 아시아·태평양 지역에서 미군주둔과 업계 이해의 상관관계를 문서로 증명하는 것은 어렵지 않다. 태평양 지역 미군사령관 찰스 라슨(Charles R. Larson) 장군은 1993년 10월에 한 연설에서 미군 해외주둔 규모가 전세계에서 아시아·태평양 지역을 빼고는 모두 줄었다면서, 그 이유를 미국의 대(對)아시아 무역규모가 대 유럽이나 라틴아메리카 무역규모보다 크기 때문이라고 말했다. 또 그는 클린턴 정부의 '새로운 태평양 공동체'에 대한 전망을 거론하면서, 미군의 향후 주둔은 이 공동체 지원과 공동체 내부의 미국 주도권을 보장하는 데 필수적인 군사안보의 핵심이라고 주장했다.[10]

현재 남한과 일본은 아시아에서 가장 주요한 미군 주둔지가 되고 있으며, 북한의 위협이 바로 이를 정당화해 주고 있다. 1995년에 오키나와 주민들이 미군 세 명의 12세 소녀 강간에 대한 항의로 미군철수를 요구했을 때, 국방장관 윌리엄 페리는 일본에서 미군을 철수하면 "서태평양 지역의 안보와 안정을 제공하지 못할 것"이라고 주장했다. 그는 또 "미군이 일본에 주둔하는 것은 편의 때문이 아니다. 아시아·태평양 지역의 안보를 위해 필요하기 때문"[11]이라면서, 그것은 "우리의 모든 계획이 북한에 가까이 주둔하는 것을 전제로 하기 때문"[12]이라고 그 이유를 들었다.

한국의 분단과 분단의 연장인 북한의 위협이 미국의 군사·정치·기업 지도자들에게 수많은 이익을 제공하고 그래서 미국 정책결정자들에게 북한과의 관계개선 및 한국통일에 반대할 동기를 제공하고 있지만, 북한에 대한 강경 대응의 공감대가 약화될 수 있음을 보여주는 징조도 있다. 예를 들면, 미국은 북한 핵관련 교착상태의 해결방안으로 전쟁 대신 협상을 택했다. 1994년 10월에 이루어진 미국과 북한의 합의안에는 무엇보다 미국이 북한의 핵발전 방식의 변경과 근대화를 지원하고 두 나라간 관계를 개선하는 내용이 들어 있다. 게다가 1996년에 미국 정부는 남한의 반대를 무릅쓰고 홍수피해를 당한 북한의 긴급 식량지원 요청에 긍정적으로 반응했다. 그러나 이런 진전이 미국의 한반도 정책의 근본적인 변화를 보여주는 것이라고 결론짓기는 아직 이르다. 미국의 정부 및 군 관계자들 상당수는 대북한 관계개선의 첫걸음조차 공개적으로 반대한다. 하지만 이런 정책 일관성의 부재는 동시에 대중적 압력이 변화를 실제로 강제할 수 있는 역사적 단계에 들어서고 있다는 희망을 보여주는 것이기도 하다.

미국인들이 현재의 정책을 바꾸고 싶어할 만한 이유는 분명히 많다. 우선 이 정책의 대가가 너무 컸다. 수만 명의 미국인이 한국전쟁에서 목숨을 잃었고 다시 전쟁이 나면 더 많은 사람이 목숨을 잃을 수 있다. 또 이것은 균형예산이라는 이름으로 사회보장 제도가 난도질당하는 상황에서 높은 수준의 군사비 지출을 정당화해 주고 있다.

현재의 정책은 한국인들에게도 고통을 주고 있다. 수백만 명이 한국전쟁으로 숨졌고 미국인처럼 한국인들도 새로운 전쟁의 위험 속에 살고 있다. 더 직접적으로는 한반도에서 '우호적인' 정권을 유지하려는 미국의 의지는 결과적으로 남한의 군사독재를 편들고 민주화운동에 반대하는 것으로 이어졌다. 1980년 상황이 바로 그랬다. 미국 정부는 신군부의 쿠데타에 반대하는 광주 시민들에 대한 군사작전을 지지하기로 결정한 것이다.

남북한 정부도 분단지속에 따른 긴장을 자국민에 대한 강한 사회통제를 유지하는 데 이용해 왔다. 우리는 북한에 자유가 없다는 것에 대해서 수없이 듣고 읽었다. 그러나 열린 교육환경을 만들려는 교사들, 노동현장의 민주화를 시도한 노동자들, 통일과 자주를 외치는 학생들을 남한 정부가 국가안보를 내세워 억압한 이야기는 거의 듣지 못했다. 이 때문에 미국의 새로운 한반도 정책, 곧 수많은 고통을 안겨준 '가상의 선'을 한국인들이 자유롭고 평화적으로 제거할 수 있는 환경을 조성하는 정책이 필요한 것이다.

한국어판을 내며

이 책은 남북한과 미국의 한반도 외교정책을 다루고 있다. 이 책은 분단의 원인과, 대부분 한국인의 이익에 반하는 분단의 작용방식을 고찰한다. 또 이 책은 분단의 주요 책임이 미국에 있으며 미국 정부는 자국의 외교목적을 위해 분단을 적극 유지하고 있다고 주장한다. 마지막으로, 이 책은 남북한과 미국 정부의 통일 접근법을 비판적으로 접근하고, 독일통일의 경험과 대조적인 긍정적 통일과정을 촉진할 규범을 제시한다.

나는 이 책을 두 부류의 독자를 염두에 두고 썼다. 하나는 미국인이다. 대부분의 미국인은 미국의 한반도 개입 범위와 개입의 효과를 인식하지 못하고 있다. 미국인이 한·미관계의 주요 참고점으로 삼는 것은 한국전쟁이다. 그들은 한국전쟁이 민주주의에 대한 미국의 헌신을 보여주는 모범으로 여기고 있다. 그들은 한국전쟁 개입을 포함한 미국의 한반도 정책이 전반적으로 한반도의 민주주의를 후퇴시키는 작용을 했다는 것을 모르고 있다. 마찬가지로 분단이 한국인들의 평화적이고 민주적이며 자주적인 국가 건설의 노력에 파괴적인 영향을 끼쳤다는 것도 아는 미국인은 거의 없다. 그 결과, 한국인들이 통일을 위해 일할 수 있는 환경을 만드는 데 도움을 주어야 할 책임이 미국에 있다는 것을 인식하는 사람도 거의 없다. 또 이보다 훨씬 더 적은 사람들만이 이 목적을 달성하는 데 적합한 정책의 전망을 갖고 있다.

내 나라의 외교정책에 대한 책임감과 한국인에 대한 연대감에서 나는 이 책을 썼다. 또 미국인들이 한국의 경험을 더 잘 이해하고 미국의 한반도 정책에 도전할 수 있게 하기 위해 이 책을 썼다. 따라서 미국이 새로운 한반도 정책을 개발하는 데 기여하는 것이 이 책의 한 가지 목표이다.

한국인들도 내가 염두에 둔 독자층이다. 그래서 이 책이 한국에서 나오게 된 것을 매우 기쁘게 생각한다. 나는 평등하고 민주적인 나라를 건설하려는 한국인들의 결의에 찬 투쟁의 역사 때문에 그들을 오래 전부터 존경해 왔다. 슬프게도, 한국은 여전히 분단상태이며, 경제적으로 사회적으로 정치적으로 어려운 시절을 맞고 있다. 최근 한국(남한 몇 차례와 북한 한 차례) 방문을 통해 나는 한국 상황을 더 잘 이해하게 되었다. 남한 활동가들과 만나고 경험을 공유한 것은 특히 유익했다. 한국이 나아갈 방안에 대한 많은 논의와 논쟁에 참여해 온 나로서는, 이 문제를 심각하게 생각하지 않을 수 없었다.

그래서 나는 이 책을 연대정신에 입각해 썼다. 또 미국과 한국 '주류'가 제시하는 남북한 문제 설명과 해결책에 대한 나의 도전이 도움이 되기를 기대하고 썼다. 나는 남북한 문제 대부분이 미국의 외교정책과, 남북한 지도자들의 분열과 독재적이며 제한된 정치적 전망 때문에 발생했다고 주장한다. 또 나는 남북한의 기존 정치·경제 제도에 대한 대안을 제시하고, 긍정적인 사회변혁 과정을 촉진할 통일에 입각한 전략을 제시하기 위해 한국 역사를 끌어냈다.

나는 이 책—*Korea: Division, Reunification, & U. S. Foreign Policy*—을 1998년 1월에 탈고했다. 그 이후 주목할 만한 사건전개가 적지 않았다. 그 가운데 특히 중요한 것이, 한국전쟁 기간 학살행위에 대한 대중적 논의 확산, 남한의 경제문제 심화, 북한 위기의 지속, 남한·북한·미국이 각각의 양자관계 변화를 위해 내놓은 새로운 외교정책 등이다. 나는 이 문제들이 이 책의 핵심 주장을 어떻게 강화시켜 주는지를 간략하게 지적하려고 한다.

한국전쟁의 잔학행위 이 책의 상당 부분은 한국 역사, 특히 한국전쟁 기간의 역사에 대한 전통적인 설명에 도전하는 데 바쳐졌다. 미국과 남한 관리들은, 전쟁기간에 자국 군대가 민간인을 학살한 것을 오랫동안 부인해 왔다. 그들은 모든 학살을 북한에 돌렸다. 그러나 그들 주장의 신뢰성은 많은 용기 있는 남한 사람들의 노력과 AP통신사 기자들의 심층취재 덕분에 빠르게 무너지고 있다. 1999년 9월에 AP는 미군이 1950년 7월에 노근리 인근에서 수백 명의 한국인 민간인을 살해한 구체적인 증거를 제시했다.[1] 미국방장관 윌리엄 코언은 즉각 이 사건에 대한 철저한 재검토를 약속했다. 비록 "이 사건은 과거에도 여러 번 조사했지만 학살주장을 확실히 증명하거나 뒷받침하는 정보가 있다는 말을 들은 적이 없다"[2]고 덧붙이기는 했지만 말이다. 남한 정부도 지금까지 이 주장의 신빙성을 부인해 왔다.

오랫동안 억제되어 왔던 그 밖의 민간인 상대 만행에 대한 보고가 이제 점점 더 많이 대중들에게 알려지고 있다. 예컨대 AP의 조사는 1950년 8월에 후퇴하던 미군이 민간인들이 건너고 있는 다리를 폭파해 수백 명을 숨지게 한 사건 두 건도 밝혀냈다. 또 AP의 조사자들은, 비밀분류가 해제된 미군 문서에서 미군 지휘관들이 북한군 침투 가능성에 대비해 민간인에게 발포하도록 하는 복무규정을 정했다는 것도 밝혀냈다.

한 한국인 연구자도 남한의 잔혹행위를 지목하는 또 다른 미국 비밀 문서들을 찾아냈다.[3] 이 문서들은 남한 경찰이 전쟁이 시작된 첫 주에 대전에서 1800여 명의 정치범을 (가끔씩은 미국 관리가 있는 자리에서) 처형했다는 것을 보여준다. 정치범들은 공산주의자에게 '협력한다'는 혐의로 처형당했다. 남한 정부는 이에 대해 조사할 것을 약속했다. 또 이 문서들은 1951년 4월 대구에서도 남한 군대가 수감자들을 학살했음을 암시하고 있다. 북한 역시 미국이 이끄는 군대가 미군과 남한군이 북한을 점령했던 시기를 포함한 전쟁기간에 100만 명의 북한 민간인을 살해했다고 주장하며, 새롭게 학살혐의를 제기했다.

이런 변화는 아주 중요하지만, 이 사건들의 정치적 의미는 아직 불투명하다. 미국과 남한 정부가 결국에 가서는 자국 군대가 1~2건의 학살을 저질렀다고 인정하고 끝나리라는 것은 쉽게 상상할 수 있다. 동시에 그들은 전쟁에 대한 기존의 인식에 대한 도전을 피하려고, 학살은 전쟁 초기의 혼란이 빚어낸 것이라고 둘러댈 것이다. 만약 이렇게 되면 우리는 이 시기 역사에 대한 재인식을 촉진할 기회를 잃을 것이다.

이 역사의 복원은, 2차 세계대전 직후 민주적이고 사회주의 지향적이던 정부가 노동조합·농민·여성·청년학생 들의 강력한 지지를 받으며 조선을 지배했다는 사실을 인식하는 것을 뜻한다. 이 정부 및 연합조직들은 남한에서 우익 한국인들과 연합한 미군의 공격을 받아 파괴되었다. 그래서 한국전쟁 발발 전에 이미 폭력적인 다툼이 몇 년 동안 벌어졌고, 이 다툼은 한국분단과 남북한 단독정부 수립으로 이어졌다.

그래서 한국전쟁을, 미국이 대다수 한국인들의 의지에 반대하기 위해 개입한, 통일을 위한 내전으로 이해하는 것이 가장 올바르다. 이 전쟁의 내전적·대중적 성격 때문에 미군은 민간인과 적을 구별하기 어려웠고, 그래서 민간인 학살을 명령하게 됐다. 또 남한 정부는 좌파가 이끄는 대중운동에 권력을 빼앗길 것을 두려워한 나머지, 많은 사람을 단지 정치적 신념 때문에 체포하고 나중에 처형했다. 요약하면, 잔학행위를 제대로 이해하고 잔학행위에 대한 인정이 진정으로 사회정의와 사회변화의 동력이 되게 만들려면 더 폭넓은 역사적 맥락에서 이 사건들을 조명해야 한다는 것이다.

이 역사의 복원은 몇 가지 이유 때문에 중요하다. 첫째, 이것은 남북한 정부가 독점할 수 없는 진보적인 한국의 중요한 기준을 설정하는 계기가 될 것이다. 둘째, 이것은 미국인들이 자국의 한반도 외교정책이 가지는 진정한 성격과 결과를 바로 보게 해준다. 셋째, 이 역사 복원은 북한과 미국의 평화와 화해의 대화가 시작되는 지점을 제시할 것이다. 빙산의 일각에 불과한 이번 만행폭로가 더 많은 사람으로 하여금 정확한 역사적 해명을 요구하게 만드는 계기가 되기를 기대한다.

경제문제 나는 이 책에서 남북한 국민들이 겪는 경제적 어려움이 심각하며 그 문제는 구조적인 것이라고 주장했다. 현재 남북한 경제의 어려움이 깊이도 다르고 그 바탕에 깔린 역학관계 또한 서로 크게 다르기는 하지만, 38선 양쪽이 효과적으로 여기에 대응하기 위해서는 통일과정 차원의 실질적이며 상호 연관된 사회변혁을 공통적으로 시도해야 한다.

경제문제는 내가 이 책에서 밝힌 것보다 더 심각해졌다. 1998년 남한 GNP는 약 6% 떨어졌고, 당연히 많은 고통을 발생시켰다. 역대 대통령들과 마찬가지로 김대중 대통령은 주로 노동자들의 희생에 의존한 경제회복을 시도하고 있다. 1999년 들어서 남한의 주식과 채권·외환 시장이 다시 회복하고 무역수지가 흑자로 돌아서고 GNP가 10% 상승하자, 국제투자자들은 남한의 '경제회복'을 축하해 마지않았다. 그러나 이런 변화가 대부분의 남한 사람들에게는 별 도움이 안 된다. 게다가 2000년 초반에 무역수지는 다시 적자로 돌아서는 추세이고 가장 중요한 미국 경제가 불안정한 기미를 보이는데다 일본 경제도 침체로 돌아서고 있다. 여기에 더해 재벌의 부채문제는 아직 해결되지 않고 있다.

대부분의 남한 사람들은 미국과 IMF가 부추기는 자유시장 모델을 남한 경제문제의 해결책으로 받아들이는 듯하다. 과거의 성장전략을 되살리지 않은 것은 옳지만, 신자유주의 정책을 받아들인 것은 분명 잘못됐다. 과거 남한의 성장은, 정부가 재벌의 활동을 통제·지시하고 노동을 탄압하고 또 일본 기술·부품과 미국 자금·시장을 확보할 수 있었기 때문에 가능했다. 그러나 80년대 말부터 재벌들은 너무 강해져 통제가 쉽지 않아졌고, 노동자들은 자신들의 권리를 성공적으로 지켜냈다. 또 일본과 미국은 남한의 수출공세를 약화시키는 행동을 하기 시작했다.[4]

일본이 타이나 말레이시아·인도네시아에 대규모 직접투자를 하여 한국의 대일 수출품을 이들 나라에서 더 싸게 생산할 수 있게 함으로써, 남한 경제의 문제는 더욱더 심각해졌다. 이 결과는 90년대 후반에 이 지역의 과잉생산과 수출가격 하락으로 나타났다. 재벌의 수익은 결국 사라졌고, 1997년 남한 경제는 마침내 무너졌다. 그러나 이와 같은 국내외 상황 때문에 바탕이 허약해져 버린 과거의 성장전략은 다시 살아날 수 없다.

IMF가 부과한 자유시장 정책도 답이 아니다. 이 정책은 재벌의 수출과 해외자본 의존도를 더욱 높인다. 또 이 정책은 빈곤과 불평등을 확대시킨다. 이 지역 다른 나라에 부과된 비슷한 정책도 과잉생산을 다시 유발하고 동아시아 전역에 걸친 반(反)노동자적 경쟁력 압박을 강화할 것이다. 한마디로, 신자유주의는 광범하고 안정적인 국가발전을 촉진할 수 없다. 그래서 나는 남한이 급진적으로 새로운 발전전략을 만들어야 하며, 이 전략은 자본주의의 한계를 극복하는 정치적 운동을 건설해야만 달성될 수 있다고 여전히 믿는다.[5]

나의 자본주의 비판이 북한 경제모델을 찬양하는 의미를 담고 있는 것은 아니다. 북한은 남한보다 훨씬 심각한 경제위기를 겪고 있다. 많은 이들이 예상한 것과 달리 북한이 붕괴하지는 않았고 1999년에 북한 경제가 회복되기 시작했다는 징후가 있기는 하지만, 대부분 사람들의 상황은 여전히 아주 심각하다. 게다가 북한 사회주의는 민주주의 결여 등의 다른 많은(더 중요한) 실패를 겪고 있다. 그래서 북한 사람들도 정치·경제 제도의 변혁을 시도해야 한다.

휴전선으로 갈라서 있는 어느 쪽의 변화도 분단이 유지되고 있는 한 어려울 것이다. 분단은 노동계층을 자신들의 역사에 접근하지 못하게 하고 있다. 분단은 또 새로운 사회전망을 촉진하고 신장하려면 필수적인 운동의 형성을 제한하는 데 국가안보를 이용할 수 있고 실제로 이용하는 정치적 분위기를 만든다. 북한의 제약이 훨씬 크지만, 남한의 상황도 만족스러운 것과는 거리가 멀다. 예를 들어 대한변호사협회가 집계한 것을 보면 김대중 정부 취임 초기 8개월 동안 국가보안법 위반으로 구속된 사람 수가 김영삼 정부의 같은 기간과 비교해 4배나 많다.[6] 요컨대 나는 대중적이고 민주적인 통일과정을 촉진할 전반적인 정치전략 개발의 중요성을 여전히 확신하고 있다.

외교정책 현재 남한과 북한, 미국 모두 새로운 외교정책을 제창하고 있지만 동북아 지역의 정치 역학관계는 이 책에 씌어 있는 것과 거의 달라진 게 없다. 예를 들어 김대중 대통령은 전임자들과 거의 같은 소리의 북방정책을 주장하고 있다. 노태우·김영삼 전(前)대통령처럼 그는 남한이 북한의 흡수에 관심이 없고 북한과의 정치·군사 관계보다 경제관계에 우선순위를 두고자 한다고 선언했고, 남북 평화협정이 북한과 미국·일본의 관계 정상화에 우선해야 한다고 주장하고 있다.[7]

또 김대중의 정책은 북한에 대해 지금까지와 다른 개인적·정치적 지향을 반영하고 있다고 말한다. 그래서 노·김 두 사람과 달리 김대중은 흡수라는 말을 본래 의미로 쓸 수도 있을 것이다. 그렇게 된 중요한 이유 한 가지는 남한 경제의 허약함이다. 또 그는 전임자들보다 남북한 경제협력을 더 지지해 왔다. 한 가지 예가 현대그룹의 금강산 관광사업을 지원한 것이다. 뿐더러 그는 1998년 북한 해군의 잇따른 침입에 대해서도 대응을 상당히 자제했다.

이런 차이는 사소한 것이 아니며, 김대중과 김정일의 회담 등 남북 관계 개선을 이끄는 듯하다. 그러나 남한의 전략이 얻어낼 수 있는 것에는 한계가 있다. 북한은 남한의 정상화 시도를 꾸준히 거부하고 있다. 예컨대 북한은 남한과의 경제적 유대관계보다는 정치·군사적 변화에 더 우선순위를 두고 있다. 북한은 또 (남한보다는) 미국과 평화협정을 맺는 것이 평화촉진에 가장 중요한 길이라고 믿고 있다. 양쪽이 우선순위를 각각 다른 데 두면서 정상화를 시도하고 있어 남북한 관계개선은 제한적일 것으로 보인다.

나는 북한과 미국의 관계변화가 현재의 교착상태를 해결하고 생산적인 대화분위기를 만드는 데 가장 유망한 방법이라고 여전히 믿는다. 미국과 일본, 남한의 관리들은 북한의 정치적 고립을 해소하기를 원한다고 주장한다. 하지만 미국과 (이 문제에 관해서는 미국을 따르는 것으로 보이는) 일본이 여전히 북한과의 관계 정상화를 거부하고 있다. 북한이 두 나라와 관계를 정상화(하고 이 정상화가 가져올 경제적 이득을 확보)할 때까지는 남도 북도 협상태도를 바꾸지 않을 여지가 크다.

한편 미국 정부는 현재의 대북한 관계를 바꾸는 데 거의 관심이 없다. 북한이 관계 정상화 압력을 넣고 있지만, 미국 정책결정자들은 군사적 위협이 감지될 때만 북한에 관심을 기울인다. 이런 태도가 가장 최근에 나타난 것은 1998년 8월에 북한이 (제대로 작동하지 않은 것 같은) 자체 위성을 올리기 위해 다단계 로켓을 발사했을 때였다. 미국과 일본은 이것이 일본 영공을 넘어가는 탄도미사일 시험으로서 이 지역 안보를 위협하는 것이라고 비난했다. 북한은 미국과 일본이 자체 미사일 개발계획을 진행하고 있다는 점을 강조하면서 주권국가로서 자체 로켓 개발계획을 추진할 권리가 있다고 주장했다. 이에 맞서 미국과 일본은 장거리 미사일 발사실험 중단을 요구했다. 일본은 북한에 보내는 식량선적을 중단했고, 미국과 일본의 방위산업체들이 즐거워할 미국의 시어터 미사일(theater missile) 방위연구계획에 참여하기로 했다.

결국 미국은 북한과 미사일 문제 협상에 착수했다. 북한은 두 나라 간 관계 정상화 절차가 지속되는 한 미사일 실험을 중단하기로 했다. 이에 호응해 미국은 북한에 대한 금융 및 무역 제재 일부를 해제하기로 했다.

북·미관계의 진전은 네 가지 문제 때문에 위협받고 있다. 첫째는, 미국이 한국전쟁의 공식 종전을 위한 평화협정 논의를 원하지 않는 것이다. 둘째는, 미국 의회가 1994년의 핵협정에 따른 중유공급을 제

때 하는 데 필요한 예산승인을 꺼리고 있다는 것이다. 셋째는, 미국이 (을지 포커스 렌즈 합동훈련 같은) 북한에 대항한 한·미 전쟁연습을 계속하겠다는 것이다. 넷째는, 대북 무역 및 투자 규제 완전철폐를 거부하는 것이다.

미국 정책을 북한과의 관계 정상화 쪽으로 돌리는 것은 쉽지 않을 것이다. 예를 들어 진전이 가능한 듯할 때 종종 미국 언론에 (보통 미국 정보기관이 흘리는) 북한의 위협적인 행동에 대한 근거 없는 보도가 실리곤 한다.[8] 1998년 8월 초에 그랬다. 미국 언론은 미국 정보기관이 북한의 비밀 지하 핵시설을 감지했다고 보도한 것이다. 결국 북한은 미국의 식량지원 대가로 이 지역에 대한 미국의 사찰을 허용했다. 미국 사찰팀이 텅 빈 굴만 발견하는 동안, 이 사건은 두 나라의 관계를 냉각시키는 데 기여했다. 궁극적으로는 북한과의 관계개선이 (상호)이익이라고 인식하는 깨어 있는 미국 대중이 있어야 미국의 정책변화를 강제할 수 있을 것이다.

북한은 동아시아 안팎 나라들과의 관계 정상화 시도를 그 동안 적극 추진해 왔다. 2000년 1월에 이탈리아와 수교했으며, 일본·오스트리아·캐나다·영국과 외교관계를 맺고 있다. 러시아와도 새로운 우호조약을 맺었다. 북한은 일본과 협상에 큰 비중을 두고 있는데, 이는 관계 정상화가 실질적인 자금확보와 투자유치를 가져올 것이라고 보기 때문이다.

2000년 4월, 북한과 일본 관리들은 7년 만에 공식회의를 열었다. 북한과 대조적으로 일본은 관계 정상화에 열의를 보이지 않고 있다. 일본은 북한 간첩에 납치됐다는 일본인에 대한 의문을 제기하고, (미국의 부추김을 받아) 1970년 일본 민항기를 북한으로 납치한 일본 적군파 단원의 추방을 요구하는 식으로 북한에 대응했다. 게다가 일본은 북한이 남한과 실질적이고 생산적인 협상을 벌이기 전에는 추가 경제지원을 하지 않을 것이라고 밝혔다. 두 나라간 추후 회담일정이 잡혀 있기는 하지만, 북·미관계 변화가 있기 전에 성과가 나올지는 의심스럽다.

나는 이 책에서 제시한 전략적 전망이 분단선 양쪽의 정치현실을 바꾸고 민주적이고 힘있는 통일절차를 진전시키는 데 필수적인 (한국과 미국의) 운동을 강화시키는 데 기여할 수 있기를 기대한다. 남과 북의 한국인들이 경제적·사회적 어려움을 겪고 있는 지금이야말로 이런 절차를 장려할 적절하고 희망적인 때이다.

2000년 5월
마틴 하트-랜즈버그

주

머리말

1. Department of State, *The Record on Korean Unification 1943~1960*, Far Eastern Series 101, Washington, DC: U. S. Government Printing Office, 1960, p. 1.

2. Lena H. Sun, "Korea Remembered; Veterans of 'Forgotten War' Get Their Memorial," *Washington Post*, 1995. 7. 28, A1.

3. Laurence McQuillan, "Clinton Dedicates Korean War Memorial," *Reuters World Service*, 1995. 7. 27.

4. Charles Krauthammer, "Korea Sits Opposite Vietnam," *Cincinnati Enquirer*, 1995. 8. 11, A10.

5. John W. Spanier, *The Truman-MacArthur Controversy and the Korean War*(Cambridge: Harvard University Press, 1959, p. 88)에서 재인용.

6. Les Aspin, *The Bottom-Up Review: Forces for a New Era*, Department of Defense, Washington, DC: U. S. Government Printing Office, 1993.

7. Stan Crock, "Why the GOP Has Star Wars in Its Eyes—Again," *Business Week*, 1995. 10. 7, pp. 117~18.

8. Bill Gertz, "N. Korean Missile Could Reach U. S., Intelligence Warns," *Washington Times*, 1995. 9. 29, A3.

9. Daniel B. Schirmer, "North Korea: The Pentagon and Issues of War and Peace in the Asia-Pacific Region," *Monthly Review* 46, 1994 Jul./Aug., p. 68.

10. Daniel B. Schirmer, "Military Access: The Pentagon versus the Philippine Constitution," *Monthly Review* 46, 1994 Jun., pp. 24~25.

11. Nicholas Kristof, "U. S. Apologizes to Japan for Rape of 12-Year-Old in Okinawa," *New York Times*, 1995. 11. 2, A7.

12. Valerie Reitman, "U. S. Will Consider Relocating Troops from Okinawa," *Wall Street Journal*, 1995. 11. 2, A15.

한국어판을 내며

1. Sang-Hun Choe, Charles J. Hanley and Martha Mendoza (Associated Press Writers), "Bridge at No Gun Ri," http://wire.ap.org/APpackages/nogunri/

story.html

2. Associated Press, "Pentagon to Look at U.S. Killing," *New York Times*, 1999. 9. 30.

3. Sang-Hun Choe, "Korean War Executions Come to Light"(*Oregonian*, 2000. 4. 21) 참조.

4. 최근 미국 행동의 실례는 다음과 같다. 90년대 중반 미국 정부는 남한에 금융시장 개방 압력을 가했다. 남한 정부는 미국이 남한의 경제협력개발기구(OECD) 가입 거부권 행사로 위협하자 결국 개방에 동의했다. 결과는 파괴적인 외자유입과 외채증가였으며, 이 두 가지는 남한 경제를 무기력하게 만들었다. 더 자세한 것은 Nicholas D. Kristof with David E. Sanger, "How U.S. Wooed Asia to Let Cash Flow In"(*New York Times*, 1999. 2. 16) 참조.

5. 동아시아 위기에 대한 대응과 위기의 결과에 관한 좀더 완벽한 논의를 위해서는, Paul Burkett and Martin Hart-Landsberg, *Development, Crisis, and Class Struggle: Learning from Japan and East Asia*(New York: St. Martin's Press, 2000) 참조.

6. "Human Rights Conditions Questioned," *Korea Herald*, 1999. 12. 27.

7. 예를 들어 김대중 대통령은 2000년 3월 연설에서 "평양이 대한민국과 먼저 평화관계를 맺고 경제협력에 동의하면, 국제사회가 북한 경제재건을 도울 수 있을 것이다. 대한민국은 진정으로 평양을 도울 의사가 있다. 우리는 북한을 해치거나 흡수할 의사가 없다"고 말했다("Kim Dae Jung Urges North to Accept Offer For Dialogue," Agence *France* Presse, 2000. 3. 14 참조)

8. Chalmers Johnson, "Demonizing North Korea," *San Diego Union-Tribune*, 1999. 8. 1.

제1부
제국주의와 저항

1
미국과 한국

1910년 일본에 강제로 합병된 조선은 1945년 8월 일본이 2차 세계대
전에서 패배함에 따라 해방되었다. 1945년 9월에 미군이 표면적인
이유로는 일본군의 항복을 받기 위해 한국 남쪽에 상륙하기 4일 전,
미군사령관은 한국이 '미국의 적국(敵國)'이며 이에 맞춰 대응해야
한다고 부하장교들에게 지시했다.[1] 많은 한국인들이 일본에 대항해
힘껏 싸웠다. 그들은 또 전쟁의 희생자들이었다. 그런데 그들이 뭘
했기에 이렇게 규정됐는가? 대답은 간단하다. 미국의 지역지배 계획
에는 한국을 지배하는 것도 포함되어 있었던 것이다. 많은 한국인들
이 과거의 일본 지배뿐 아니라 미래의 미국 지배도 반대했기 때문에,
미국 관리들은 그들을 적으로 여겼다.

　미 국무부 이론가들이 선언한 것처럼, 미국은 오직 "민주적이며 외
세의 지배에서 자유로운 새로운 통일한국"[2] 건설을 돕기 위해 한국
에 상륙한 것이 아니다. 한국 남쪽에 도착한 군대는 미국 외교정책의

목표를 수행하는 도구였다. 따라서 대부분의 한·미관계 연구의 시
발점이 되는 2차 세계대전 종전 이후 시기 미국의 대한정책을 이해하
려면, 이전 시기 미국의 제국주의적 야심과 행위를 먼저 검토해야 한
다. 냉전시대 훨씬 이전의 팽창주의 외교정책이 어떻게 한국의 분단
과 종속 상황을 만들어냈는지를 먼저 살펴보아야 한다.

태평양 잇기 : 제국의 역사적 기원

초기 미국의 경험은 서쪽을 향한 인적 이동과 힘의 확장으로 규정된
다. 1790년 미국 인구는 390만 명이었고 대부분이 대서양 해안에서
50마일 이내에 살았다. 그후 1803년에 프랑스로부터 루이지애나 지
역을 구입하면서 면적이 배로 늘었고 서쪽 국경이 애팔래치아 산맥
에서 미시시피를 거쳐 로키 산맥으로 확장됐다. 인구는 1830년에
1300만 명으로 늘었으며, 1840년에는 450여만 명이 애팔래치아 산맥
을 넘어 미시시피 계곡으로 이동했다. 이런 확장은 일명 '인디언 제
거'라는 것 때문에 가능했다. 1820년 미시시피 계곡 동쪽에는 12만
명의 미국 원주민이 살았는데, 1844년에는 그 숫자가 3만 명도 채 안
되었다.[3]

　미국 원주민만이 미국의 서부 팽창의 희생자는 아니다. 로키 산맥
남서쪽은 텍사스, 캘리포니아, 뉴멕시코, 유타, 네바다, 애리조나와
콜로라도 일부가 포함되는 멕시코였다. 미국 정부의 지원을 받아 텍
사스는 1836년 멕시코에서 독립을 선언했고 1845년에 미국의 주(州)
로 편입되었다. 곧 이어 제임스 포크 대통령은 연방군대를 리오그란
데로 보내 텍사스의 국경인 이 강의 북부를 지키도록 했는데, 이것은
멕시코에 대한 고의적인 도전이었다. 이 지역은 멕시코와 합의한 국
경보다 150마일 남쪽이었기 때문이다.

예상대로 멕시코 군대는 연방군을 공격했고 포크 대통령은 곧바로 의회로부터 멕시코와의 전쟁 승인을 받아냈다. 연방군은 캘리포니아를 공격하고 이어 뉴멕시코를 쳐들어갔다. 그리고 곧바로 멕시코로 진격해서 멕시코시티를 공격했다. 완전히 제압당한 멕시코는 항복을 선언했으며, 1848년 과달루페 이달고 조약(Treaty of Guadalupe Hidalgo)에 따라 캘리포니아를 포함해 전국토의 약 절반을 미국에 넘겨주었다. 미국의 지도층에게 서쪽을 향한 행진은, 신문편집인 존 오설리번(Jhon O'Sullivan)이 "매년 수백만 명씩 늘어나는 우리의 자유로운 발전을 위해 신이 주신 대륙으로 퍼져나가야 하는 우리의 분명한 운명"[4]이라고 한 것의 자연스러운 결과였다.

캘리포니아에 대한 미국의 관심은 무엇보다 태평양 지역의 급증하는 상업적 이해관계에 자극을 받은 것이었다. 19세기 초에 미국의 무역업자와 고래잡이업자들은 하와이를 기항지로 삼았고, 19세기 중반에는 미국 업계의 이해관계가 하와이 정치를 지배하게 됐다. 미국 고래잡이 어선들은 일본 근해에서도 주기적으로 조업을 했으며 선박 보수와 보급을 위해 일본의 항구를 이용하려 했다. 이 지역에서 상업활동이 늘어남에 따라 업계 단체들은 일본의 항구를 캘리포니아와 중국 간 증기선 항로의 주요 기착지로 이용하려는 생각을 하게 된 것이다.

태평양 지역에서 가장 큰 시장은 중국이었지만, 영국조차 중국과의 교역에서 수지균형을 이룰 만큼 상품을 팔지 못했다. 영국의 가장 성공적인 수출품은 인도산 아편이었다. 그래서 중국이 아편판매를 금지시키고 창고의 아편을 압수해 없애버리고 외국 상인들에게 아편을 반입하지 않겠다는 서약을 강요하자, 영국은 힘으로 대응했다. 마침내 1840~42년 영국은 아편전쟁을 벌여 중국을 무찔렀다.

이에 따라 체결된 난징조약은 '조약항구 체계(treaty port system)'를 열었다. 중국이 5개 항구를 영국에 개방하고 영국의 영사 감독권을 인정한 것이다. 영국은 또 자국의 이익을 지키기 위한 근거로 홍콩을 요구했고 1843년에 두번째 조약이 체결됐다. 이렇게 해서 영국은 중국 내 영국인에게 영국 법을 적용하는 영사법정을 포함한 치외법권을 얻어내는 한편, 최혜국 조항까지 도입해 협조적 제국주의 체계를 확립했다. 이것은 중국이 다른 나라와 조약을 맺으면 영국에도 똑같이 적용해 줘야 하는 것이었다.[5]

1844년 영국에 이어 미국이 영국보다 훨씬 더 많은 양보를 요구하는 조약을 중국에 강요했다. 영국은 여기에 반대하지 않았는데, 협조적 제국주의 논리에 따라 자국도 같은 특혜를 얻을 수 있었기 때문이다.

이미 억압과 빈곤에 시달리고 있던 중국인들은 이런 조약이 중국에 끼치는 엄청난 재정적 부담 때문에 상황이 더욱 나빠지고 있음을 깨닫게 되었다. 아편전쟁 이후 9년 만에 태평천국의 난이 발생했다. 농민들이 중국 남부를 뒤집어엎어, 토지증서와 채무증서를 없애고 땅을 실제 농민들에게 분배하며 전족과 신부매매 같은 제도를 폐지시켰다. 태평천국의 난을 일으킨 이들은 독립국가를 세워, 잠깐 동안 중국 국민의 절반 이상을 지배했다.

하지만 서구 세력은 이 상황을 중국 정부에 새로운 요구를 관철시키는 기회로 이용했다. 이것이 두번째 아편전쟁을 유발했으며, 1858년 일련의 새로운 불평등조약으로 서구 세력은 중국의 어느 곳이든 조약항구로 지정할 수 있게 되었다. 목적을 달성하자 영국과 프랑스는 공개적으로, 미국은 비밀리에 만주족(청나라—옮긴이)이 태평천국을 무너뜨리는 것을 도왔고, 태평천국은 1846년 붕괴했다.

　한편 미국은 중국에서는 뒤졌지만 일본에서는 자신들이 주도권을 잡고 조약항구 체계를 수용하도록 압력을 넣었다. 당시 일본의 사실상 지배자였던 도쿠가와 막부의 쇼군(將軍)은 네덜란드와 중국인을 제외한 외국인 접촉을 금지시킨 상태였는데, 두 나라 사람들은 1630년대부터 나가사키에 거주하는 것이 허용되고 있었다. 이런 정책은 외국의 문화적·사회적 영향, 특히 기독교 영향을 최소화하기 위한 것이었으나, 유럽 세력들이 중국에 굴욕을 안기자 일본은 경제적·정치적 이유 때문에 이 정책을 계속 고수했다. 그후 1853년 7월에 페리(M. C. Perry) 제독이 이끄는 미국의 군함 4척이 도쿄만에 들어와서 우호통상조약 체결을 요구한 이후에 이 정책은 폐기되었다. 그 이듬해 일본은 항구 두 군데를 개방하고 미국 영사 부임을 허용하기로 합의했던 것이다. 그러자 영국과 러시아도 곧바로 뒤따라와 1854년과 1855년 각각 비슷한 조약을 맺었다.

　1856년에 미국 영사는 무역특혜를 보장하는 협상을 다시 시작하라는 임무를 받고 일본에 왔다. 그러나 군사적 수단이 없었기 때문에 그는 처음에 협상을 제대로 할 수 없었다. 그러던 차에 영국이 두번째 아편전쟁 기간중에 광둥(廣東)을 장악하는 데 성공하자, 일본의 몇 개 도시에도 비슷한 공격을 할 수 있다는 영사의 협박이 먹혀들었고 1858년 7월에 마침내 미국은 일본과 새로운 조약을 맺었다. 그로부터 두 달도 못 가 일본은 네덜란드·러시아·영국·프랑스로부터도 조약을 맺으라는 압력을 받았다.

　중국과 일본에서 거둔 성공에 고무된 미국은 관심을 조선으로 돌렸다. 1866년 8월 미국 군함 제너럴 셔먼호가 무역 기회를 찾기 위해 무단으로 대동강을 거슬러 평양까지 올라갔다. 이 과정에서 적대적인 군중들이 셔먼호의 발포를 자극했고, 군중들은 배를 불태우고 살아남은 선원들의 목을 자름으로써 보복했다.[6] 그로부터 5년 뒤 미국의 아시아 소함대가 조선으로 가라는 명령을 받았다. 소함대의 측량 부대가 조선의 포격을 받자 미국 군함이 반격을 했고 사과를 요구했다. 그러나 조선 군대가 아무런 반응을 보이지 않자 미군 책임자는 5개 성을 파괴하라는 명령을 내렸고, 이 일로 350명의 조선인이 숨지거나 다쳤다. 이 원정은 결국 조선 조정과 공식적인 접촉을 하지 못한 채 끝났다.[7]

미국 정부의 아시아에 대한 개입과 관심이 날로 커지면서 정책결정자들은 하와이에 권력기구를 설치하는 것이 바람직하다고 마음먹게 되었다. 1875년 미국 정부는 하와이에 독점적인 상업권을 달라고 압력을 넣었다. 미국은 자국이 상대적으로 약했던 중국에서는 개방적인 조약항구 체계를 지지했다는 사실을 짚고 넘어가야 한다. 그러나 미국은 도전자가 없는 하와이에서는 독점적인 지배를 시도했다. 1884년 재협상을 통해 맺은 조약 덕분에 미국은 진주만에 해군기지를 건설할 권리를 얻었고, 부속합의는 1897년에 최종 확정되었으며 1898년 8월 12일 하와이는 주권을 잃었다.

아마도 이 지역에 대한 미국의 야망을 촉진한 핵심 사건은 1898년 스페인과의 전쟁일 것이다. 쿠바가 스페인에서 독립하기 위해 벌인 전쟁에서 승리를 눈앞에 둠으로써, 미국으로서는 전쟁의 동기가 생겼다. 미국 지도층은 스페인이 패배하는 것을 보고 싶었지만 그렇다고 쿠바가 독립하는 것은 원하지 않았던 것이다. 아바나 항구에서 불가사의한 폭발이 일어나 전함 메인이 파괴되자, 미국 정부는 이 일이 스페인의 소행이라고 주장하며 전쟁을 선포했다. 4월에 시작된 이 분쟁은 3개월 동안 지속됐으며 카리브해에서 태평양으로 번져갔다. 조지 듀이 제독이 5월 1일 마닐라만에서 스페인 함대를 격퇴하고 중요한 승리를 거둠으로써 산업계의 관심은 쿠바를 넘어 아시아로 향했던 것이다. 필리핀 영구점령에 대한 정부의 승인을 얻기 위해 산업계는 "태평양을 잇자"는 표어를 내걸고 대중 캠페인을 전개했다.

미국의 아시아 개입은 이제 경제, 특히 해외시장을 뚫으려는 야심이 이끌게 됐다. 1898년 국무부는 이렇게 설명했다.

미국의 숙련공들이 계속 일자리를 지키면 해외시장에 판매할 공산품 과잉에 직면하게 될 것임을 부인하기 어려울 것이다. 그래서 우리나라 작업장에서 생산한 제품의 해외소비를 늘리는 것은 상업의 문제일 뿐 아니라 정치가에게도 심각한 문제가 되었다.[8]

중국은 당시 미국 상품시장으로 가장 유망하다고 여겨졌다. 하지만 중국에서 지배권을 행사하는 다른 서구 세력들이 공개시장을 보장하는 조약항구 체계에 반대하고 일정한 지역을 독자적으로 장악하는 방식을 선호하기 시작했다. 예를 들어, 1890년대 말에 이미 중국의 21개 성 가운데 16개가 외국 지배 아래 놓인 상태였다. 중국 본토의 이런 장애 때문에 미국은 필리핀을 중국 시장 침투를 위한 자리확보에 가장 효과적인 곳으로 여기게 됐다. 이에 관해 앨버트 베버리지 상원의원은 다음과 같이 말했다.

대통령, 시대는 솔직함을 요구하고 있습니다. 필리핀은 영원히 우리 것입니다. …또 필리핀 바로 너머에 중국의 무한한 시장이 있습니다. 우리는 어디서도 물러나지 않을 겁니다. …우리는 하느님 앞에서 우리 민족의 임무, 세계문명의 수탁자 구실을 포기하지 않을 겁니다…

태평양은 우리의 바다입니다. …우리의 잉여생산물 소비자를 찾
아 어디로 가겠습니까? 지리학이 이에 답합니다. 중국은 우리의 타
고난 소비자입니다. …필리핀은 우리에게 동쪽으로 향하는 문을
제공하고 있습니다.[9]

스페인-미국 전쟁을 끝내는 조약은 1898년 12월에 체결되었다. 억
지로 미국의 요구에 고개를 숙인 스페인은 괌과 푸에르토리코, 필리
핀을 2천만 달러를 받고 미국에 넘겼다. 그리고 미국은 쿠바의 독립
을 허용했지만, 그에 앞서 쿠바에 대한 정치적 지배를 확보했다.

물론 스페인은 필리핀을 미국에 넘기기 전에 필리핀 사람들의 의
견을 듣지 않았다. 이제 독립을 위해 스페인에 맞서 싸우던 필리핀인
들은 미국에 대항하여 싸우게 됐다. 피비린내 나는 전쟁이 3년을 갔
으며 미국은 승리를 선언할 때까지 7만 명의 군대를 투입했다. 이 싸
움으로 필리핀인 1만 6천여 명이 숨졌으며 20만 명이 질병을 얻거나
굶주림에 시달렸다.[10]

이 간략한 개관에서 분명히 드러났듯이, 초기 미국의 외교정책은
서쪽을 향한 확장이라는 목표를 꾸준히 따르는 것이었다. 이 정책은
미국 원주민과 멕시코인에게서 땅을 빼앗고, 일본의 항구를 강제로
열고, 하와이를 합병하고, 괌과 푸에르토리코와 필리핀을 식민지로
삼는 것이었다. 조선이 일본과 같은 운명을 피한 것은 단지 조선의
경제적 가치가 미국의 이해관계를 유지할 만큼 크지 못했기 때문일
뿐이었다.

미국의 이해관계에 대한 일본의 도전

1858년 미국 정부가 일본의 항구를 강제로 열자 일본에서는 논란과

암살, 지방의 반란이 잇따랐고 급기야 1868년에는 내전이 발생했다. 일본의 반응이 강했던 이유의 하나는, 일본의 지도층이 서구 제국주의가 중국에 어떻게 했는지 잘 알고 있었기 때문이다. 일본 내전 결과, 지역의 지도자들이 연합해 권력을 형성하게 됐으며 메이지 천황은 국가를 통합하는 틀을 제공했다. 메이지 정부는 국내 산업과 상업을 촉진하려고 발빠르게 움직였다. 한 역사학자는 이를 이렇게 설명한다. "한 세대〔메이지 왕정복고〕 안에 봉건주의가 무너지고, 황제 중심의 관료국가가 이를 대체했다. 근대적인 군대와 해군이 생겼으며, 서구식 법과 교육이 자리잡았다. 또 산업발전의 첫걸음을 내딛게 되었다."[11]

1868년의 제국헌장서약은 "부국, 강병"이라는 표어를 받아들였다. 서구의 사례를 봐온 메이지 정부는 국내 활동만으로는 국가 방위와 독립 유지를 위한 부를 충분히 형성할 수 없다는 점을 역사에서 배웠던 것이다. 해외 시장과 자원의 지배가 필요했다. 조선은 분명 첫번째 목표물이었다. 지리적으로 가깝고 서구 세력이 지배하지 않고 있으며 자원이 풍부한 만주와 중국 북부로 향하는 통로였기 때문이다.

서구가 중국에 집착하는 것을 이용하고 러시아가 만주로 내려올 것을 우려하면서, 새 일본 정부는 식민주의를 재빨리 주창했다. 1875년에 일본 정부는 의도적으로 탐사선을 조선 근해에 보냈다. 조선의 해안 포대가 공격에 나서자, 일본은 즉각 육군과 해군 소함대를 파견해 사과와 무역협정을 요구했다. 1876년의 강화도조약으로 일본은 항구 세 곳에 발을 들여놓고 해안 측정권을 얻었으며 보상을 요구할 수 있었다. 또 이 조약에 따라 조선은 중국의 속국에서 독립을 선언했다.

조선의 조정은 일본에 일정한 거리를 두는 차원에서 중국의 조언에 따라 다른 나라들과도 무역협정을 맺었다. 미국이 1882년에 처음으로 협정을 맺었고 바로 영국과 독일이 뒤를 따랐으며 나중에 이탈리아 · 러시아 · 프랑스도 협정을 맺었다. 하지만 이 전략은 대가가 너무 큰 것으로 드러났다. 일본에 대한 부채에 더해 조선 조정은 외교관을 교환해야 했고 근대 교통시설을 건설해야 했는데, 이는 모두 백성들에게 높은 세금으로 전가되었다. 수입이 늘고 세금은 과도해지자 조선 농민들의 상황은 더욱 나빠졌다. 이런 상황은 1894년 동학 혁명을 불러왔다. 동학 지도자들이 비록 조선의 왕에 대한 충성을 서약했지만, 이들의 사회 · 경제적 평등과 자주독립 요구는 왕을 놀라게 했다. 왕은 이들과 협상하는 대신 중국에 군대파견을 요청했다. 중국 군대가 곧 주둔했고 뒤이어 일본군도 조선의 자국 재산을 보호해야 한다는 핑계를 대며 들어왔다. 동학군들이 반란을 곧 끝냈지만 일본 정부는 군대철수를 거부했다. 일본은 조선의 불안정이 일본의 안정을 위협한다고 주장하면서, 조선 조정을 개편하고 조정활동을 감독할 권한을 줄 것을 중국에 요구했다.

중국 정부의 지원을 받은 조선이 이 요구를 거부하자, 일본은 1894년 중국에 대한 선전포고를 했다. 두 달 만에 일본은 조선과 조선 조정을 장악하는 데 성공했다. 중국은 쉽게 무너졌으며 1895년 4월에 평화협정을 맺을 수밖에 없었다. 중국은 조선에서 일본의 권한을 어쩔 수 없이 인정하게 됐으며 일본에 조약항구 체계에 대한 완전한 권한을 주는 새로운 상업협정까지 체결해야 했다. 거기다 배상금을 지급하고 타이완과 만주의 요동반도를 일본에 넘겨주는 수모를 당했다.

하지만 일본의 전과(戰果)는 오래가지 못했다. 러시아가 만주에서 일본이 영향력을 행사하는 데 반대하고 나섰던 것이다. 이 지역은 러시아가 지배하려고 노리던 곳이었다. 러시아는 독일과 프랑스의 지원을 받아, 일본이 요동반도의 지배권을 포기하고 대조선 정책을 누

그러뜨리도록 하는 데 성공했다. 또 러시아·프랑스·독일은 중국으로부터 일본에 대항해 중국을 지지한 대가로 추가적인 보상도 받아냈다.

중국의 절망적인 상황은 서구에 '복서반란(Boxer Rebellion)'으로 알려져 있는 의화단 봉기를 불렀다. 1900년 6월에 의화단이 베이징을 장악하고 외국의 공사관을 포위하자, 미국을 포함한 8개 나라가 이 봉기를 진압하기 위해 연합군을 보냈는데 일본이 가장 많은 병력을 보냈다. 이렇게 해서 봉기는 진압됐지만, 중국 정부는 새로운 불평등조약과 배상금이라는 엄청난 대가를 치러야 했다. 그리고 러시아는 이 혼란을 틈타 만주에서의 경제적·정치적 지위를 더욱 강화했다.

미국과 영국은 러시아의 이런 이권확보를 경계했다. 두 나라의 이권은 중국 전체를 완전히 개방할 때 가장 큰데, 러시아의 행동은 만주를 중국에서 정식으로 분리하고 중국 북부에 대한 러시아의 지배로 이어지는 것이었기 때문이다. 그래서 미국과 영국은 러시아의 후퇴를 원했지만 그렇다고 이를 관철시키기 위해 군사행동을 할 처지는 못 되었다. 하지만 일본은 할 수 있는 상황이었고 그래서 미국과 영국이 일본을 지지하고 부추겼다.

영국과 일본의 첫번째 동맹조약이 맺어진 때는 1902년 1월이다. 이 조약은 영국과 일본의 중국 내 특별한 이권과 함께 일본의 "조선 내 상업 및 산업적 이해뿐 아니라 정치적인 이해"를 인정하고 있으며, "다른 세력의 공격에 의해 위협받게 되면 이권방어를 위해 공동으로 대처하는 것을 담고 있다."[12] 일본은 러일전쟁에 독일과 프랑스가 개입한 것을 상쇄하기 위해 영국의 도움을 받을 수 있음을 재확인하고, 만주에서 러시아 군대의 철수를 요구했다. 그러나 러시아가 이를 거부하자, 1904년 남만주 러시아 주둔지에 대해 기습적으로 해상·육상 공격을 감행했다. 일본은 막대한 인적·재정적 대가를 치르면서 일련의 격렬한 전투에서 승리를 거두었다.

그리고 미국은 일본에 재정적 지원을 하면서 부추겼다. 이와 마찬가지로 중요한 점은 미국이 일본의 조선지배를 지지했다는 사실이다. 러일전쟁이 일어나기 바로 전에 주한 미국공사는 자신이 "친일인사"가 아니지만 "조선은 과거의 피정복경험과 전통에 따라 일본에 속해야 할 것이다. 그러나 우리나라 정부가 일본에게 이 독립 가설을 유지하도록 한다면 큰 실수를 하는 것이라고 생각한다"[13]고 발언했다. 그리고 러일전쟁 후 미 국무부의 중국 전문가 록힐은 일본의 조선합병은 "일본제국의 서쪽을 향한 팽창의 중요하고 결정적인 발걸음임을 명확히 드러낸다"[14]고 말했다.

록힐의 이 발언은 희망사항으로 해석하는 것이 옳다. 미국은 애초부터 중국의 현상황을 바꾸려는 러시아를 응징하는 것이 목적이었다. 따라서 전쟁에서 일본의 압도적인 승리는 달갑지 않은 놀라움이었다. 일본이 이제 이 지역에서 미국의 이권도 위협할 수 있는 잠재세력이 되었다는 뜻이기 때문이다. 사실, 시어도어 루스벨트 대통령은 일본이 미국을 희생해서 이 지역에 대한 영향력을 확대하려고 할 것을 우려해 전쟁부장관 하워드 태프트를 1905년 도쿄로 보내 일본 총리와 비밀협정 협상을 하도록 했다. 이 결과로 나온 태프트-가쓰라 각서에서 미국은 필리핀에 대한 미국의 주도권을 일본이 인정하는 대신 일본의 조선지배권을 인정했다.

러일전쟁은 1905년에 8월에 일본군이 조선·만주·사할린을 지배하면서 끝났다. 미국이 주도한 포츠머스 평화회의는 영·일조약과 거의 같은 문구로 조선에 대한 일본의 권리를 인정하는 조약을 만들어냈다. 또 포츠머스 조약은 러시아에 남만주 철도 관리권과 만주 내 다른 많은 경제적 권리를 일본에 넘길 것을 요구했다. 중국은 이에 동의하는 것말고 다른 수가 없었다.

한편 러일전쟁중에도 조선 조정에 재정과 외교, 국내 치안의 지배를 받아들이도록 줄기차게 압력을 넣었던 일본은 전쟁이 끝나자 곧바로 조선을 속국으로 만드는 작업에 들어갔다. 조선의 왕은 이를 거부했지만 별수가 없었다. 마침내 1905년 11월 17일 일본은 이 작업에 필요한 문서에 자신들이 직접 옥새를 찍었다. 1910년 8월 22일 일본은 정식으로 조선을 합병함으로써 조선을 식민지로 만드는 작업을 완료했다.

미국의 희망과 달리, 일본은 포츠머스에서 얻은 것에 만족하지 않고 제국주의적 야망을 계속 키웠다. 일본은 곧 만주에서 다른 나라들의 경제활동을 엄격히 제한하기 시작했다. 또 러시아와 협정을 맺어 내몽고를 일본 영향권에 넣고 외몽고는 러시아 영향권에 포함시켰으며, 양국은 중국 북부에서 권력을 분점하는 협정도 맺었다.

이런 사태진전을 우려한 미국은 일본과 새로운 협상에 들어가, 1908년 루트-다카히라 협약을 맺었다. 이 협약을 통해 미국은 일본의 조선지배 승인을 다시 한 번 확인하고 일본이 만주의 주도 세력임을 인정했다. 그 대신 미국은 일본이 중국 나머지 지역으로 세력을 확장하는 것을 삼가겠다는 약속을 받아냈다. 하지만 일본의 지배층, 특히 군사지도자들은 이 합의를 경멸했다. 그들은 중국 내 영토확장 야심을 제한함으로써 미국과 유럽 세력을 만족시켜 줄 이유가 없다고 보았던 것이다. 그러나 중국지배를 위해 서구에 공개적으로 도전할 힘이 충분치 않았던 일본으로서는 이 지역의 세력균형이 자신들에게 유리하게 바뀌기를 기다리는 길밖에 달리 할 수 있는 일이 없었다.

때는 1차 세계대전과 함께 왔다. 이 전쟁이 주로 유럽에서 벌어진 것이어서 유럽 세력들은 자국의 자원과 관심을 유럽 내에 집중할 수밖에 없었다. 미국 정부는 유럽과 일본을 설득해 중국의 현상유지에 합의하려고 했지만 일본이 거부했다. 일본은 1914년 8월 독일에 선전포고를 하고 서태평양의 독일령 섬들과 중국 내 독일 조차지역(산둥반도)을 즉각 접수했다. 그리고 1915년에 일본은 원세개 정부에 21개항의 요구사항을 제시했다. 이 요구는 중국이 독일에 양허했던 것을 모두 일본에 넘기고 만주와 내몽고에 대한 정치적 통제권을 더 주며 양쯔 계곡의 독점적인 광업권과 산업적 권리를 달라는 것이었다. 또 중국의 사회·정치적 기구에 대한 감독권도 요구했다. 전체로 보면, 이는 만주와 내몽고를 일본의 보호령으로 바꾸고 중국을 일본의 속국으로 삼겠다는 요구였다.

그 당시 중국은 내전에 휘말려 있었다. 1911년 10월에 부패한 청나라 정부를 전복하려는 쑨원(孫文)주도의 민족주의 혁명이 발생했다. 미국을 포함한 서구 세력들은 쑨원에 반대했는데, 이 혁명이 성공하면 중국 안에서 자신들의 경제적 자유가 제한받을 것을 우려했기 때문이다. 그들은 청나라 황제에게 정부개혁을 추진하고 원세개를 총리 및 최고사령관으로 임명하도록 압력을 넣었다. 당시 원세개는 의화단의 난을 진압하는 데 협조하여 서구 세력의 신임을 얻고 있었다. 그런데 1912년 원세개가 청나라 정부를 배반했다. 손문과 협상을 벌여 새 나라를 설립하고 자신이 대통령에 취임하기로 한 것이다. 이 정부는 2천 년 이상 지속되어 오던 군주제를 종식시키는 것이었지만, 1년 만에 원세개는 손문과 갈라서고 스스로 황제가 되면서 무너졌다. 손문과 국민당은 남부에 이에 대항하는 정부를 세웠다. 한편 원세개는, 유럽 국가들이 1차 세계대전에 매달려 있었기 때문에 혼자서 일본에 대항해야 했다. 결국 그는 일본의 경제적 요구 대부분을 수용할 수밖에 없었다. 그 결과, 일본은 대중국 수출량을 크게 증가시킬 수 있었고 자국의 빠르게 성장하는 중공업에 필요한 천연자원(석탄과 철강)을 안정적으로 공급받을 수 있었다.

우드로 윌슨 대통령은 일본의 이런 행동에 아주 기분이 상했지만 그냥 두기로 결정했다. 그때 미국은 경제적인 이유로 관심이 유럽에 집중되어 있었기 때문이다. 1차 세계대전이 일어났을 때 미국은 불경기를 겪고 있었다. 그래서 미국의 업계지도자와 정치지도자 대부분은 다시 번영을 이루려면 외국시장을 더욱더 많이 확보해야 한다고 생각했는데, 당시 일들이 그들의 이런 신념을 뒷받침해 주었다. 1915년 영국·프랑스·벨기에의 군수물자 수요가 미국의 성장을 촉진한 것이다. 1917년 4월 현재 미국이 이 세 나라에 수출한 액수는 20억 달러를 웃돌았다.[15] 그리하여 자신들의 우방이 전쟁에서 지면 경제위기를 맞을 가능성이 있다고 판단한 윌슨 대통령은 독일이 이끄는 중부유럽 세력이 승리할 것 같아 보이자 1917년 4월에 전쟁에 개입하기로 결정했다.

그러나 나중에 드러나듯이, 유럽의 전쟁에서 기인한 사건들이 미국과 일본의 일시적 연합을 촉진했다. 1917년 5월 미군이 유럽에 상륙하기 한 달 전, 러시아에서 혁명이 발생해 차르를 전복시켰다. 연합국은 알렉산드르 케렌스키가 이끄는 새 러시아 정부를 지지했는데, 이렇게 하면 러시아가 전쟁에 계속 참여할 것이라고 생각했기 때문이다. 전쟁은 러시아에 끔찍한 대가를 요구했다. 초기 열 달 사이에 380만 명의 러시아인이 숨졌고, 1917년에는 경제가 붕괴되고 식량폭동이 발생했다. 국민들은 전쟁을 끝내기를 간절히 원했다. 그러나 케렌스키 정부는 연합국의 압력에 굴복해 전쟁을 계속하기로 함으로써 국민들을 실망시켰다.

즉각적인 전쟁중단을 요구하는 볼셰비키가 이끄는 또 다른 혁명이 11월에 일어났다. 이 새로운 소비에트 정부는 진정하고 민주적인 평화를 위한 협상을 즉각적으로 시작할 것을 요구하는 평화헌장을 선포했다. 새로운 지도자인 레닌은 비밀외교와 강제적인 합병을 강력하게 반대하면서 이 헌장에 만족을 표시했다.

연합국은 간담이 서늘해졌다. 완전한 승리를 얻기 전까지는 전쟁을 끝낼 준비가 되어 있지 않았던 이들 연합국은, 러시아의 일방적인 전투중단이 독일 병력을 서부전선으로 집중케 할 수 있다고 보고 우려했다. 이들은 러시아의 사회주의 혁명 성공이 유럽 전역에 비슷한 혁명의 방아쇠를 당기는 구실을 할 것이라는 점도 걱정했다. 연합국의 대응은, 새로운 혁명정부를 전복할 것을 기대하면서 반동적인 러시아 장성들에게 재정적·군사적 지원을 하는 형태로 나타났다. 이런 식의 지원에는 14개 나라로 구성된 군대가 소비에트공화국을 조직적으로 침공하는 것도 들어 있었다.

미국과 일본은 비록 중국에서는 서로 경쟁하고 있었지만 둘 다 공산주의에 반대했기 때문에 이 침공에 함께 참여하기로 했다. 미국은 1918년 8월 블라디보스토크에 7천 명의 군대를 파견했으며 9월에는 러시아의 아르항겔스크 항구에 추가로 5천 명을 보냈다. 그리고 소련의 반(反)제국주의 선전·선동이 만주와 중국 북부에서 중국의 저항을 강화시킬 것으로 우려한 일본은 북만주와 러시아의 극동지역에 7만 명의 군대를 파견했다.

다국적(多國籍)의 조직적 개입은 러시아에 큰 고통을 안겨주었지만 혁명을 파괴하는 데는 실패했다. 대부분의 연합군 소속 군인들은 전쟁에 지쳤을 뿐 아니라 그중 상당수는 혁명의 목적에 공감하기까지 했던 것이다. 연합군이 선택한 러시아 장성들은 대중적인 지지를 얻을 수 있는 행동계획을 제시할 능력이 없다는 것도 드러났다. 급기야 아르항겔스크에 주둔한 미군들이 1919년 3월에 진군을 거부하며 사실상 항명했다. 그후 이들은 6월 말에 철수했다. 시베리아에서도 전황은 이들의 뜻대로 돌아가지 않았다. 1920년 4월에 미군은 블라디보스토크에서 철수했고, 일본군은 최대한 버텼지만 결국 1922년 시베리아에서 철수했으며 1925년에는 사할린에서도 철수했다.

1919년 1월에 파리 평화회의가 시작됐을 때, 승리한 연합국 세력은 러시아혁명을 신경 쓰면서 세 가지 중요한 문제—어떻게 독일을 처벌할 것인가, 유럽에서 공산주의의 확산을 어떻게 막을 것인가, 전쟁의 전과를 어떻게 나눌 것인가—에 집착했다. 앞의 두 가지 문제는 국경을 재조정함으로써 쉽게 해결되었지만, 마지막 문제에 대한 해답은 소련의 평화공세 때문에 복잡해졌다. 결국 연합국은 레닌에 대항하는 시도의 일환으로, 윌슨에게 진정한 평화를 위한 대안의 원칙 선언문을 만들어내도록 부추겼다. 윌슨은 1919년 1월 14개 조항을 제시함으로써 이에 응했다. 이 조항에는 항해의 자유, 무역장벽 제거, 군축, 국제연맹 창설, 그리고 한미관계에서 가장 중요한 "자유롭고 편견이 없으며 절대적으로 공평한 모든 식민지 문제에 대한 조정"의 요구가 들어 있었다.

윌슨의 14개 조항에 대해 조선인들은 흥분과 기대로 호응했다. 일본과 중국, 하와이에 있는 조선인들은 조선독립에 대한 국제적 지지를 얻어내기 위해 조직을 구성했다. 해외 조선인들의 대표단이 파리 평화회의에서 연설하기 위해 파견됐다. 조선 내부에서는 거의 100만 명이 독립을 위한 평화시위를 벌였다. 1919년 3월 1일에 시작된 이 운동은 몇 달 동안 계속됐다.

하지만 윌슨은 전세계적 세력관계에 도전하는 데 관심이 없었다. 그는 파리 평화회의에서 식민지 문제에 대한 논의는 패전국으로부터 접수한 지역에 한정되어야 한다는 태도를 보였다. 이에 따르면, 일본은 승전국이기 때문에 조선의 지위 문제를 논의하는 것은 적절치 못한 것이었다. 그리하여 미국은 일본과 연합해 조선의 대표단이 파리 평화회의에서 연설하는 것을 방해했다. 또 1919년 4월에 미 국무부는 주일 미국대사에게 조선 내부활동과 관련하여 다음과 같이 통보했다. "[서울의] 영사는 미국이 조선의 민족주의자들의 계획수행을 도울 것이라는 생각이 확산되지 않도록 특히 조심해야 한다. 또 미국 정부가 조선의 민족주의 운동에 공감한다고 일본 관리들이 의심하게 만드는 일이 일어나지 않도록 신경 써야 한다."[16] 일본은 3·1운동을 폭력적으로 진압했고 말 그대로 미국은 이에 대해 침묵했다.

당시 미국 정부가 일본과 맺고자 했던 관계는 중국 내 일본의 행동을 승인하는 것을 뜻하는 것은 아니었다. 결국 성공하지는 못했지만, 미국은 파리 평화회의에서 일본이 확보한 것을 되돌리고 중국의 지역적 통합을 회복하려고 시도했다. 그러나 오스트레일리아와 뉴질랜드를 포함한 몇몇 나라가 독일의 점령지를 자신들이 합병하려고 했기 때문에, 미국은 일본으로 하여금 새로 확보한 중국 내 독일 조차지에 대한 통제권을 포기하게 할 수 없었다.

이런 정책을 계속 밀어붙이려고 결심한 미국은 중국 내 일본의 영향력 약화라는 단 한 가지 목표를 위해 1921~22년 워싱턴회의를 개최했다. 의제는 서로 연관된 두 가지 논의를 포함하고 있었는데, 하나는 무장해제이고 또 하나는 사회·정치적 문제에 관한 것이었다. 1921년 11월부터 1922년 2월까지 논의된 무장해제 문제는 미국·영국·일본·프랑스·이탈리아가 해군조약에 서명하는 것으로 일단락

되었다. 그러나 이 조약은 각국의 선박 규모와 포의 지름을 영국과 미국에 유리한 비율로 제한하는 내용을 담고 있었다. 그리고 사회·경제적 문제에 관한 논의에서 또 하나의 조약이 탄생했다. 이 조약에 따라 9개 나라가 무엇보다도 중국 내에서 "영향권을 형성하려는 의도의… 어떤 합의도 지지하지 않는다"고 약속하는 공식문서에 서명했다. 이 조약이 맺어진 뒤, 일본은 전쟁중에 중국에서 얻은 이권을 포기할 것을 강요받았다. 미국의 관심사는 본질적으로 한정적이라는 사실은, 조선 대표단이 자국 독립문제를 제기할 기회가 봉쇄되었을 때 명백해졌다.

미국의 외교적 승리는 오래 가지 못했다. 제국주의가 중국을 계속 착취하는 한, 어떤 국제적 합의도 중국의 정치상황을 안정시킬 수 없었던 것이다. 9개국의 성명이 불평등무역 조약과 치외법권, 일본의 만주지배 중단을 요구하지 않은 것에 격분한 쑨원은 1923년 소련 정부로부터 지지를 얻어냈다. 같은 해에 국민당은 미국이 인정한 베이징 정부에 대항하는 임시정부를 광둥에 건설하기 위해 중국공산당과 힘을 합쳤다.

쑨원의 계획은 혁명군을 결성해 "군벌을 전복시킬 뿐 아니라 군벌이 생존을 위해 의존하는 제국주의까지 몰아내기"[17] 위한 북벌을 벌이는 것이었다. 쑨원이 숨졌음에도, 1926년 장제스(蔣介石)의 지도 아래 북벌은 시작됐다. 북벌이 초기에는 대성공을 거두었지만 장제스는 공산주의자들과 협조하는 것을 불편해했다. 공산주의자들은 외국의 중국지배를 끝장내기 위해 헌신했지만, 이와 달리 장제스가 원한 것은 강력한 통일중국을 자신이 세우는 것뿐이었다. 또 제각기 다른 속셈으로 이 합작을 깨고 싶어했던 중국의 부유층과 서구의 업자 및 정부 들은 장제스에게 공산주의자들과 갈라서면 재정적·정치적 지원을 하겠다고 제의했다. 장제스는 기꺼이 여기에 응했고, 1927년 3월 그의 국민당 군대는 바로 몇 주 전에 자신들을 도와 상하이를 해방시킨 상하이의 노동자들과 공산주의자들에게 총부리를 돌렸다. 비슷한 대학살이 광둥과 난징(南京)에서도 뒤이었다. 1949년 미 국무부의 중국백서에 따르면 상하이와 광둥의 숙청은 "수십만 명의 죽음을 동반했다."[18]

그후 장제스는 난징에 자신의 정부를 세웠으며 곧바로 외국의 인정을 받았다. 1929년까지 이 정부는 중국 대부분을 지배했는데, 만주와 남부 일부 지역은 여전히 공산당 지배 아래 있었다. 1929년 여름에 장제스는 지역군벌의 지지를 받아 북만주 지역에 남아 있던 소련 세력을 없애려고 시도했다. 그는 4개 도시 소련 공사관을 폐쇄하고 철도를 되찾았으며 수백 명의 소련 노동자들을 체포했다. 곧 이어 두 나라간에 싸움이 벌어졌고, 몇 차례 전투에서 참패를 한 장제스는 현상을 유지하는 데 동의했다. 장제스는 또 1930년 남동부 간시(　西) 지역에 자체 정부를 세운 공산주의자들을 물리치려고 대규모 군사작전을 펼쳤다. 1933년에 시작된 5차 정벌로 마침내 그는 공산주의자들을 이 지역에서 내쫓는 데 성공했다. 하지만 그렇다고 조직을 부수지는 못했다. 1934~35년, 마오쩌둥(毛澤東)은 공산주의자들을 이끌고 그 유명한 6천 마일의 대장정에 올라 중국 북부로 옮겨가서 연안에 새 근거지를 마련했다.

장제스의 야심은 일본에게는 골칫거리였다. 일본은 중국의 지도부가 중국 내에서 일본의 특별한 위치를 존중하는 한에서만 통일중국을 받아들일 수 있었다. 그러나 만주와 내몽고는 달랐다. 일본은 이 지역이 중국과 분리된 것으로 봤고, 이 지역을 직접 지배 아래 두기를 원했다. 그래서 (만주를 포함한) 중국을 통일하려는 장제스의 시도도, 그렇다고 러시아의 북만주 지역에 대한 영향력 재천명도 받아들일 수 없었던 것이다.

1931년 9월, 일본군은 만주 지배권자 문제를 해결하기로 결심했다. 일본군은 중국 수비대를 몰아내고 남만주 주요 도시의 지배권을 장악했다. 국제연맹은 미국의 지지를 받아서 일본군의 철수를 강제하려고 했지만, 일본군은 이를 거부하고 오히려 작전을 남만주에서 북만주로 확대하기 시작했다. 1932년 1월 초에 일본은 만주 전체를 장악했다. 그리고 2월 18일에 만주 지역이 주권을 갖춘 만주국으로 바뀌었다고 선언했다. 만주에서의 성공으로 대담해진 일본인들은 공세를 강화해, 1933년 1월 몽고로 밀고 들어갔다. 그런 다음 중국 본토를 침공해 장제스에게 만리장성 남쪽 지역을 비무장지대로 정할 것을 강요했다.

일본 세력의 급속한 팽창에 긴장한 미국 정부는 1933년 소련과 외교관계를 재개하기로 결정했다. 그리고 1년 뒤 필리핀에 대한 일본의 구상을 두려워해서 필리핀을 독립시켰다. 단 독립에 앞서 10년의 시험기간을 설정해 이 기간 동안 (1936년에 설립된) 필리핀연방이 미국의 감독을 받게 했다.

중국의 소비에트공화국이 1932년 4월 일본에 선전포고를 했지만 장제스는 비(非)개입정책을 택했다. 그는 여전히 일본에 저항하기보다는 중국 공산주의자들을 무찌르는 데 훨씬 더 관심이 많았던 것이다. 그러나 이 정책은 장제스의 군대 내에서 큰 호응을 받지 못했는데, 만주와 중국 북부에서 일본의 공격을 당하는 와중에 철수명령을 받은 군인들이 특히 그랬다. 이 군인들은 지난날 자신들이 모시던 군벌의 지시에 따라, 1936년에 장제스가 이 지역을 방문했을 때 그를 납치해 공산주의자들과 합작해 일본과 싸울 것을 강요했다. 나중에 드러나지만 이 합의는 장제스의 행동에 거의 영향을 끼치지 못했다.

이 합의는 일본의 진격을 막는 데도 효과를 발휘하지 못했다. 1937
년 7월, 일본군은 베이징 근처에서 한밤에 불법작전을 감행하고는 중
국 철도경비대의 공격을 받았다고 주장했다. 그러면서 이 지역에 1만
명의 군대를 투입하고는, 중국 북부를 일본의 보호국으로 만들기 위
한 요구를 포함한 많은 것을 중국 정부에 요구했다. 장제스가 이런
요구를 받아들이지 않자 일본은 전면적인 공격을 감행했다. 12월에
일본은 수도 난징을 장악했다. 전투는 40일 동안 계속됐는데, 이때
일본군들은 대략 30만 명의 시민을 강간하고 살해하는 등 이루 말할
수 없는 극악무도한 짓을 저질렀다.

장제스는 항복하지 않았다. 대신 군대를 이끌고 충칭(重慶)으로 후
퇴했다. 이 때문에 일본인들은 중국의 동부지역을 쉽게 장악할 수 있
었지만 북동지역은 예외였는데, 이 지역에서는 공산주의자들의 강력
한 저항에 맞닥뜨렸다. 장제스는 공산주의자들의 이 같은 성공에 정
말로 비관해 자신들이 장악한 지역을 봉쇄하는 데 나섰다.

미국을 포함한 서구 세력은 중국을 돕는 데 거의 관심이 없었다.
일본은 영국과 프랑스가 유럽 내부문제, 특히 독일과 이탈리아의 야
심 때문에 여념이 없을 때 다시 한 번 공세를 시작했다. 이때도 미국
은 중국을 구하기 위해 일본과 전쟁을 벌일 준비가 되어 있지 않았
다. 미국이 이렇게 몸을 사린 이유 하나는, 미국과 일본의 통상규모
가 미국과 중국의 통상규모를 훨씬 앞질렀다는 점이다. 1931~35년
미국 대외무역의 약 19%가 대아시아 무역이었고, 이 가운데 43%가
일본과의 무역이었으며 18%는 필리핀, 14%는 중국과의 무역이었다.
사실 일본은 미국의 세번째 무역 상대국이었다. 또 미국이 아시아에
서 가장 많이 투자한 나라이기도 했다.[19]

1930년대 들어서 일본이 만주 · 몽고 · 중국에 대해 더 공격적인 정책을 쓰기로 한 것은 경제문제가 주로 동기가 되었다. 1929년 세계무역의 붕괴는 대공황의 시작과 함께 지역별 무역권 형성을 자극했다. 1929~31년 일본의 수출은 액수로 보면 43%나 줄었고, 이 때문에 일본의 정책결정자들은 스스로 지역 경제권역을 형성할 필요가 있다고 결론 내렸다.[20] 일본의 시도는 조선과 만주, 중국 북부를 아우르는 지역을 원 모양의 강력한 종속지대로 만드는 데 초점을 두고 있었다. 특히 만주와 중국 북부는 일본 중공업을 위해 석탄과 철강을 공급하는 주요 지역이 되었다. 실제로 일본은 조선과 만주, 중국 북부에 대한 5개년계획(1937~41)을 세우고 철강과 제철, 석유, 석탄, 무기, 조선 등 핵심 산업의 생산 및 수입 목표를 설정했다. 조선은 여전히 중요한 식량 생산기지인 동시에 수출기지였다. 1935~39년 조선은 쌀 생산량의 약 40%를 일본에 수출했으며, 또 조선은 중요한 광공업 기지 역할도 했다. 1941년까지 조선은 경금속 · 화학 · 마그네슘은 물론, 철강과 제철을 상당량 생산해 냈다.[21]

이처럼 지역 경제권역을 형성하는 데 성공했는데도 일본은 만족하지 않았다. 그 어떤 요인보다도 공산주의자들이 이끄는 저항이 북동아시아의 생산을 기대에 못 미치게 했던 것이다. 더욱이 이 지역은, 일본이 자국에서는 수요만큼 충분히 공급할 수 없는 중요한 천연자원이 많았다. 원유가 특히 그랬는데, 당시 일본은 전체 원유수입량의 55%를 미국에 의존했고 20%는 인도네시아에서 공급받고 있었다.[22] 일본의 정책입안자들은 이미 1930년대 중반에 상대적으로 자급자족적인 경제체제를 갖추기 위해서는 자신들의 범위를 동남아시아로 넓혀야 한다는 것을 깨달았다. 또 이 확장은 그 무엇보다 위험할 것이라는 점도 이들은 잘 알았다. 대부분의 동남아시아 나라들은 유럽 식민지였으며, 특히 영국의 이권이 직접적으로 위협받게 되어 있었다. 서구와 전쟁을 벌일 가능성을 인식한 일본은 군사동맹의 핑계로 반공을 내세우면서 1936년 독일과 반(反)코민테른 협정을 체결했다. 그리고 1940년에 일본·이탈리아·독일 간에 체결된 조약은 "현재의 다툼에 개입하지 않은" 나라가 3개국 가운데 하나라도 공격하면 다른 두 나라가 협력하는 것을 의무화했다. 독일이 유럽에서 군사적 승리를 거둔 점을 이용해 일본은 1940년 남하를 시작했다.

미국은 이제 더 이상 일본의 지역적 도전을 무시할 수 없었다. 유럽의 사태와 연관된 일본의 행동은 미국의 전세계적 이권을 심각하게 위협했던 것이다. 역사학자 W. G. 비슬리는 이렇게 설명한다.

동남아시아를 향한 일본의 이동이 추축세력(독일·이탈리아·일본을 말함―옮긴이)에 대한 영국의 대항력에 변수로 떠오름에 따라… 미국은 마지못해 개입하기 시작했다. 1940년 9월, 도쿄 주재 미국 대사는 워싱턴에 보낸 전문에서 "태평양 지역에서 미국의 이권이 이 나라[일본]의 남진 팽창정책에 의해 명백하게 위협받고 있으며 이런 남진정책은 동양 지역의 대영제국에 대한 공격이다"고 언급했다. 또 대영제국의 존재가 미국의 안보에 한 요소임을 볼 때 "우리는 적어도 유럽에서 벌어지고 있는 전쟁에서 이기든 지든 결론이 날 때까지는 태평양에서 현상을 유지하기 위해 모든 가능한 수단을 다 써야 한다."[23]

미국 정부는 일본의 남진 팽창에 경제적 압력으로 대응했다. 1940년에 고철과 석유 수출량을 제한하기 시작했고 1941년에는 미국 내 일본 자산을 동결하고 철광과 제철·황동·구리·아연·원유 수출을 금지했다. 일을 되돌리고 싶지 않았던 일본 정부는 미국과의 전쟁이 피할 수 없는 일이라고 결론을 냈다. 1941년 12월 7일, 일본은 미군의 전력을 약화시키려고 진주만 해군기지에 기습공격을 가했다.

미국 주도권과 한국

태평양 지역에서 미국의 전쟁시도는 느리게 시작됐다. 1942년에 미군이 일본과 몇몇 중요한 전투를 벌였지만, 우선순위는 독일과 이탈리아에 대항하는 유럽 지역의 전쟁에서 승리하는 데 두었다. 이 전략은 중국이 미국의 직접적이고 확실한 지원을 받기까지 기약도 없이 일본의 공격을 당하는 것을 의미했다.

미국은 여전히 중국을 태평양 지역의 안정에 핵심이 되는 나라로 보았다. 프랭클린 루스벨트 대통령은 중국이 약해서 태평양전쟁이 벌어졌고 미국과 연합해 중국이 새로워지면 전후(戰後) 아시아의 안정을 이룰 수 있다고 믿었다. 그래서 장제스가 일본과 거래를 할까봐 노심초사한 루스벨트는 미끼를 던졌다. 1943년에 미국의 재촉으로 서구 세력들은 조약항구에 대한 권리를 포기하고 중국을 대등한 세력으로 받아들이기로 합의했다. 그리고 미국은 중국에다 1943년 카이로회의에 영국과 함께 참석하라고 초청했다. 이 회의의 폐회에 맞춘 선언에는 세 나라가 일본이 패할 때까지 계속 싸울 것이라는 결정이 들어 있었으며, 또 전후(戰後) 한국의 미래에 대한 다음과 같은 최초의 공식적인 언급도 포함되어 있었다. "위에 서술한 세 세력은 한국민들의 노예상태를 마음에 새기고서 일정한 절차를 거쳐 한국이 자유와 독립을 되찾게 될 것으로 결의했다."

카이로회의 이후 루스벨트와 영국 수상 윈스턴 처칠은 테헤란에서 소련 지도자 스탈린을 만났다. 한국에 대한 자신의 계획을 설명하면서 루스벨트는 "일정한 절차를 거쳐"의 뜻을 명확하게 했다. 한국의 학자 최봉윤의 표현을 빌리면, "루스벨트는 자신이 필리핀에서 경험한 것을 바탕으로 동북아 식민지 주민들은 완전한 독립을 얻기 전에 자치의 기술을 배우는 교육기간을 일정하게 거쳐야 한다는 생각을 표현했다."[24]

진주만 공격 전에 미국 정부는 필리핀과 중국에서의 미국의 이권에 대한 일본의 승인을 보장받기 위해 일본에 자유로운 한국지배를 허용했다. 그러나 태평양전쟁은 미국과 일본을 이 지역 내 패권다툼에 몰아넣음으로써 힘의 균형을 바꿨다. 비록 한국이 이 투쟁 결과의 핵심은 아니었지만, 루스벨트는 미래를 볼 때 일본·중국·소련과 가까운 전략적 위치 때문에 한국을 지배하면 전후 아시아를 미국 이권에 반응하는 구조로 만들 능력을 크게 강화시킬 것임을 이해했다.

미국이 한국의 정치적 미래에 대한 자신의 주장을 밀어붙일 때가 왔다고 확신한 루스벨트는, 애초 필리핀에서 했듯이 미국 단독의 한국 신탁통치를 선호했었다. 하지만 일본에 맞선 투쟁의 정치적·군사적 현실 때문에 그는 국제적인 신탁통치를 통한 간접지배로 만족해야 했다. 미국은 자신들이 일본 본토를 상대로 직접 싸우는 동안 소련이 참전해 만주와 한국에 주둔해 있는 강력한 일본군을 맡아주기를 간절히 바랐다. 그러나 루스벨트로서는 이런 힘든 임무를 소련에 맡기되 한국의 전후 미래에 대한 결정에는 소련이 관여하지 못하게 할 그럴듯한 방법이 없었다. 소련 군대는 한국에 발을 들여놓게 되겠지만 미군은 그렇지 못한 상황이었다. 따라서 소련이 일원으로 참여하는 국제 신탁통치가 당시 미국이 생각할 수 있는 가장 좋은 목표달성 도구였다. 그리고 테헤란에서 미국은 일본에 맞선 전쟁과 한국의 신탁통치에 소련이 참여하는 전반적인 합의를 끌어냈다.

1945년 2월, 루스벨트는 영국 및 소련 지도자들과 얄타에서 만나 다시 참전과 신탁통치 문제를 제기했다. 이번에 루스벨트는 자신이 구상하고 있는 신탁통치안을 좀더 구체적으로 밝혔다. 20~30년 동안 영국·중국·소련·미국 4개 세력이 참여하는 신탁통치안이었다. 이에 스탈린은 "짧을수록 좋다"고 말한 것으로 보도되고 있다.[25] 또 스탈린은 소련이 일본과 전쟁을 벌일 것이라는 약속을 다시 했는데, 이번에는 동쪽에서 군대를 결성해야 하기 때문에 참전 날짜는 아마 독일이 패배한 지 석 달 후가 될 것이라는 말도 덧붙였다. 이 세 지도자들은 독일을 주둔지역과 배상금 합의에 따라 분할하는 것을 포함한 전후 독일 처리방식에도 합의했다. 얄타는 미국·영국·소련 단결의 최고점이었다.

그러나 이 단결은 오래가지 못했다. 독일군은 무너지기 시작했고, 처칠은 유럽의 전쟁결과를 더 이상 걱정하지 않아도 되자 소련과 맺은 연합을 깨도록 루스벨트를 압박하기 시작했다. 처칠이 보기에는 소련이 지원하는 사회주의가 이제 전후 미국과 영국의 이권에 가장 큰 위협이었던 것이다. 그러나 루스벨트는 조금 다른 태도를 보였다. 소련과 공개적으로 갈라서지 않고도 미국의 이권을 지킬 수 있다고 믿었기 때문이다. 하지만 1945년 4월 초에 루스벨트가 숨지고, 처칠과 같은 생각을 가진 해리 트루먼이 그를 이어 대통령이 됐다. 4월에 트루먼이 자신의 핵심 참모들과 협의한 전반적인 합의사항을 참모총장 리히 장군은 이렇게 요약했다. "미국이 소련에 강한 태도를 보일 때가 왔다. 소련이 유럽과 아시아 지역에서 전쟁강도를 낮추거나 아예 전투를 중단하더라도 우리의 전쟁 전망에는 어떤 영향도 미치지 못할 것이다."[26]

태평양의 전투양상은 미군에 유리한 쪽으로 바뀌었다. 1944년 여름, 미군은 쉽게 사이판과 티니안, 괌을 점령했다. 그리고 비록 미군의 피해가 컸지만 이오섬(유황도)이 1945년 3월 마지막 주에 점령되었고, 12월에 일본 침공을 치밀하게 준비하고 있던 미국은 폭격의 강도를 높였다. 1945년 3월 도쿄 공습에서는 12만 5천여 명이 숨진 것으로 추정되고 있다.[27] 곧 이어 5월과 6월에 대규모 폭격을 한 뒤 합동참모본부는 "일본은 도시가 모두 파괴되고 교통이 두절되는 나라가 될 것이며 계속 저항하기 위해 국민들을 하나로 뭉치는 데 엄청난 어려움을 겪게 될 것이다"고 전망했다.[28]

1945년 5월 8일에 독일이 항복했다. 그러나 독일의 패배는 유럽에서, 미국의 정책결정자들로서는 달갑지 않은 복잡한 전후 정치상황을 유발했다. 소련이 전쟁을 통해 대단한 명성을 얻었을 뿐 아니라 중부 및 동부 유럽에 무시할 수 없는 상당한 규모의 군을 주둔시키게 되었던 것이다. 그에 비해 아시아에서는 상황이 달랐다. 소련은 아직 일본과 전쟁을 시작하지 않았던 터라, 미국이 소련의 개입 없이 일본을 무찌를 수 있다면 전후 아시아 정치를 좌우할 강력한 위치를 차지할 수 있었다. 미 국무장관 조지프 C. 그루가 5월에 "러시아가 일본과 전쟁을 벌이게 되면 몽고·만주·한국은 점차로 러시아의 지배권에 들어갈 것이고, 이어 중국이 뒤를 잇고 결국 일본도 마찬가지가 될 것"[29]이라고 씀으로써 명백히 밝혔듯이, 얽힌 이해관계는 아주 컸다.

미국 첩보대가 일본군 암호를 풀어, 일본의 지도자들이 미국을 이길 수 없다는 것을 인정하면서도 무난한 협상을 통해 전쟁을 끝내기 위해서 전쟁을 계속할 의지가 있음을 밝혀냈다. 이런 일본의 방침이 뜻하는 가장 중요한 의미는 전후 천황의 역할을 보장받는 것이었다. 하지만 미국은 소련이 전쟁에 개입하면 일본은 이 전략을 재검토해 무조건 항복할 수 있다는 것도 밝혀냈다. 따라서 미국의 외교정책은

일본의 무조건 항복을 받으면서 소련의 참전을 막기 위해, 일본 본토
를 침공하거나 할 수 있다면 일본에 원자탄을 투하하는 것이었다.

처칠은 미군이 유럽에 주둔하는 동안 유럽 문제를 매듭짓기 위해
1945년 5월이나 6월 즈음에 스탈린·트루먼과 회담을 열고 싶어했다.
하지만 트루먼은 포츠담회의를 7월까지 미루었다. 이유는 원자탄이
었다. 그때까지는 원자탄 실험준비가 끝나지 않을 것이었고 트루먼은
이 실험상황을 알기 전에는 스탈린을 만나고 싶지 않았던 것이다. 첫
번째 원자탄 실험은 포츠담회의가 시작하고 하루 뒤인 1945년 7월 16
일 뉴멕시코에서 실시됐다. 그리고 7월 21일에 트루먼은 원자탄의 거
대한 파괴력에 대해 상세히 보고받았다. 이때부터 트루먼은, 원자탄
에 대해서는 까마득히 모른 채 과거 합의를 변경할 것을 요구하는 스
탈린에게 공세적으로 대응했다. 이미 미국과 영국은, 그리스에서 영
국의 지배권을 소련이 인정하는 대신 불가리아와 루마니아에 대한 소
련의 영향력을 인정하기로 합의한 상태였는데, 이제 와서 트루먼은
스탈린에게 새로 구성된 불가리아와 루마니아 정부를 인정하지 않겠
다고 번복했던 것이다. 뿐만 아니라 독일과 관련하여 얄타회담에서
합의한 것, 특히 소련의 배상권에 대한 합의도 원점으로 돌렸다.

트루먼은 소련과 협상할 생각이 거의 없었고 가능한 빨리 포츠담
회의를 끝내려고 했다. 이 회의에서 나온 유일한 공식문건은 1945년
7월 26일의 포츠담선언인데, 이는 일본의 항복에 대한 연합국의 요구
를 담고 있다. 미국·영국·중국이 서명한 이 선언은 일본의 무조건
적 항복을 요구하면서 천황의 미래 지위에 대해서는 아무런 보증도
하지 않고 있다. 이런 전략을 쓰면서 미국은 원자탄을 투하해 승리할
즈음까지 소련의 개입 없이 전쟁을 계속하고 싶어했다.

협상에 여전히 미련을 두고 있던 일본인들은 포츠담선언에 소련이

서명하지 않은 것이 의아스러워 공식적인 반응을 하지 않았다. 미국 정부는 일본의 외교적 침묵을 거부의 뜻으로 적극 해석해, 8월 6일 아침 히로시마에 원자탄을 투하했다. 그리고 독일이 패한 지 정확하게 3개월 뒤인 8월 8일 소련은 일본에 전쟁을 선언했다. 다음날 아침 소련 군대가 만주와 한국으로 들어왔으며, 같은 날 저녁 미국은 나가사키에 원자탄을 떨어뜨렸다.

8월 10일에 일본 정부는 외무부를 통해 포츠담선언에 단 한 가지 조건, 곧 천황에 대한 보호를 덧붙인다면 받아들일 용의가 있다는 뜻을 전달했다. 8월 11일 미국은 일본의 성명을 무조건적인 것으로 여긴다는 내용의 조심스런 용어를 쓴 성명을 보냈다. 다만 미국은 이 성명에서 천황이 지위를 계속 유지하는 문제에 대해서는 협상할 뜻이 있음을 내비쳤다. 천황 유지에 대한 미국의 태도가 바뀐 것이다. 이제는 일본의 조속한 항복과 미국의 지시에 대한 순종을 보장받기 위해 천황이 명목상의 우두머리로 남아 있는 것을 허용할 수 있었던 것이다.

미국이 일본의 공식적인 항복선언을 기다리는 동안 소련 군대는 만주와 한국으로 계속 내려왔다. 이제 미국 정부는, 소련이 중국·만주·한국·일본의 전후 상황전개에 강력한 힘을 발휘할 위상을 차지할 것을 두려워할 만했다. 소련에 파견한 미국 특별대사 에드윈 폴리는 트루먼에게 "극동에서 러시아의 과도한 행위를 막을 긴급행동"이 필요하다고 전문을 보내면서, 미국이 "한국(북부)과 만주의 산업지역을 가능한 한 많이 점령할 것"[30]을 권고했다. 애버릴 해리먼 주소련 미국대사도 같은 내용을 권고하면서 "적어도 광둥반도와 한국에서 일본군의 항복을 받기 위해 미군을 상륙시킬 것"[31]을 요청했다.

국무부·전쟁부·해군부 3부 조정위원회는 미국의 행동을 결정하기 위해 몇 차례에 걸쳐 장기간 논의했다. 소련은 만주의 대부분을 장악하고 있었지만 과거에 만주에서 중국의 주권을 존중하기로 합의 했었다. 정작 문제는 한국이었다. 당시 전쟁부 합동참모부의 대령이 었던 딘 러스크는 당시 전개상황에 대해 다음과 같이 쓰고 있다.

외교부는 현실적으로 가능한 최북단까지 미군이 항복을 받자고 제안했다. 군은 즉각 동원할 미군이 거의 없다는 문제점과 소련군 이… 이 지역에 진입하기 전에 최북단까지 도달하기 어렵게 하는 시간과 공간적 요인에 직면하고 있었다.

〔전쟁부는〕 8월 11일 C. B. 본스틸3세 대령과 나에게 가능한 한 북쪽까지 항복을 받자는 정치적 욕구와 그곳까지 군이 도달할 수 없는 문제를 조화시키는 안을 제출할 것을 요구했다. 우리는 38선 을 제안했다…. 왜냐하면 미군의 책임 아래 수도 서울을 포함시키 는 것이 중요하다고 판단했기 때문이다.[32]

트루먼은 이 권고를 받아들였다. 전반적인 일본군 항복조건을 제 시한 미국 문서, 곧 일반명령 1호에는 미군이 38선 이남의 일본군에 게서 항복을 받을 것이라는 내용이 포함되어 있었다. 8월 14일 일본 은 공식적으로 항복을 선언했고 다음날 트루먼은 주요 국가에 일반 명령 1호 사본을 보냈다. 이것이 공식적으로 공표된 것은 9월 2일이 다. 미국의 정책입안자들이 크게 놀라게도, 중국과 소련은 미국의 '한국분할' 계획에 반대하지 않았다.

미국 정치지도자들은, 일본에 원자탄을 투여함으로써 전쟁을 바로 끝내 수백만 명의 미국인 목숨을 구했다고 주장한다. 그러나 이는 사 실이 아니다. 당시에도 미군 내 극히 일부만 폭격이 필요하다고 생각했다. 이 폭격이 있고 1년이 조금 안 되어 나온 미국전략폭격조사의 공식연구는, 원자탄의 투하와 미군의 일본 침공이 없었더라도 일본은 1945년에 항복할 가능성이 높았다고 결론 맺고 있다.[33] 윌리엄 리히 장군도 1950년에 쓴 자신의 비망록에서 비슷한 결론에 이르고 있다. "내 생각에는 히로시마와 나가사키에 이 야만적인 무기를 쓴 것이 전쟁에 실질적인 도움을 주지 못했다. 일본인들은 이미 패배했으며 항복할 준비가 되어 있었다."[34] 미국은 원자탄을 두 차례나 투하했는데(모든 재래식 무기에 따른 인명피해보다 많은 30만 명의 목숨을 앗아갔는데), 이것은 군사적 이유 때문이 아니라 트루먼이 소련을 전쟁과 항복협상에서 배제하고 싶어했기 때문이었다. 또 그는, 원자탄을 쓰는 것이 미국이 압도적인 힘으로 소련의 어떤 도전에도 응할 채비를 갖추고 있다는 것을 소련에 가장 효과적으로 알리는 방법이라고 생각했기 때문이다.

이 지역에서 미국이 정치적·경제적으로 팽창해 온 오랜 역사와 함께, 전세계에서 주도권을 잡으려는 이 결심은 1945년 이후 한국에 대한 미국의 관심을 이해하는 데 적합한 배경을 제공한다. 미국은 중국과 일본에서 소련의 영향력을 제한하기로 결심했다. 한국 또는 한국의 일부를 장악하는 것은 미국 정책결정자들의 이런 더 넓은 아시아 전략의 핵심이었다.

1945년 9월 7일 더글러스 맥아더 장군은 남한에 미군정을 세우는 내용의 포고령 1호를 발령했고, 다음날 미군이 권력장악을 위해 도착했다. 한국의 미래를 한국인들에게 맡기는 것은 미국의 의제에 포함되지 않았다. 1945년 9월 18일, 트루먼은 이 점을 분명히 했다. "자유롭고 독립된 나라에 대한 책임과 역할을 한국인 스스로 맡는 것은… 필연적으로 시간과 인내를 필요로 할 것이다."[35]

주

1. Bruce Cumings, *The Origins of the Korean War, Liberation and the Emergence of Separate Regimes, 1945~1947*(Princeton: Princeton University Press, 1981, p. 126)에서 재인용.

2. Department of State, *The Record on Korean Unification 1943~1960*, Far Eastern Series 101, Washington, DC: U. S. Government Printing Office, 1960, p. 1.

3. Howard Zinn, *A People's History of the United States*, New York: Harper and Row, 1980, p. 124.

4. 같은 책, 149.

5. 조약항구 체계에 관한 유용한 논의로는, "The Treaty Port System and Japan"(W. G. Beasley, *Japanese Imperialism, 1894~1945*, New York: Clarendon Paperbacks, 1991) 참조.

6. Department of State, *A Historical Summary of United States-Korean Relations*, Far Eastern Series 115, Washington, DC, 1962, p. 45.

7. 같은 책, p. 46~47.

8. Zinn, 앞의 책, p. 242에서 재인용.

9. 같은 책, p. 306에서 재인용.

10. Raymond Bonner, *Waltzing with a Dictator: The Marcoses and the Making of American Policy*, New York: Vintage Books, 1988, p. 29.

11. Beasley, 앞의 책, p. 6.

12. Alfred Whitney Griswold, *The Far Eastern Policy of the United States*(1938; reprint New Haven: Yale University Press, 1962, 90)에서 재인용.

13. 같은 책, p. 96~97에서 재인용.

14. 같은 책, p. 97에서 재인용.

15. Zinn, 앞의 책, 353.

16. Department of State, *Historical Summary*, p. 56.

17. Edward Boorstein and Regula Boorstein, *Counterrevolution: U. S. Foreign Policy*(New York: International Publishers, 1990, p. 67)에서 재인용.

18. 같은 책, p. 69에서 재인용.

19. Griswold, 앞의 책, p. 468.

20. Beasley, 앞의 책, p. 188.

21. 같은 책, p. 214.

22. 같은 책, p. 212.

23. 같은 책, p. 222.

24. Bong-youn Choy, *A History of the Korean Reunification Movement: Its Issues and Prospects*, Peoria: Research Committee on Korean Unification, Institute of International Studies, Bradley University, 1984, p. 10.

25. 같은 책, p. 10에서 재인용.

26. Boorstein and Boorstein, 앞의 책, p. 41에서 재인용.

27. Peter Calvocoressi and Guy Wint, *Total War: Causes and Courses of the Second World War*, New York: Penguin, 1979, p. 853.

28. 같은 책, p. 858에서 재인용.

29. Gar Alperovitz, *The Decision to Use the Atom Bomb and the Architecture of an American Myth*(New York: Alfred A. Knopf, 1995, p. 178)에서 재인용.

30. Choy, 앞의 책, p. 11에서 재인용.

31. 같은 책, p. 11에서 재인용.

32. 같은 책, p. 12에서 재인용.

33. Alperovitz, 앞의 책, p. 4.

34. 같은 책, p. 3에서 재인용.

35. Department of State, *Historical Summary*, p. 11.

2
독립과 민주주의를 향한 한국인의 투쟁

한국을 아시아 지역의 지배를 위한 전초지로 확보하는 데 힘을 기울인 미국의 팽창주의적 외교정책은, 1945년 미군이 한반도 남쪽에 도착한 이후 폭발한 복잡한 분쟁의 반쪽 배경에 지나지 않는다. 나머지 절반은 한국 자체의 정치적·경제적 역사에서 비롯된다. 오늘날 남북한의 역사학자들은 많은 것에서 서로 동의하지 않는다. 하지만 그들이 동의하는 것이 있는데, 그것은 다름아니라 외국의 개입이 "이 나라 근대의 운명을 왜곡시킨 주요 요인"이라는 사실이다.[1] 한국의 해방 전 역사는 이런 주장을 뒷받침하는 상당한 증거를 제공한다. 또 외국의 억압에 대중들이 저항하고 독립과 민주주의를 위해 싸운 수많은 예도 함께 보여준다. 마지막으로, 이 역사는 왜 트루먼의 특사 에드윈 폴리가 "〔전후〕 한국의 공산주의가 현실적으로 전세계 어느 나라보다 출발이 좋을 수 있었다"[2]고 생각했는지를 통찰할 수 있게 해준다.

외국의 개입과 조선왕조의 쇠퇴

한반도는 1392년부터 1910년까지 조선 또는 이씨 왕조가 지배했다. 조선 창건자 이성계는 안정적인 농경사회 질서를 유지하는 데 맞춰진 정치경제학을 물려받았다. 모든 땅의 소유주인 왕은 대부분의 경우 땅에서 생산된 수확을 모으고 그 일부를 분배할 의무가 있었다. 예를 들어 고관들은 '봉토(stipend lands)'에서 나온 수확을 정률제로 받았다. 요직에 있는 관리일수록 소유지가 넓고 좋으며 녹봉이 많았다. 비슷하게 왕도 궁토(宮土)에서 나는 수확의 일정 부분을 받을 권리를 누렸으며 지방관청 직원과 군인, 공공기관, 학교, 사찰도 각각을 위해 특별히 지정된 땅에서 세금을 거둬 유지되었다. 진정한 현실적 의미에서 보면 왕은 주로 지대 징수자의 역할을 했다. 최고위 관료들만 이런 형태에서 예외적인 혜택을 누렸는데, 이들은 지대를 직접 설정하고 징수할 수 있는 '과전'을 받았다.

이런 제도에는 긴장이 있었다. 부유한 가문은 고관자리를 차지하고 땅을 얻기 위해 왕에게 서로 영향력을 행사하려고 싸웠다. 따라서 왕은 평화를 유지하기 위해 종종 고관의 숫자와 이들에게 나눠줄 땅을 늘릴 수밖에 없었다. 이것은 결국 조정의 기능을 유지하는 데 필요한 재원을 줄이고 그 땅에서 농사짓는 농민들에게 세금부담을 더 지우는 것으로 이어졌다. 이 부담이 너무 커지면 농민들이 반란을 일으켜 때로는 무기를 들고 때로는 땅을 떠났다. 그러나 시간이 지나면서 힘의 균형은 지배계층에게 기울었고, 이에 따라 조정은 늘 재원이 부족했고 농민들은 심하게 착취당했다.

이성계가 군사쿠데타로 권력을 잡았을 때 맨 먼저 한 일은, 지배계층을 약화시키는 것을 목적으로 한 토지개혁의 하나로 모든 공공·개인의 땅문서를 없애는 것이었다. 동시에 그는 많은 사대부들을 조정의 고위직에 임명하기 시작했다. 이들은 수도 주변 지역에 한정되어 있던 새로운 개념의 '과전(科田)'에서 거두어들이는 수확세를 받았다. 그리고 나머지 지역의 땅은 조정의 운용을 위해 사용하는 국유지로 지정됐다.

짧은 재임기간 동안 이성계의 정책은 조정의 훨씬 안정적인 재원을 창출했다. 그러나 시간이 지나 이성계를 잇는 왕들의 지배 아래서 사대부들은 소유지를 늘리면서 새로운 지배계급, 곧 양반으로 변신했다. 16세기 중반에는 공유지가 점점 더 양반들의 지배 아래 들어가면서 조선왕조는 심각한 재정위기를 맞았다.

조선의 이런 경제위기 기간에 일본에서는 새로운 지도자 도요토미 히데요시가 권력을 잡았다. 팽창주의자 도요토미는 1592년 조선을 침략했다. 일본인들이 한양을 향해 거침없이 북진하자 왕과 고위관리들은 피란길에 올랐다. 그러나 일본군의 북진은 이순신 장군이 세계 최초의 철갑선으로 일본 해군을 공격해 보급과 병력 충원을 막음으로써 주춤해지기 시작했다. 그리고 전국에 걸쳐 농민과 노비들이 의병을 형성하였다. 명나라가 파견한 5만 명의 군사와 협력해 이 풀뿌리 군대는 일본군을 동남 해안지역으로 몰아내는 데 성공했다. 일본이 1597년 다시 공격할 때까지 평화협정 시대가 지속되었다. 이번에는 조선과 명나라 군대가 일본군의 상륙공격을 어렵지 않게 막아냈다. 이순신 장군은 다시 한 번 더 많은 일본 해군을 물리쳤다. 1598년 중반에 도요토미 히데요시가 숨졌고, 그해 말에 일본은 평화안에 합의했다.

이 오랜 기간의 전쟁은 조선 농민들에게 엄청난 피해를 입혔다. 농업생산이 붕괴됨으로써 조정의 세금징수 기반도 약화됐다. 조선의 어려운 상황을 틈타 당시 중국을 지배하고 있던 만주족(청나라―옮긴이)이 1627년 조선을 침공했다. 이들은 쉽사리 조선군을 압도했고, 조선의 왕은 선택의 여지 없이 평화를 추구했다. 오래지 않아 청은 조선 왕에게 청나라를 종주국으로 인정하도록 요구했고, 왕이 이를 거부하자 만주족은 1636년에 다시 침략했다. 조선의 왕은 금방 항복했고, 조선은 만주족에 공물을 바쳐야 했다. 이 때문에 농민들의 어려움은 더욱 커졌다.

생활여건을 안정화시키지도, 그렇다고 나라를 지키지도 못한 조선 왕조는 서서히 정통성을 잃기 시작했다. 많은 농민들이 조선을 떠나 만주나 시베리아로 옮겨갔다. 또 어떤 농민들은 들고일어났는데, 이런 농민반란은 상류층 출신이지만 조정 내 관직의 제한 때문에 관직에 오르지 못한 이른바 '몰락한 양반'들이 종종 이끌었다. 가장 대규모이며 중요한 봉기는 1862년에 일어났다. 죽창으로 무장한 농민들이 지방관청을 불태우고 지방 수령과 아전들을 죽였다.

이때가 바로 최제우가 유교·불교·도교·가톨릭·샤머니즘을 혼합한 동학을 일으킨 때이다. 최제우는 사람과 신의 일치를 설교했다. 인간의 정신이 신을 복제한 것이기 때문에 신에게 봉사하는 것은 곧 인간에게 봉사하는 것을 뜻한다는 것이다. 동학에 따르면, 모든 사람은 사회의 잘못을 고치기 위해 다른 사람과 힘을 합칠 의무가 있다. 동학은 많은 농민들을 규합해서 금방 폭넓은 사회변혁운동의 밑바탕이 되었다. 최제우는 1864년에 대규모 혁명적 격변이 일어날 것이라고 예언했다. 조정은 1863년 그를 체포해 이듬해에 사형에 처하는 것으로 대응했다.

1864년에 새 임금이 등극했으나 12세로 너무 어려서 그의 아버지 대원군이 실제로 나라를 지배했다. 대원군은 잇단 세제개혁으로 조정의 재정기반을 회복하는 데 성공했으며 이를 바탕으로 군사력을 강화했다. 중국에서 벌어진 일을 의식해 대원군은 서양과의 접촉을 거부했다. 1866년 대원군은 대대적으로 가톨릭을 탄압하여, 프랑스인 선교사 9명과 8천여 명의 조선인 신자를 죽였다. 이에 대한 보복으로 프랑스는 군함을 보내고 군대를 조선에 상륙시켜 한양으로 진군케 했다. 하지만 프랑스 군대는 격퇴당해 퇴각할 수밖에 없었다.

1871년에 미국의 아시아 소함대가 조선에 군함 5척을 보냈는데, 이것은 1866년 셔먼호 선원의 살해에 대한 보복 차원의 행동이었다. 조선이 발포하자 미 해병대가 한양으로 들어가는 한강을 지키고 있던 강화도의 성채를 공격했다. 그러나 군대는 조선 조정과 접촉해 사과를 받아내지도, 그렇다고 통상조약을 맺지도 못한 채 곧 퇴각했다. 이 승리 이후 대원군은 한양의 주요 거리와 그 밖의 요충지에, "서양야만인들이 우리나라를 침략했다. 우리가 싸우지 않으면 화해해야 한다. 화해를 강요하는 것은 나라를 배반하는 것이다"[3]라고 씌어져 있는 척화비를 세웠다.

이 시점까지만 해도 조선은 서양 세력을 막아낼 수 있었다. 이것은 물론 조선의 단호한 결의의 결과였지만, 프랑스·미국·영국·러시아가 다른 나라에 매달려 있었기 때문이기도 했다. 조선의 '문호개방'이 이들의 우선적인 과제는 아니었던 것이다. 그러나 일본은 상황이 달랐다. 서양의 위협을 받고 있던 일본은 조선지배가 자국의 이권에 필수적이라고 여겼다. 1875년 9월에 일본은 조선에서 자국의 이권을 요구할 기회를 주는 사건을 만들어냈다. 일본 탐사선이 조선 앞바다로 파견되었으며, 조선 해안포대의 공격을 도발하는 데 성공했다. 일본은 해군 소함대를 파견해 조선에 '우의·통상·해운'에 관한 (불평등) 조약을 맺자고 요구했다. 이에 조선 조정은 약간 주저하다가 중국의 권유로 1876년 2월 강화도조약을 체결했다. 일본의 영향력을 희석하려는 기대를 갖고 조선 조정은 비슷한 조약을 1882년 5월 미국과도 맺었다. 또 1882년 6월에는 영국·독일과, 1884년에는 러시아와, 1886년은 프랑스와도 조약을 맺었다.

이 새로운 조약들로 조선 학자와 관료들은 다른 나라를 방문할 수 있게 됐다. 많은 사람이 일본을 방문해 일본의 급격한 산업화에 감명을 받았다. 이들은 조선이 일본의 조처를 따를 것을 주장했다. 조선 조정도 이 생각에 동의해, 비슷한 경제개혁을 하고 일본인을 고문으로 앉혔다. 그러나 이런 친일적 변화는, 조선이 일본의 영향 아래 들어가고 있다고 느낀 많은 조선인들 사이에 강한 반일정서를 불러일으켰다. 그 결과가 1882년의 임오군란이다. 군인들이 봉기를 일으켜 조선 내 일본 시설을 공격하고 지배층을 전복하려 시도했다. 왕은 중국에 봉기진압을 요청할 수밖에 없었고, 중국은 이 상황을 조선 내에서의 정치적 지위를 다시 주장하는 기회로 이용했다.

중국의 개입은 일본 영향을 받은 개혁을 지지하던 이들을 분노케 했다. 갑신정변으로 알려진 1884년 궁중반란을 통해 이들은 권력을 잡으려고 시도했지만, 3일 만에 중국 군대에 진압당했다. 조선에 와 있던 일본공사는 처음에는 이들을 지원하겠다고 해놓고 마지막 순간에 마음을 바꿨다. 사건의 결과에 당황한 일본 정부는 중국에 두 나라가 동시에 조선에서 철수하고 나중에도 군대를 보내게 되면 사전에 상대국가에 통보해 주자는 제안을 했다. 중국은 이를 받아들였다.

이제 중국의 영향력 확대를 우려하게 된 조선의 왕은 러시아를 개입시키려 했다. 영국과 일본이 이 전략을 방해하자 왕은 미국의 보호를 받으려 했으나 이 또한 실패했다. 이 작전의 결과, 중국이 조선에서 지배적인 힘을 유지하게 되었다. 그러나 정치상황은 안정과 거리가 멀었다. 조선 경제에의 외국 침투와 지배계층의 부패가 농민들에게 더 큰 경제적 부담을 지웠던 것이다. 당시 유행한 노래는 이들의 불평 정도가 어떠했는지 얼마간 가늠케 해준다.

잔칫상의 촛농이 떨어지듯, 사람들의 눈물이 떨어진다.
잔치에 노랫가락이 넘쳐나듯, 불평에 찬 백성의 절규는 더욱 커져만 간다.[4]

게다가 동학교주가 처형당했음에도 점차 많은 사람들이 동학을 받아들이기 시작했다. 동학은 모든 외국인 추방을 포함한 외세의 개입 중단, 공평한 농토분배 등 농민의 처우개선과 공평과세, 부채탕감, 부패관리 숙청 등 행정개혁을 요구했다.[5] 마침내 1894년 동학 지도자 전봉준은 농민들의 운명을 개선하기 위해 행동에 들어가기로 결정했다. 그는 전라도와 충청남도 지방에서 무장봉기를 이끌었다. 이들은 "나라를 지키고 백성을 보살피자"는 깃발 아래 투쟁했다. 그해 말 전봉준은 왕에게 동학의 개혁안을 받아들이도록 요구하기 위해 한양까지 행진하자고 촉구했다.

군주제를 무너뜨리려던 것도 아닌 대중봉기에 놀란 왕은 이들의 행진을 저지하기 위해 정예부대를 파견했다. 그러나 이 군대가 갈수록 불어나는 동학군에게 패하자 왕은 중국에 도움을 요청했다. 중국이 군대를 보냈고 일본도 일본인과 그들의 재산을 보호한다는 핑계로 군대를 파견했다. 자신의 도움요청이 왕권을 위협에 빠뜨린 것을 깨달은 왕은 평화적으로 견해차이를 논의하자고 제의했고 동학군은 이를 받아들였다. 왕은 중국 조정에 중국군과 일본군이 동시에 조선에서 철수하는 제안을 일본에 하도록 권고했지만, 일본은 이 제안을 거부했다.

협상이 실패로 돌아간 뒤, 일본군은 1894년 8월에 왕궁을 장악하고 중국 군대를 공격했고 중국군은 크게 패해서 10월에 조선에서 쫓겨났다. 동학군은 다시 무기를 들었다. 이번에는 일본군에 대항해서. 그러나 이들도 패했다. 청과 일본의 전쟁은 일본의 완승으로 끝났다. 1895년 시모노세키 조약에 따라 중국은 조선의 독립을 승인했고 요동반도와 타이완을 일본에 넘겨줬다. 또 일본에 배상을 하고 새로운 통상조약을 맺기로 합의했다. 그러나 일본은 승전의 열매를 만끽할 수 없었다. 러시아가 이 합의에 강하게 반대하고 나섰는데, 일본의 만주 진출에 대해 특히 반대했다. 프랑스 · 독일과 함께 러시아는 일본이 만주에 대한 권리주장을 포기하도록 압력을 넣고 일본의 조선 내 힘을 약화시키려 했다.

조선 내 반일 지도자들은 이제 러시아에서 구원을 얻기 위해 애썼다. 영향력이 큰 민비의 후원으로 많은 친러시아 인사들이 고위직에 임명되었다. 이에 주조선 일본공사는 조선에서의 영향력을 잃지 않으려고 일본에 동조하는 사람들을 부추겨 1895년 10월에 민비를 암살하게 했다. 하지만 이들은 권력을 잡는 데는 실패했다. 이 과정에서 생명의 위협을 느낀 왕은 러시아 공사관으로 피신해 1년을 지냈다. 일본에 대한 대중들의 분노가 아주 강해져, 일본 군대와 친일 개혁주의자들을 공격하기 위해 전국 방방곡곡에서 '의병'이 결성되었다. 또 대부분의 조선인들은 왕이 외국 정부와 기업에 특혜를 주면서 외국 공관에 기거하는 것도 강하게 반대했다. 한 단체가 1896년 독립협회를 결성해 국가의 위신을 회복하려고 시도했다. 미국에서 공부한 지식인들이 주동이 된 독립협회는 독립문과 독립공원을 건립하기 위한 모금을 성공리에 마쳤다. 이들은 왕권에 도전하지 않은 채 사회 · 경제 · 정치 개혁을 밀어붙였다. 사실 이들은 왕에게 황제 칭호

를 씀으로써 중국 왕과 대등한 위치가 될 것을 권유했다. 이런 독립
활동에 대한 지지가 광범하다고 느낀 왕은 왕궁으로 돌아와 러시아
고문관의 소환 채비를 했다. 그러나 처음에 왕은 독립협회 지도자들
의 노력을 지지했지만 이들이 왕권에 대해 너무 신랄하게 비판하자
이들을 체포했다. 그리하여 1898년 12월 독립협회는 해체의 운명을
맞았다.

그로부터 2년도 채 안 되어 조선의 독립은 다시 변화된 국제관계에
의해 위협받았다. 서양과 일본의 군대가 의화단사건 진압을 위해 베
이징으로 파견되었던 것이다. 러시아는 이런 혼란을 틈타 조선과 만
주에 추가파병을 해 새로운 경제적 이권을 확보하려고 시도했다. 상
트 페테르부르크 주재 일본공사의 다음과 같은 언급은 일본의 우려
를 잘 보여준다.

조선 옆에 있는 러시아는 조선제국의 분리독립에 지속적인 위협
요소가 될 것이며, 이 점 때문에 러시아는 조선에서 지배적인 세력
이 될 것이다. 조선은 일본의 방위선에서 중요한 전초지이며 일본
인들은 그래서 조선의 독립을 일본의 평온과 안전에 절대적으로
필요한 것으로 보고 있다. … 일본은 조선에서 경제 · 산업뿐 아니
라 정치적으로도 최고의 이권과 영향력을 확보하고 있는데, 일본
의 안보를 고려할 때 이것을 다른 세력에게 넘겨주거나 다른 세력
과 나눠 갖는 것에는 응할 수 없다.[6]

영국과 미국의 지지를 받은 일본은 러시아에 만주에서 군대를 철
수시킬 것을 요구했지만, 러시아는 이를 거부했다. 협상이 실패로 끝
나자 1904년 2월 일본은 러시아군을 기습공격했다. 이 기간 동안 일

본은 조선도 공격해 조선의 왕에게 일본의 군사작전에 대한 모든 제약을 없애고 일본의 고문관들에게 재정부와 외교부를 감독할 권한을 주는 합의서에 서명하게 했다. 또 전쟁이 한창일 때, 일본은 조선 군대의 규모를 줄이고 우편과 전신 사업을 완전히 장악했다. 1905년에 러시아는 일본에 패하고, 포츠머스 조약에 따라 조선에 대한 일본의 "최상의 정치·군사·경제적 이권"을 인정할 수밖에 없었다.

이제 조선은 일본에 도전할 강력한 외국 '보호자'가 없는 가운데 완전히 무기력해졌다. 보호자가 될 수 있는 후보는 영국과 미국뿐이었지만, 두 나라는 일본이 (1902년의 영일조약으로) 중국에 대한 영국의 이권을 인정하고 (1905년 태프트-가쓰라 각서를 통해) 하와이와 필리핀을 미국의 식민지로 인정한 대가로 조선에 대한 일본의 주도권을 인정하는 약속을 이미 한 상태였다. 누구의 도전도 받지 않았던 일본은 전쟁이 끝난 지 단 두 달 만에 조선을 강제로 보호령에 포함시켰다.

조선을 저비용의 문제없는 식민지로 유지하기 위해 일본은 조선 왕조를 그대로 두었으나 실질적으로는 보호조약에 따라 새로 생긴 통감을 통해 통치했다. 실제로 일본은 조선 내에서 자국이 개화를 이끄는 힘으로 비치도록 애를 썼다. 이는 일본이 서구 제국주의보다 우위에 있다는 것을 보여줌으로써 자국의 거대한 지역확장 계획에 대한 아시아 내 잠재적 반대세력을 약화시키기 위한 것이었다.

많은 조선인들은 일본에 저항했다. 왕은 조정 내에서 보호조약에 동의한 사람은 아무도 없었다는 사실을 공개하면서 이 조약은 불법이라고 공표했고, 또 일부 양반층은 일본군에 대항하여 싸우기 위해 새로운 의병을 일으켰다. 이런 반대에 당황한 일본 지도자들은 강제로 왕에게 왕위를 아들에게 넘겨주도록 했으며, 새 왕은 1907년 새로운 조약에 서명했다. 통감에게 훨씬 더 강력한 권한을 부여하는 이 조약을 이용해 통감은 즉각 군대를 해산했다. 그러나 일본 통감에 의해 해산된 군인들은 조용히 집으로 돌아가는 대신 무기를 들고 '의병'에 합류함으로써, 의병의 무장력은 크게 향상되었다. 이들 의병과 전투를 벌인 일본군의 희생자는 1906년 사망 3명, 부상 2명에서 1908년 사망 75명, 부상 170명으로 크게 늘었다. 조선인들 사망자 또한 늘어, 1906년 82명에서 1908년 1만 1562명이 되었다.[7]

　이 같은 대중적인 저항에 직면하여 일본 정부는 합병을 통한 직접 통치를 시도하게 되는데, 이 결정은 미국과 일본 간의 이민문제로 유발된 측면도 있다. 일본은 캘리포니아로 향하는 이민을 제한하겠다고 미국에 약속했기 때문에, 그 대안으로 조선을 택해야 할 상황이었다. 먼저 일본은 조선 주둔 일본 군대의 수를 늘린 뒤에 힘없는 조선 총리대신과 합병조약을 맺었다. 1910년 8월 22일, 조선왕조와 조선의 독립은 막을 내렸다. 하지만 조선 대중의 반발을 우려한 일본은 조약체결 소식을 1주일 동안 발표하지 않고 미루면서, 그 기간에 조선 민족주의 지도자들을 체포하고 애국단체들을 해산했다.

일제하의 조선

일본의 직접적인 지배도구는, 일본 천황이 임명한 현직 군인인 총독이 이끄는 식민지 정부였다. 지리적으로 조선과 일본은 가깝기 때문에 일본 정부는 조선에 "엄격하고 중앙집중적인 정부"를 세우려고 생각했다. "조선은 일본의 일상적인 문제와 별 상관없는 멀리 떨어진 식민지가 아니었다. 일본인들은 조선지배를 자국의 전반적인 전략과 경제적 이익에 아주 중요한 것으로 인식했다."[8] 그리하여 총독에게는 대규모 식민지 관료를 이끄는 강력한 권력이 부여되었고, 이 관료집단의 주 임무는 조선 내의 모든 중요한 경제 및 정치 활동을 통제하는 것이었다.

당연한 것이지만 결국 일본의 지배는 탄압에 기초한 것이었다. 총독은 조선 내 일체의 신문을 정간하고 모든 정치조직을 해산했으며 공공집회를 불법화했다. 저항을 진압할 헌병과 경찰은 1910년 6200명에서 1922년 2만 800명으로 늘어났다. 그리고 1941년에는 경찰수가 6만 명을 넘었는데, 이는 조선인 400명당 1명 꼴이었다.[9] 경찰은 교육·종교·납세의 감독권한을 포함한 상당한 권한을 가지고 있었을 뿐 아니라, 심지어 경범죄에 대한 즉결처분 권한까지 있었다. 경찰활동의 한 가지 척도인 체포자 수를 살펴보면, 1912년 5만 명에서 1918년 14만 명으로 크게 늘어났다.[10] 또 중요한 것은 일본이 수많은 조선인을 식민지 경찰로 채용했다는 것이다. 사실 경찰의 절반은 조선인이었다. 그래서 일본 제국주의에 저항하는 조선인은, 다름 아닌 조선인이 중요한 역할을 하는 억압체제에 맞서야 했다.

일본의 우선적인 경제적 이해는 식량과 천연자원 생산이었다. 그래서 식민정부의 첫번째 행동은 1910~18년의 포괄적인 토지조사 사업이었다. 식량과 주요 생산품의 일본 수출을 보장할 토지관계의 수립을 목적으로 한 토지조사 사업은 조선 전국토의 지도를 작성하고 토지를 유형과 비옥도에 따라 분류하고, 가장 중요하게는 소유관계를 확립해 나갔다.

이 조사과정의 하나로 일본은 복잡한 토지소유 등록절차를 만들었다. 따라서 등록체계를 이해하지 못했거나 이해할 수 없었던 조선인들은 땅을 총독부에 빼앗길 수밖에 없었고, 특히 많은 소농민들이 이런 일을 당했다. 또 이 체계는 과거의 공공토지와 왕실토지를 합법적으로 식민정부가 수용하도록 규정했다. 이 결과 총독부는 조선 최대의 토지소유자가 되었다. 1930년에 조선총독부는 조선 전체 땅의 약 40%를 장악했으며,[11] 이 가운데 일부 좋은 땅을 일본인 개발회사나 농부들에게 헐값에 팔아넘겼다.

이 토지조사 사업으로 모든 조선인들이 다 권리를 박탈당한 것은 아니었다. 총독은 그러잖아도 막강한 조선의 일부 대지주들, 특히 일본에 기꺼이 협력할 뜻을 분명히 한 지주들에게 이 토지조사 사업을 토지확장의 절호의 기회로 삼게 했다. 토지조사 사업은, 남서부 지방의 가장 비옥한 평야지대에서는 최고 80%에 이르는 엄청난 고율의 소작료와 동전의 양면을 이루고 있었다. 평균 수확량의 50%를 소작료로 내는 것 이외에도 소작농들은 종자·물·비료 비용은 별도로 지불해야 했다. 이와 같은 상황에서 대부분의 농민들은 목숨을 연명하는 것조차 힘들었다. 일반적으로 소작농은 지주에게 소작료 등을 주로 쌀로 납부했지만, 지주는 현금 납세를 했다. 이 결과 지주들은 쌀을 총독부에 팔았고 이 쌀은 일본으로 보내졌다. 대규모 관개사업, 비료, 기계화 덕분에 1912~35년 쌀 생산량은 거의 40%나 증대했지만, 쌀 수출은 이보다 8배 이상 늘었다. 다시 말해, 조선인들은 자신들을 희생해 일본 시장에 쌀을 공급했던 것이다. 이 기간 동안 조선의 쌀 소비는 1인당 약 62%나 줄었다.[12]

1900~29년에 일본 경제는 빠르게 성장했고, 일본이 산업화하면서 조선에 대한 일본의 관심도 바뀌었다. 1911년에 조선총독부는 조선에서 총독의 허락 없이 새로운 산업을 개척하는 것을 불법화하는 법을 통과시켰다가, 1920년에 일본인 투자자들의 압력으로 이 제한은 폐지됐다. 이때부터 조선 또한 산업화하기 시작했다. 1920년대 일본의 투자는 남부지역과 저임금 경공업에 집중되었는데, 특히 섬유와 식품 산업에 대한 투자가 많았다. 그러다가 20년대 말에 들어와 일본

이 동북아시아 지역에서 중화학 통합산업 구축작업을 착수하면서 이런 투자행태는 바뀌기 시작했다. 예를 들어 1926년 일본은 북부에 수력발전소를 짓기 시작했고, 1927년에는 대규모 비료공장 건설이 뒤를 이었다. 이런 추세는 일본이 1931년 만주를 침략한 이후 더욱 빨라졌다. 정부의 지원을 받은 일본의 재벌들은 조선 북부에 군부를 위한 군수품공장을 포함하여 대규모 전기화학 복합단지를 조성했다.

이런 대규모 산업계획에 필요한 노동은 주로 정부와 기업 주도로 이주한 남부의 가난한 소작농들이 담당했다. 1937년 전에, 절망적인 농촌상황은 일본의 필요를 충족시키기에 충분한 이주를 부추겼다. 1937년 이후 태평양전쟁 시작 때까지, 일본의 노동수요는 크게 늘었기 때문에, '자발적인' 이주로는 더 이상 불충분했다. 그래서 강제노역이 도입됐다.

일본의 조선 경제정책과 투자가 사회 전반에 끼친 영향은 아주 컸다. 1911~38년에 조선은 실제로 일본보다 더 빠르게 성장했으며,[13] 조선 경제의 산업구조도 변화했다. (광공업과 목재를 포함한) 제조업이 국민총생산(GNP)에서 차지하는 비중은 1931년 18%에서 1939년 40%로 늘어났다. 또 제조업 내에서 화학산업의 비중은 1930년 10% 미만이었는데 1939년 34%로 급증했다.[14]

이런 산업변화는 조선과 일본 경제를 매우 밀접하게 연결시켰다. 1931년 조선 수출의 95%를 일본에서 수입했고 조선 수입의 80%는 일본에서 수출한 것이었다. 그리고 1939년에 조선은 일본 전체 수출의 약 34%를 수입하는 가장 큰 시장이 되었다. 두 나라간 무역구성 역시 마찬가지로 크게 변했다. 1929년 조선이 일본에 수출한 것의 80% 이상이 천연자원이었지만 1939년에는 이 비중이 50% 이하로 떨어졌으며, 같은 기간 공산품 수출비중은 약 13%에서 46%로 급증했다.[15]

일본 주도의 산업화는 조선의 계급구성에도 큰 영향을 끼쳤다. 일본이 조선 경제를 지배했지만 조선총독부는 조선 자본가계급의 성장을 허용했다. 1938년 제조업 소유주는 조선인 740명, 일본인 804명이었고 수송·창고업 소유주는 조선인이 258명, 일본인이 274명이었다. 물론 규모 면에서는 조선인 기업과 일본인 기업이 크게 차이가 났다. 조선인 기업과 일본인 기업의 납입자본금 비율은 제조업 분야의 경우 1 대 7, 수송업 분야는 1 대 10이었으며, 광공업 분야에서 일본인의 지배는 이보다 훨씬 압도적이었다.[16]

조선의 산업노동력도 빠르게 늘었다. 1932년에 공장노동자는 대략 38만 5천여 명이었는데 1936년에는 60만 명, 1940년 70만 명으로 증가했으며, 1943년에는 130만 명을 넘었다. 그러나 이 수치는 조선 산업노동자 증가를 상당히 과소평가한 것이라고 할 수 있다. 이 수치에는 광업과 교통 부문의 노동자 수만 명과 일본 및 만주에서 일하는 수십만 명이 빠져 있기 때문이다.[17] 일본 정책결정자들은 조선인 노동자들의 복지를 거의 고려하지 않고 산업화 정책을 펼쳤다. 1935년 임금이 1927년보다 50% 낮아졌으나, 하루 평균 노동시간은 이 기간 동안 12시간에서 16시간으로 늘어났다. 게다가 건강과 안전에 대한 배려가 전혀 없었던 터라, 산업재해율 또한 매우 높았다.[18]

조선인의 저항

외세에 대한 조선 내 저항은 일본의 합병 이후 서서히 다시 형성되었다. '의병'들은 외국으로 빠져나갈 수밖에 없었지만, 이들은 소련 극동지방과 만주에 새로 세운 기지에서도 끊임없이 일본의 공격을 받았다. 그래서 1919년까지는 일본에 대한 직접적인 도전을 재개할 능력이 없었다.

역설적이게도 도전의 힘은 일본에서 시작됐다. 조선총독부는 학교를 조선인용과 일본인용으로 구별하는 등 극도로 차별적인 교육체계를 유지하여, 조선인 교육은 중등학교에서 끝났다. 따라서 고등교육을 받고자 하는 사람은 일본에 있는 대학을 다닐 수밖에 없었다. 이렇게 해서 일본에 유학간 조선인 학생들 상당수는 급진적인 일본인 학생모임과 접촉하면서 급진적인 성향을 띠게 되었다. 1919년 2월 600명의 조선인 학생들이 조선독립을 선언하고 파리에서 열리는 베르사유 회의에 참석한 서구 세력의 지지를 호소하는 시위를 조직했다.

조선인 학생들의 시도에 강하게 영향을 받은 33명의 종교지도자들이 조선에서 독립선언문을 작성했다. 이 선언문은 3월 1일 공개적으로 낭독됐고 그 결과 200만 명 이상이 이 선언을 지지하는 시위에 참여했다. 3월 1일 행사는 비밀리에 준비되었고 일본은 대비하지 못했다. 일본인들은 조선인들이 스스로 이런 행동을 조직할 수 있다고 믿기를 거부하면서 외국 선교사들을 비난했다. 3·1운동에 참여했던 젊은이 김산은 자신의 중학교 선생이 수업시간에 이 운동의 전략을 이렇게 설명했다고 말한다. "오늘은 조선이 독립선언을 하는 날이다. 온 나라에서 평화적인 시위가 벌어질 것이다. 우리의 집회가 질서정연하고 평화적이면 윌슨 대통령과 베르사유에 모인 강대국들이 우리를 지지할 것이다. 그리고 조선은 독립국가가 될 것이다."[19] 김산에 따르면 일본의 반응은 혼란스러웠다.

그들은 어떻게 할지 몰랐다. 이 운동이 평화적이라는 점 못지않게 강력하다는 점 때문에 당황했다. 그러나 금세 그들은 결심을 했다. 둘째 날 그들은 지도자들을 체포했고 운동이 끝난 3월 21일까지 모두 30만 명을 체포했다. 모든 병원과 학교가 구치소로 변했다. 내가 다니던 중학교도 마찬가지였다. 체포된 사람들의 2/3는 며칠 동안 구금되어 심하게 맞은 뒤에 풀려났다. 나머지 10만 명은 '법적으로' 체포되어 재판에 회부됐다. 5만 명 정도가 형을 선고받았다. 사형된 사람은 없었다. 사형시킬 핑계가 없었기 때문이다. 이들이 공개적으로 계속 주장한 것은 "우리는 조선의 독립을 위해 싸우지, 일본에 대항해 싸우는 것은 아니다"는 것이었기 때문에 사형에 처할 수 없었다. 살인에 대해서만 사형에 처할 수 있었다. 그래서 일본인들은 조선인을 체포하는 대신 거리에서 죽였다. 얼마나 뛰어난 교묘함인가.[20]

중요한 것은, 일본의 야만적인 진압에 대해 미국은 물론이고 다른 서양 국가들도 비난하지 않았다는 사실이다.

3·1운동의 패배는 조선 독립운동의 중요한 전환점을 이루었다. 많은 지도자들이 외국의 지지 없이는 조선독립을 이루어낼 수 없다고 결론 내렸으며, 그중 일부가 외국 지지를 얻는 최선책은 조선을 떠나 상해임시정부에 합류하는 것이라고 결심했다. 상해임시정부는 만주·중국·시베리아·미국에 사는 조선인들이 1919년 4월에 결성했는데, 3·1운동의 대중적인 참여에 크게 자극받은 이들은 조선 망명정부 구성의 때가 무르익었다고 판단했던 것이다. 처음에 임시정부를 지배한 계열은 크게 두 가지, 보수적인 '미국계'와 급진적인 '시베리아-만주계'로 나눌 수 있다.

미국계라고 지칭되었던 것은, 이승만을 비롯한 이 계열의 주도세력이 오랫동안 미국에 머물렀고 윌슨 대통령이 조선의 독립투쟁을 이끌기를 기대했기 때문이다. 임시정부 자금 대부분이 미국에서 모금된 관계로 미국계는 임시정부에 여러모로 큰 영향을 끼쳤다.

시베리아-만주계 지도자들은 시베리아와 만주에서 오랫동안 일본
에 맞서 무장투쟁을 하던 사람들이었다. 예를 들어 이동휘는 1914년
만주에 군사학교와 군대를 세웠다. 그를 비롯한 지도자들은 러시아
혁명을 환영한 사회주의자들이기도 했다. 사실 러시아 극동에 사는
많은 조선인들은 볼셰비키에 합류해 소련에 대한 침공에 맞서 싸웠
다. 이동휘는 1918년에 조선사회당을 창당했다.

시베리아-만주계 지도자들은 일본에 대항하는 더 강력하고 폭넓은
무장투쟁을 촉진하기 위해 미국계와 합류할 용의가 있었다. 하지만
이승만과 미국계는 임시정부가 서구의 지지를 얻는 정치전략을 따라
야 한다고 주장했다. 그러나 상해임시정부의 대표가 파리 평화회의
참석을 거부당한 이후 이 전략이 잘못됐다고 확신한 이동휘는 1921
년 임시정부와 결별했다. 그는 나중에 레닌의 도움을 받아 하바로프
스크에서 조선공산당을 결성한다.

그후 임시정부는 보수적인 지도자들이 계속 이끌었고 대체로 무기
력했다. 계속 국제적으로 인정을 받지 못했음에도 불구하고 전략을
전혀 바꾸지 않았다. 그리하여 지도자들은 점차로 조선 내 투쟁과 연
결고리를 잃었고 1937년 일본에 대한 무의미한 전쟁을 선언할 때까
지는 별다른 움직임도 없었다.

3·1운동을 이끈 지도자들 대부분은 그 이후에도 조선에 남았다.
개중에는 어떤 저항도 무의미하다고 판단한 사람들도 있었지만, 대
부분은 조선이 서구 세계의 지지를 얻기에 앞서 국가적 자원을 확보
해야 한다는 전제에 입각한 새로운 전략을 주장했다. 이 전략에 따르
면 지식인은 일본이 조선의 문화와 지도력을 파괴하지 못하도록 할
의무가 있었다. '문화적 민족주의자'들은 교육과 산업 분야에서 기회
를 확대하기 위해 일본과 협상하기 시작했다. 1922년에 이들은 두 가

지 중요한 계획을 추진하는데, 그 첫번째가 사립대학운동이었다. 조선인이 관장하는 사립대학을 세우기 위한 모금활동을 벌인 것이다. 두번째는 간디의 영향을 받은 물산장려운동으로, 조선인이 관리하는 자족적인 민족경제를 확립하는 것을 목표로 했다.

일본 정부는 이런 시도를 흡수하는 것은 어렵지 않다고 생각했다. 3·1운동이 총독의 폭력적인 통치의 결과라고 판단한 일본 정부는 총독을 바꾸고 '일본과 조선의 조화'의 시대를 선언했다. 새 총독은 분리주의적 교육체계를 폐기하고 경성에 주요 대학을 설립하겠다고 약속했다. 일본의 이 정책은 갓 태동한 사립대학운동의 기반을 허물었다. 그리고 새 총독은 오래 걸리기는 했지만 물산장려운동의 기반을 허무는 데도 성공했다. "물산장려운동이 최고조를 이루었던 1923년 여름 이 운동은 3·1운동 이후 가장 성공한 대중운동이었다. 이 운동은 경제문제에 대한 대중의 인식을 높였고 비록 일시적이지만 조선인의 소비행태를 바꿨다."[21] 그러나 총독이 전국적인 캠페인과 경성에서의 행진을 금지시키고 외국 제품에 대한 관세를 낮추고 (아마 가장 중요한 것일 터인데) 조선 자본가들을 계획위원회에 참여시키고 보조금을 주는 방식으로 매수함에 따라 이 운동 또한 힘을 잃었다.

문화운동은 실패로 판명되었다. 그러나 일본이 이를 흡수하는 데 성공했다고 조선 독립운동이 끝난 것은 아니었다. 대신 이 운동은 좌파, 특히 공산주의자들이 점차로 효과적인 지도력을 발휘하면서 급진적으로 변화했다.

좌파의 대두

사회주의와 혁명적 사상이 1920년대 초부터 조선 지식인들 사이에서 점차 인기를 얻기 시작했는데, 이것은 일본유학 시절에 급진화한 유학생들의 노력 덕분이었다. 일본 유학생들은 조선에 돌아와서 사회주의 지향의 연구모임 · 잡지 · 청년조직을 결성하고 노조와 소작농을 강화시키는 활동을 했다. 이런 한편으로 사립대학운동과 물산장려운동은 부자들에게만 이로운 것이라며 공격했다.

조선에서 이념투쟁이 치열해지면서 이들 학생 출신 일부는 시베리아에서 돌아온 공산주의자는 물론 급진적인 지식인 · 노동자 들과 힘을 합쳤다. 1925년에 이들은 진정한 의미의 조선 최초의 공산주의 당인 조선공산당을 결성했다. 그러나 이 당은 당파주의와 모험주의 경향에다 일본의 아주 유능한 경찰 및 정보망이 더해지면서 창당 1년 만에 거의 붕괴하다시피 했다. 이런 가운데서도 이 당이 명맥을 유지할 수 있었던 것은, 일본지배에 반대하는 농민 · 노동자계급 · 학생들과 아주 긴밀한 유대관계를 확립한 데 성공했기 때문이다.

한편 일본의 새로운 조선정책에는 사회조직 결성의 자유도 포함되어 있었는데, 많은 조선인이 이를 청년 · 교육 · 사회 · 노동 · 농민 단체를 결성하는 기회로 이용했다. 일본 경찰기록에 따르면 등록된 단체의 수가 1920년 985개에서 1922년 5728개로 증가했다.[22] 다양한 지역단체들이 뭉쳐서 전국적인 연합이나 연맹을 만드는 데는 오래 걸리지 않았다. 예를 들어 소작농단체들이 조선노동연맹회를 만들어 1922년 사상 첫 소작농회의를 열었다. 1925년에 이 연맹회는 조선농민협회로 개편하고, 산하의 지방 소작농협회들은 농민조합으로 개편했다. 농민조합은 소작농의 권리보호뿐 아니라 정치교육 프로그램과 언론 및 결사의 자유를 위한 캠페인을 펼쳐나갔다. 이처럼 소작제도가 농민들을 곧바로 정치활동으로 나아가도록 몰고 가자, 마침내 1928년 총독은 상황파악을 위한 위원회를 구성했다. 위원회의 조사 결과를 역사학자 스튜어트 론과 개번 매코맥은 이렇게 쓰고 있다.

〔위원회는〕 조선인 대부분의 처지가 얼마나 끔찍한지 밝혀냈다…. 자작농의 70%는 가까스로 생계를 유지했고 소작농의 95% 이상은 연 12~48%의 고리채에 허덕이며 적자생활을 했다. 그리고 50만 명이, 먹고 살기 위해 산에 불을 놓아 농사를 짓는 '화전민'인 것으로 드러났다. 게다가 전체 농가의 절반 가량이 해마다 '춘궁기'를 견뎌내야 한다. 수확한 곡식은 소작료와 빚 갚는 데 다 쓰고, 생존을 위해 풀뿌리며 나무뿌리를 캐어먹으며 근근이 살아간다.[23]

1930년 북쪽의 활동가들은 농민들로부터 상당한 지지를 받는 적색농민조합(이하 적색농조)을 결성했다. 당시 적색농조는 만주와 시베리아에서 활동하는 조선 공산주의자들이나 좌파와 강력한 유대를 유지하고 있었다. 적색농조는 "전체 농민운동 사상 가장 전투적인 세력으로 1920년대 합법적인 소작농협회를 거부하고 정치적 출판물, 극장, 야학, 준군사적 조직을 통해 일제에 폭력적이고 혁명적으로 도전했다."[24]

조선의 산업화가 진전되자, 임노동자들이 조직화하고 정치화했다. 특히 여성들이 조선의 노동운동에서 핵심적인 구실을 하는데, 예를 들어 1923년 조선 북부지역의 4개 고무공장 여성노동자 100여 명이 임금삭감과 관리자들의 야만적 관리방식에 항의해 파업을 벌였으며 이틀 뒤에 같은 지역의 다른 고무공장 여성노동자들도 연대파업에 들어갔다. 이 파업은 경성고무공장 여성노동조합 설립으로 이어졌으며, 이 노조는 1924년 조선노농총동맹(이하 노농동맹) 결성을 이끌었다. 노농동맹은 다음과 같은 임무 선언문의 정치노선 아래 150개 노조를 결합시켰다.

우리의 목적은 노동계급을 해방하고 완전히 새로운 사회를 건설하는 것이다.

우리는 마지막 승리 때까지 노동자 단결을 통해 자본가계급과 싸울 것이다.

우리는 현재 노동계급의 복지와 경제적 개선을 위해 싸울 것이다.[25]

노동계급의 단결을 호소한 노농동맹은 8시간노동과 최저임금제를 쟁취하기 위해 수많은 투쟁을 이끌었으며, 또 새로 조직된 공산당운동을 포함한 "다른 사회·정치 조직과 노동조합의 연대를 강조했다."[26]

파업투쟁은 1929~30년에 최고조에 달해 거의 모든 주요 도시에서 노동쟁의가 발생했다. 가장 중요한 사건은 1929년 저임금과 열악한 노동조건에 항의해 원산노조연맹이 주도한 원산파업이다. 전국에서 노동자들의 지원이 잇따랐고 이 지역 운송노조가 동조파업에 들어갔다. 일본인들은 양보를 거부하여 끝내 파업지도자들이 체포되고 노조가 파괴되면서 파업은 실패로 끝났다.

한편 조선공산당은 1927년 온건한 민족주의자들과 신간회를 결성하는 등 연합전선 정책을 도입하면서 정치적 시도를 계속했다. 1930년에 신간회는 386개 지부와 7만 6939명의 회원을 보유하고 있으며, 청년단체와 노동 및 농민 단체, 지식인단체와 협력하는 전국적인 조직망도 갖추었다고 주장했다.[27] 지도부가 온건한 사람들로 구성되었기 때문에 일본은 이 단체의 활동을 허용했다. 하지만 지역 및 단위 조직 지도부는 공산주의자들과 다른 좌파들이 장악하였으며, 이들은 신간회의 전국조직망을 노동 및 농민 운동과의 유대를 강화하는 데 성공적으로 활용했다.

　이 정치연대는 언제나 불안했는데, 온건파들이 일본이 강력 불허하는 활동이나 캠페인에 자신들이 연루된다고 느꼈기 때문이다. 결별은 일본이 1929년 광주학생운동을 진압하면서 나타났다. 일본 남학생이 조선인 여학생을 희롱한 사건을 둘러싸고 조선인과 일본인 고등학생들간에 싸움이 벌어졌다. 전국의 조선인 학생들이 파업에 들어갔고 이를 진압하는 데 5개월이나 걸렸다. 신간회의 온건파들은 광주학생운동을 조직적으로 지지하려는 공산주의자들의 시도에 반대했고, 이를 계기로 양쪽은 협회를 해산하기로 합의했다.

　이 시기는 조선 내에서 일본 제국주의에 대항한 싸움이 고조된 때이다. 1931년 일본의 만주침공을 시작으로 식민정부는 '문화정책'으로 알려진 유화적 태도를 바꾸게 된다. 조선은 일본의 광범한 동북아 지역 내 야망을 지원할 안정적인 경제적·군사적 기지가 되어야 했고, 그래서 식민정부는 모든 대중적 조직화와 활동을 억압하기 시작했다. 동시에 일본의 만주진출은 일본의 이익에 봉사하려는 사람들에게 새로운 기회를 제공했다. 일본은 갈수록 확대되는 제국을 운영할 인력이 더욱더 많이 필요했다. 그래서 조선인들은 조선과 만주지역의 일본 기업이나 식민정부, 군부에 새로 진입할 수 있게 됐다(예를 들어 1961~79년의 남한 지도자 박정희는 만주의 일본군사학교와 도쿄의 사관학교를 졸업했다). 하지만 이 새로운 정책은 자체 모순을 안고 있었다. 갈수록 많은 조선인들이 자신들이 억압받는 것을 민족적 관점뿐 아니라 계급적 관점에서 파악하게 되었고, 이는 일본의 바람과 반대로 자본주의와 제국주의에 동시에 맞서 싸우는 유일한 조직적 세력인 공산당운동에 대한 대중적 지지를 확산시켰다.

　일본이 중국을 침략하기 바로 직전인 1937년에 조선의 모든 사회·정치·문화 단체는 해산명령을 받았고, 1938년에는 학교·공공 집회·출판물에서 한글을 쓰지 못하도록 하는 법령이 공포되면서 이 듬해 조선인들은 이름을 일본식으로 바꾸어야 했다. '내선일체'라는 구호 아래 일본은 조선인들이 자신들의 과거를 잊고 일제 지배가 규정하는 새로운 역사적 출발점을 받아들이도록 만들려 했던 것이다.

조선에 대한 일본의 요구는 전쟁이 확산되면서 점점 더 늘어났다. 1940년에 일본은 조선 전체를 35만 개의 애국반으로 조직하였으며, 10가구를 한 단위로 한 애국반에는 단체 신사참배를 하고 배급과 보안을 담당하고 일본의 전쟁에 필요한 금·은·동을 강제로 기부하는 책임이 주어졌다. 그리고 그후 몇 년 동안 수백만 명의 조선인이 일주일에 하루도 쉬지 않고 하루 11시간씩 일하는 강제노역에 동원됐으며, 50만이 넘는 조선인들이 일본의 탄광과 공장으로 끌려갔다. 1945년 1월에는 일본 내 전체 노동력의 30% 이상을 조선인이 담당했을 정도였다. 또 1943년부터는 조선인에 대한 강제징집이 시작되어 수만 명이 일본 군대의 전투병 또는 지원병으로 끌려갔다. 그중에서도 아마 일본이 저지른 가장 증오스런 범죄는 조선인 처녀와 젊은 여성들을 '위안부'로 끌고 간 사실일 것이다. 한 학자는 '위안부'의 실상을 이렇게 쓰고 있다.

위안부 여성들의 증언과 이들에 관한 문서를 보면, 여성들이 어떻게 강제로 끌려가고 공장이나 농장에서 납치됐으며 일본 제국주의에 반항한다는 이유로 끌려갔는지 알 수 있다. 여성들은 하루 평균 30~40명의 군인에게 봉사해야 했다. 군인들은 여성들이 있는 작은 방 앞에 줄을 서서 기다렸다. 순순히 따르지 않는 여성들은 야만적으로 두들겨맞고 고문당했으며 직접 감시 때문에 탈출은 불

가능했다.[28]

　일본이 조선의 정치·경제적 삶에 강하게 개입하고 지배했음에도
불구하고, 공산주의자들이 이끄는 저항은 계속됐다. 1938년이 되자
일본은 전국 모든 마을과 공장에 지부와 협력단체를 둔 조선방공협
회를 세우지 않을 수 없었다. 실제로 지역 차원에서 일본 제국주의에
맞서 공산주의자들이 이끄는 저항운동이 일어났는데, 특히 만주와
중국 북부에서 강했던 이 운동은 조선인의 정치의식과 정치참여에
계속 영향을 끼쳤다.

　중국공산당이 조직되어 만주에서 일본에 맞서 싸우는 주도세력을
형성했지만 조선의 공산주의자들 역시 이 투쟁에서 중요한 역할을
했다. 조직화된 중국 공산주의 군대가 처음 나타난 것은 1933년이다.
그 뒤 2년 동안 몇몇 군대가 계속 구성됐다. 각각의 군대는 만주에서
지역별로 나뉘어 활동했는데, 동만주에서 싸운 제2군의 대부분은 조
선인이었다. 동북만주에서 싸운 제4군에도 조선인이 상당수 있었다.
이들 군대의 최고지도자는 중국 공산주의자들이었고 조선인들은 사
단장을 맡아 활동했다.

　나중에 북한의 지도자가 된 김일성은 이 기간에 제2군의 해방전사
로 명성을 날렸다. 다양한 지역별 군대들이 1934년 동북항일연군으
로 결합했을 때 김일성은 새로 구성된 일로군의 사단장 여섯 명 가운
데 한 명이었으며, 한때는 자신의 이름을 딴 사단을 이끌기도 했다.
1938년 마지막 조직정비 이후 일로군이 3개의 방면군으로 나뉘자,
김일성은 제2방면군의 책임자가 됐다. 물론 김일성이 만주에서 일본
에 맞서 싸운 유일한 조선인은 아니다. 그러나 그는 가장 중요하고
성공적인 인물인 것만은 틀림없었다. 일본은 심지어 김일성을 잡거

나 살해하기 위해 특수부대를 두기도 했다.

조선과 중국의 공산주의자들은 중국 북부에서도 함께 일본에 맞서 싸웠다. 조선 혁명가들은 중국 혁명운동에 적극적으로 개입해 활동했는데, 예를 들어 국민당이 이끈 북벌에 참여하기도 했다. 장제스가 반혁명을 일으키자 조선 공산주의자들은 중국 공산주의자들과 연합했다. 많은 이들이 1934~35년의 대장정에 참여했으며, 대장정에 오르지 않은 사람들은 1937년 이후 연안으로 가서 전쟁이 끝날 때까지 일본과 싸웠다. 연안으로 간 사람 가운데 가장 잘 알려진 인물로는 무정과 김두봉이 있으며, 둘 다 나중에 북한에서 주요 지도자가 된다.

해방

1945년 8월 초순, 조선에 있던 일본 관리들은 머지않아 전쟁이 끝날 것임을 확연히 깨닫게 되었다. 이들은 자신들의 안전을 걱정해서(당시 감옥에는 3만 명이 수감되어 있었는데, 수감자 대부분이 정치적 이유로 구속되었다), 일본인과 일본인의 재산을 보호해 줄 임시정부를 세우려고 시각을 다투며 안간힘을 썼다. 8월 9일~13일에 총독부의 대표가 부유하고 정치적으로는 보수적인 송진우를 찾아가 임시정부 대표를 맡아달라고 사정했다. 하지만 그는 이 요구를 거부했다.

절망한 일본 관료들은 대중적인 정치가인 여운형에게 접근했다. 그는 공산당원은 아니고 중도좌파 민족주의자였다. 일본은 시간이 없었기 때문에 여운형과 협상할 용의가 있었다. 8월 15일 당시 이미 북부에서 일본군과 교전하던 러시아가 곧 한반도 전체를 점령할 것처럼 보였다. 일본인들은 보수적인 인사보다는 진보적인 인사가 일본을 소련으로부터 더 잘 보호할 수 있을 거라는 기대도 가졌다. 일본 쪽에서 방문할 것을 사전에 알고 있었던 것으로 보이는 여운형은 몇 가지 조건을 내세웠다. 조건은 일본이 즉각적으로 모든 정치범을 석방하고 3개월 동안의 식량을 보장하며 조선인의 평화유지 활동이나 독립활동에 개입하지 않는 것이었다. 일본은 달갑지는 않았지만 이 조건을 받아들였다. 여운형은 즉각 건국준비위원회(이하 건준) 설립을 도울 조선인 명단을 작성했다. 건준은 전국적인 정부를 구성하기 위해 전국에 걸쳐 사람들을 접촉했다. 여운형은 일본인이 예상했던 것을 훨씬 뛰어넘는 절차를 착수했으나 일본인들은 이를 반대할 처지가 아니었다.

일본의 항복과 건준 설립에 대한 조선인들의 반응은 폭발적이었다. 교도소가 텅 비었고 경험 많은 공산주의 조직활동가를 포함해 석방된 인사의 상당수가 즉각 건준 지부 설립에 나섰다. 일본이 관리하던 청년단체와 노동진영 출신의 조선인 수만 명도 이를 도왔다. 이렇게 해서 건준은 8월 말까지 전국에 145개 지부를 설치했으며, 지부는 정부의 기본단위 역할을 했다. 가령 지부는 서울·부산·인천·목포를 제외한 전국의 평화유지 책임을 맡았는데, 이 4개 도시는 일본군이 지배하고 있었다. 또 건준은 식량배급·구제활동을 담당했으며, 할 수 있는 곳에서는 생산도 책임졌다.

이와 함께 주목할 만한 것은 노동자와 농민 노조활동이 다시 빠르게 회복되었다는 사실이다. 일본이 항복한 이후 노동자들은 전국에서 새로운 노조를 결성하기 시작했다. 특히 일본인이 소유하고 직접 또는 고용사장을 통해 경영하던 큰 공장에서 노조결성이 활발했다. 노동자들이 통제할 수 없는 곳에서는 파업을 하거나 태업을 통해 힘을 얻어갔다. 그리고 하룻밤 사이에 수많은 농민조직이 생겨나곤 했는데, 1920년대와 30년대에 농민 조직화가 활발했던 지역에서 특히 그랬다. 어떤 경우는 농민조직이 일본인 소유의 땅을 장악하기도 했는가 하면, 쌀 수확과 저장·분배에만 개입하는 경우도 있었다.

8월 말까지만 해도 소련 군대가, 38선 이남은 미군이 일본의 항복을 받는다는 미국의 일반명령 1호에 응할지 불투명했다. 조선 북부에서 벌어진 일본군과 소련군의 작은 충돌 때문에 소련의 남하가 늦어졌고 8월 마지막 주까지도 소련군은 38선 근처에 이르지 못했다. 그러나 그후 소련군은 38선에서 남하를 중단함으로써 미국의 희망을 존중한다는 뜻을 분명히 했다.

이 결정은 조선 남부의 정치상황에 큰 영향을 끼쳤다. 소련이 남하하면서 건준의 활동을 방해하지 않자, 소련이 곧 전국을 점령할 것이라고 생각한 남한의 보수파들은 건준의 보호를 얻어내기 위해 상당한 돈을 기부했다. 이런 그들이, 소련군이 38선에서 남하를 멈추는 것을 보고 기부를 중단했으며, 심지어 개중에 일부는 미국 지배 아래서 번영을 다시 누릴 기대까지 했다.

조선이 다시 얻은 독립을 지킬 결의에 찬 건준은 8월 28일 당분간 조선 정부의 기능은 건준이 담당할 것이라고 선언했다. 이미 건준은 언론과 라디오를 포함한 전국적인 통신시설을 관장하고 있었다. 성명에서 건준은 "완전한 독립과 진정한 민주주의"를 위해 일할 것임을 천명했다. 이를 위해서는 봉건적 요소를 없애고 "일본 제국주의와 공모하고 민족에 범죄를 저지른… 반민주적이고 반동적인 세력에 맞서는 대중투쟁"[29]이 필요했다. 이 성명은 남한에 곧 도착할 미국에 대해 조선인들이 자치할 준비가 되어 있고 능력도 있음을 분명히 보여주기 위한 것이었다.

마침내 9월 6일 미군이 조선에 상륙하기 이틀 전 수백 명의 건준 활동가들이 서울에서 모여 조선인민공화국(이하 인공)을 구성했다. 이들은 임시행정부를 구성할 55명의 지도자도 뽑았는데 이 가운데 42

명이 좌파이고 아직 외국에 머물고 있는 유명인사들도 포함되어 있었다. 가령 우파에서는 이승만과 김구가, 좌파에서는 무정과 김일성이 들어 있었다. 보수적인 민족주의자들을 (일본 협력자로 보지 않고) 포함시키기로 한 결정은 새로운 조선 정부를 위한 가능한 한 폭넓은 정치적 기반을 갖추려는 노력을 반영한 것이었다.

명백히 조선인민공화국의 계획은 좌파적인 것이었다. 출범식 다음 주에 인공은 사회혁명에 헌신할 뜻을 명백히 했다. 그리고 9월 14일에 제시된 27개조의 강령에는 일본인과 일본 협력자 소유의 토지를 무상몰수하고, 토지를 농민들에게 무상분배하며 재분배할 수 없는 토지에 대해서는 소작료 제한을 두고, 광업·교통·금융·통신 같은 주요 산업은 국유화하며, 중소기업에 대한 정부의 통제를 요구하는 개혁 프로그램이 담겨 있었다. 이 강령은 또 언론·출판·결사·신앙의 자유를 포함한 기본 인권과 자유를 보장하고 18세 이상 성인에게 보통선거권을 주며 남녀평등을 이루고 8시간노동과 최저임금제 및 아동노동을 금지시키는 노동법 개혁을 보장했다. 그리고 "미국·소련·영국·중국과 긴밀한 협력관계를 확립하고 우리나라 내정에 대한 외국의 간섭을 적극 반대하는 것"[30]도 포함되어 있었다. 건준 산하의 지부들은 신속하게 인공 산하의 인민위원회로 탈바꿈함으로써 인민공화국 구성에 대응했으며, 청년단체·여성단체뿐 아니라 노조와 농민조합들도 인공과 인공의 계획에 대한 지지를 약속했다.

지금까지 일부 학자들은 조선인민공화국과 공화국의 계획을 온 국민을 대표하지 못하는 몇몇 공산주의자들의 일로 치부함으로써 폄하려는 시도를 했지만, 이것은 전혀 잘못된 것이다. 한국의 한 학술단체는 이렇게 설명한다.

　한국과 미국의 주류 학계는 조선인민공화국을 자신들의 진짜 의
도, 곧 혁명적인 공산국가 건설을 위장하는 정도에 비례하는 지지
만을 받은 공산주의자 전선으로 보는 경향이 있다. 이런 관점에 따
르면 1945년 조선은 사회주의에 꼭 필요한 요소를 결여하고 있었
고 조선인들은 일반적으로 조선공산당의 계획을 지지할 의사가 없
었다. 반면 이 시기에 대한 수정주의적 연구는 조선인민공화국이
진정한 좌파연합 정부의 결성시도를 대표하며 강력한 대중적 지지
도 받았다고 주장한다. …조선인민공화국의 내각 명단과 강령은
수정주의적 관점을 뒷받침하는 경향이 있다. 이 둘은 좌파가 확실
히 지배하는 실질적인 연합으로 나아가는 시도를 보여주고 있다.[31]

　그러나 인공이 빠르게 구성되면서 그 바탕을 이루는 지배구조의
취약점이 드러났다. 가장 큰 약점은 서울의 인민위원회가 '전국적인'
사업계획과 정치전략 개발에 부당한 영향력을 행사하고, 온 힘을 기
울여 실제로 일을 맡고 있는 지방위원회나 촌락 인민위원회와 충분
히 접촉하지 못한 점이었다. 그럼에도 불구하고 조선인들은 짧은 시
간에 자신들의 이익을 대변하는 정부를 세우는 데 중요한 진전을 이
룩해 냈다. 인민위원회는 직접 민주주의를 촉진하는 감동적이고 혁
신적인 수단이었다. 노동자의 생산수단 소유가 광범하게 존재함으로
써 의사결정에 대중이 참여하는 중요한 구조적 통로가 생겼다. 이런
조건 아래서, 브루스 커밍스가 주목했듯이 "외국의 개입 없이 조선인
민공화국과 관련 조직이 몇 달 만에 전체 한반도에서 승리를 거둔"[32]
이유를 이해하는 것은 어렵지 않다.

　물론 소련과 미국의 개입이 있었다. 특히 미국의 개입이 결정적이
었다. 미국은 정치적 · 군사적 현실이 허용하는 한에서 최대한 조선

을 통제하고 이 통제력을 동북아시아에서 자국의 이익을 신장하는 데 이용하려고 마음먹었다. 이 목표를 달성하기 위해 미국 정부는 비극적이게도 인공을 파괴하고 조선을 분단시키고 대중적 지지를 받지 못하는 보수주의자 주도의 정부를 남한에 세우고 마침내 한국전쟁을 일으킨 정책에 온 힘을 기울였다.

주

1. Stewart Lone and Gavan McCormack, *Korea since 1850*, New York: St. Martins Press, 1993, p. ix.

2. David H. Satterwhite, "The Politics of Economic Development: Coup, State, and the Republic of Korea's First Five Year Economic Plan(1962~1966)"(Ph. D. diss., University of Washington, 1994, p. 208)에서 재인용.

3. Carter J. Eckert, Ki-baik Lee, Young Ick Lew, Michael Robinson, and Edward W. Wagner. *Korea Old and New: A History*(Seoul: Ilchokak Publishers for the Korean Institute and Harvard University, 1990, p. 197)에서 재인용.

4. 같은 책, p. 215에서 재인용.

5. Lee Ki-baik, *A New History Of Korea*, Cambridge: Harvard University Press, 1984, p. 287.

6. Bong-youn Choy, *A History of the Korean Reunification Movement: Its Issues and Prospects*(Peoria: Research Committee on Korean Unification, Institute of International Studies, Bradley University, 1984, pp. 6~7)에서 재인용.

7. 같은 책, p. 45.

8. Eckert, et al., 앞의 책, p. 256.

9. 같은 책, p. 259.

10. 같은 책, p. 261; Lee, 앞의 책, p. 314.

11. Eckert et al., 앞의 책, p. 266.

12. Lone and McCormack, 앞의 책, p. 61.

13. Bruce Cumings, "The Origins and Development of the Northeast Asian political

Economy: Industrial Sectors, Product Cycles, and Political consequences," *The Political Economy of the New Asian Industrialization*, Frederic C. Deyo, ed., Ithaca: Cornell University Press, 1981, p. 45.

14. Eckert, et al., 앞의 책, p. 310.

15. Lee, 앞의 책, p. 349.

16. Lone and McCormack, 앞의 책, p. 74.

17. Eckert, et al., 앞의 책, p. 311.

18. Dae-Sook Suh, *The Korean Communist Movement, 1918~1948*, Princeton: Princeton University Press, 1967, p. 202.

19. Nym Wales and Kim San, *The Song Of Ariran: A Korean Communist in the Chinese Revolution*, San Francisco: Ramparts Press, 1972, p. 21. 김산은 필명이고 본명은 장지락이다.

20. 같은 책, p. 25.

21. Eckert, et al., 앞의 책, p. 293.

22. 같은 책, p. 286.

23. Lone and McCormack, 앞의 책, p. 63.

24. 같은 책, p. 64.

25. Urban Industrial Mission, *Short History of South Koreas Labor Movement: Historical Overview and Some Information on Current Developments*, Inchon: Urban Industrial Mission, 1988, p. 2.

26. 같은 책, pp. 2~3.

27. Eckert, et al., 앞의 책, p. 301.

28. Kazuko Watanabe, "Militarism, Colonialism, and the Trafficking of Women: 'Comfort Women' Forced into Sexual Labor for Japanese Soldiers," *Bulletin of Concerned Asian Scholars* 26: 4, 1994, p. 9.

29. Bruce Cumings, *The Origins of the Korean War, Liberation and the Emergence of Separate Regimes, 1945~1947*(Princeton: Princeton University Press, 1981, p. 83)에서 재인용.

30. 같은 책, 88.

31. Eckert, et al., 앞의 책, p. 331.

32. Cumings, *Origins, 1945~1947*, p. 91.

제2부
분단과 전쟁

3
점령에서 분단으로

한반도 분단에 대한 미 국무부의 설명은 직설적이다. "전쟁이 끝나자 미군은 일본으로부터 남한에 대한 통제권을 넘겨받았고 소련군은 북한을 통제하게 됐다. 미국은 전쟁기간에 밝힌 한국에 대한 약속을 이행하려고 노력했다. 그러나 이 노력은 한국을 정치적으로 분단시키고 북한에 공산주의 전제정부를 공고히 하는 소련의 정책 때문에 좌절됐다."[1]

이 이기적인 설명은 미국과 소련의 국익과 두 나라가 실제로 한 일을 잘못 전달하고 있다. 한국의 정치적 소망은 소련보다는 미국의 외교목표를 훨씬 더 위협하는 것이었다. 미국은 폭력적으로 한반도 남쪽의 반대세력을 진압했고 그 과정에서 민주적이고 통일된 한국을 평화적으로 건설할 가능성을 송두리째 뽑아버렸다. 그리고 미국 정부는 남한에서 얻은 정치적 소득을 보호하기 위해 소련의 반대를 무릅쓰고 공식적으로 분단을 추진했다.

미군이 점령한 남한

1945년 8월 24일 존 리드 하지가 주한 미군사령관으로 임명되었다. 소련이 이미 일반명령 1호의 수용의사를 보였기 때문에, 하지는 미군이 소련과 직접 충돌하지 않으리라는 것을 알고 있었다. 일반명령 1호는 미군이 한국에 파견된 것은 순전히 일본군의 항복을 받기 위한 것이라고 암시하고 있지만, 실제로 미군의 임무는 훨씬 컸다. 한반도 남쪽에 대한 미국의 통제를 확고히 하는 것이 미군의 임무였다. 소련과 일본이 한반도 남쪽에서 미국의 권위에 도전할 준비가 되지 않았기 때문에, 미군의 임무에 도전할 수 있는 세력은 오직 한국인 그들 뿐이었다. 미국 정부는 이를 확실하게 이해하고 있었다. 미군이 한반도 남쪽에 도착하기 나흘 전에 하지는 그의 부관들에게 한국은 "미국의 적이다"고 말했다.[2]

놀랄 것도 없지만 일본은 자신들이 미국 점령군에게 쓸모 있는 존재가 되려고 애썼다. 브루스 커밍스는 이렇게 적고 있다.

9월 1일 고즈키 요시오 중장은 라디오 방송을 통해 "현재 상황을 이용해 평화와 질서를 어지럽히려고 꾀하는 조선인 공산주의자와 독립 선동가들이 있다"고 말했다. 그날과 이틀 뒤 다른 연설에서도 고즈키는 '붉은' 노조가 미국의 상륙을 방해할 가능성을 경고하고 "경찰에 맞서는 한국인 폭도의 폭력, 군수품 탈취, 파업"을 언급했다. 그는 자신이 어려운 위치에 있으며 "미국인들의 도착을 고대하고 있다"고 강조했다.[3]

이에 호응해 하지는 고즈키에게 질서를 유지하라고 말하고 한국인들이 현재의 일본 당국을 존중할 것을 요구하는 전단을 남한 전역에

뿌렸다. 1945년 9월 8일 미군이 인천항에 도착했을 때 그들은 일본 경찰이 거리에 도열해 있는 모습을 봤다.

한국인을 적으로 보고 일본을 친구로 보기로 한 미국의 결정은 믿어지지 않을 것 같다. 일본이 미국을 공격했고 피로 물든 기나긴 태평양전쟁을 벌였으니 말이다. 하지만 이 결정에는 나름의 이유가 있다. 미국은 자본주의를 받아들이는 지도층이 여전히 지배하고 있는 일본을 확고히 장악하고 있었다. 바로 이것이 미국 정부가 "일왕과 내각, 관료를 포함한 일본의 정부구조를 유지"하기로 한 이유였다. "미국이 궁극적으로 일본에 자신들의 대규모 관료제를 구축하기는 했지만… 미국은 집행을 책임지고 있던 일본 정부에 명령을 내렸다."[4] 다른 한편 한국에서 미국은 수용할 만한 정부를 찾을 수 없었다. 좌파 성향의 인공은 미국이 통제할 수도 없었고, 미국의 이익에 호의적이지도 않았다. 임시정부의 보수적인 지도자들조차 너무 민족주의적이고 독립 지향적으로 여겨졌다. 이렇듯 대안이 없었던 미국 정부는 한국인의 복지나 희망을 거의 고려하지 않고 미군정을 통해 남한을 지배하기로 간단히 결정했다. 그리고 군정 책임자인 하지는 군정을 유지하는 가장 효과적인 방법을 일본 식민체제를 부활해 미국이 관리하는 방식이라고 보았다.

9월 9일 항복의식에서 하지는 총독을 포함한 모든 관리가 기존의 자리를 지키는 식민정부가 계속 유지될 거라고 선언했다. 격렬한 항의가 온 나라를 휩쓸었고, 이는 워싱턴에 정치적 반향을 불러일으켰다. 미국은 수세에 몰리자, 대외관계 개선을 위해 약간 태도를 바꾸어 9월 12일 일본 총독의 자리에 미국인을 앉히고 일본인 부서책임자들을 해고했다. 하지만 여기서 중요한 것은 일본 관료들을 체포하거나 일본으로 돌려보내지 않고 자문관으로 기용한 사실이다. 이들 자문관의 업무 가운데 하나는 자신의 자리에 대신 앉기에 가장 적합한 한국인을 미국 관리들에게 추천하는 일이었다.

한국인 대다수가 일본 관료들과 협조하는 미국의 정책에 반대했지만, 이런 정책에 환호하고 미군정에서 일하려고 애쓰는 한국인도 있었다. 이런 후자의 사람들은 이미 8월 말에 한국을 관장할 나라가 소련이 아니라 미국이라는 것이 확실해지자 인공에 대항하는 조직을 구성하기 시작하여, 9월 16일에 미군정의 권유를 받아 한국민주당(이하 한민당)을 결성했다. 한민당 당원들은 대부분 거대지주 아니면 부유한 사업가, 일제 치하의 관료 들이었다. 그래서 그들은 미군정에 자문을 하는 일본 식민관료들의 추천을 어렵지 않게 받을 수 있었고, 점령군이 자신들의 지배에 정당성을 부여하고 조언을 할 조선인 자문위원회를 구성했을 때 위원 대다수를 한민당 당원들이 차지했다.

인공 지도자 몇몇도 자문위원회에 참여하라는 요청을 받았지만 거부했다. 10월 9일 군정장관 아치볼드 아널드 소장은 이 거부에 격분해, 모든 신문에 인공 지도자 이름을 일일이 열거하고 만약 이들이 군정의 일을 방해하면 물리력을 행사할 것을 경고하는 글을 싣도록 명령했다. 그중 몇몇 신문은 아널드에 도전했고 인공은 『배신자와 애국자』라는 제목의 팸플릿을 내는 것으로 대응했다. 『배신자와 애국자』는 인공을 옹호하면서 자문위원회에 참여한 친일파들이 전쟁기간 동안 일본을 찬양하고 미국을 비난한 발언을 공개함으로써 공격했다. 그리고 미군정은 이 팸플릿과 이후 인공의 모든 출판물의 배포를 금지시키는 것으로 대응했다.

미군정은 경찰청장, 대법원장, 검찰총장, 법무부장관, 교육부장관 등 주요한 자리에 한민당 지도자들을 임명했고, 상당수의 부서가 과거 식민정부에서 일하던 바로 조선인들로 채워졌다. 미군정은 일본이 제정한 법과 규칙의 대부분도 그대로 유지했다. 조선국립경찰은 일본 지배의 핵심 도구로서 경찰의 효율성을 위해 중앙집중적으로 구성되어 모든 하부기관은 중앙의 명령을 받도록 되어 있었는데, 미군정은 이 구조를 그대로 유지했다. 이것은 인민위원회의 힘에 대항하기 위해서는 강력한 중앙집중적인 경찰이 필수적이라는 일본 관료들과 조선 우익들의 권고에 따른 것이었다. 군대는 이보다 더 전통적인 형태로 구성되었다. 11월 13일에 경찰과 군대를 통합 관장하는 국방부가 결성되었는데, 이 일련의 과정은 소련이 북한에서 한 것보다 훨씬 빨리 이루어졌다. 커밍스가 지적하듯이, "소련 활동에 대한 미국의 최초 G-2보고서는 군 창설이 미국이 시도한 것보다 6개월 뒤에 이루어질 것으로 내다봤다."[5]

미 점령군이 식민정부를 미군정으로 변화시키는 데서는 상당한 진전을 보았지만, 이런 시도가 미국의 남한지배에 대한 지지를 얻는 데는 실패했다. 사실, 미군이 일본인 협력자와 일본이 세운 기관에 의존한 것은 인공과 인민위원회의 정통성을 강화시켜 주었을 뿐이다. 이에 인공을 빨리 무너뜨리지 않으면 미군이 지지를 잃을 것이라는 점을 인식한 점령군은 남한 정치환경을 새로 구성할 결정적인 조처를 취한다. 이 가운데는 인공을 대신할 대중적인 보수정당을 창당하는 것도 들어 있었다. 1945년 10월 16일 임시정부 지도자였던 이승만이 맥아더 장군의 비행기를 타고 귀국했다. 이승만은 생애 대부분을 미국에서 보냈는데, 1925년에 권력남용과 횡령 혐의로 상해임시정부에서 쫓겨났지만 여전히 자신을 임시정부의 주미 '특명 전권공사'라고 지칭하고 다녔다. 미국은 얼마 전까지만 해도 이승만이라는 존재를 심각하게 생각해 본 적이 없었지만 이제는 그렇지 않았다. 미국은 그를 적극 지지했는데, 그가 한민당의 여느 지도자들과 달리 반공주의

자일 뿐 아니라 강한 반일주의자이기도 했기 때문이다. 미국과 이승만의 귀환을 지지한 한민당은 이승만의 전국적인 신망을 좌파에 대항하는 데 이용하려고 했다. 10월 20일 이승만은 미 점령군 환영석상에서 처음으로 대중연설을 했고, 이들의 기대에 어긋나지 않게 이승만은 이 연설을 소련과 인공을 비난하는 기회로 이용했다.

미군정의 정책에 긴장한 인공 지도자들은 11월 말 전국의 인민위원회 대표들이 참석하는 전국모임을 열었다. 하지는 인민공화국에 '공화국'이라는 용어를 빼고 미군정에 정당으로 등록하라고 요구했다. 회의에 참석한 인민위원회 대표들은 타협책으로 미군정을 인정하되 '공화국'이라는 용어는 그대로 쓰기로 했다. 이 자리에서 "미군정이 38선 이남에 존재하는 한, 공화국은 정부로 기능할 수도 없고 하지도 않을 것이다"[6]는 결의안이 통과됐다.

그런데 이것은 서울에 있는 인공 지도자들이 주도한 타협책이었다. 미군이 서울에 주둔해 있어서 서울 인민위원회의 힘이 제약을 받았기 때문에, 인공 지도자들은 미군정을 인정해도 손해볼 것이 별로 없다고 판단했던 것이다. 하지만 그 밖의 지역에서는 상황이 달랐다. 북쪽과 남쪽 대부분 지역의 인민위원회는 공식적인 정부기구로 활동하고 있었고, 미군을 인정할 이유가 없다고 본 이런 지역 위원회에서 온 대표들은 서울의 인공 본부가 지역 인민위원회의 의견을 더 수용할 수 있도록 조직개혁을 시도했으나 실패했다.

한편 미국은 인공의 타협안도 받아들일 수 없다고 생각했는데, 그 한 가지 이유는 사람들이 인공에 충성하는 대중조직을 계속 만들고 있다는 사실에 있었다. 예컨대 남과 북의 노조대표들은 11월 초 서울에서 모여 조선노동조합전국평의회(이하 전평)를 결성했다. 전평은 인공과 인공의 강령을 지지하기로 약속했는데, 전평 소속 노조들은 과거 일본이 소유했던 공장 대부분을 장악하고 있었기 때문에 노동자들 사이에서 인공에 대한 지지는 엄청났다. 그리고 그 다음 달에 전국농민조합총동맹, 조선민주청년연맹, 조선부녀총동맹이 잇따라 등장했고, 이 조직들 역시 인공과 연대할 것을 선언했다.

이에 대응해 미군정은 12월 8일 파업을 금지하는 노동법을 통과시키는 한편, 노동자들의 공장장악을 강제로 중단시키고 새로운 관리자를 임명했다. 이들 관리자는 대부분 각 공장에서 고위직에 있던 사람들이었다. 이어 군정은 인공에 손을 댔다. 1월에 인공 활동을 '불법'으로 선언하고 남한 지역에서 계속 자치를 하고 있던 인민위원회 위원들의 직을 박탈했다. 그 대표적인 예가 인민위원회가 시 행정을 맡고 있던 전라남도 목포시였는데, 미군정은 지역 경찰에게 지시해 인민위원회 지도자들을 체포하고 시청의 모든 부서 책임자와 대부분의 직원들을 해임토록 했다. 그런 다음 그 자리를 거의 친일파들로 채웠다.

곧 이어 미 점령군은 인민위원회의 정치적 영향력을 더욱더 축소하기 위해 1946년 10월에 남조선과도입법의원 선거를 치르기로 한다. 그리고 하지는 일체의 가능성을 봉쇄하기 위해 의원의 절반을 자신이 직접 임명하고 의원의 결정에 대한 거부권을 행사하겠다고 선언한다. 또 미국은 선거관리 기구를 이승만과 그의 협력자들 손에 완전히 넘겨줬다. 그 결과 선거는 우파의 압도적인 승리로 끝났다. 제주도에서만 좌파가 선출됐는데, 이들은 서울에 도착하자마자 납치, 살해되었다.

미군정 정책에 대한 대중의 분노는 선거 전에 이미 폭발점에 이르렀다. 인민위원회의 권한을 되찾기로 결의한 농민봉기가 남한 지역을 휩쓸었다. 미군정에 대한 대중의 반응을 재는 데는 세심하게 관리된 선거보다 이 봉기가 훨씬 정확한 도구라고 할 수 있다. 1946년 9월에 부산 철도노동자들이 파업에 들어가면서 봉기가 시작되었다.[7] 오래지 않아 서울의 철도노동자, 인쇄노동자, 전기노동자, 전신·우편 노동자 들이 파업에 들어갔다. 이들은 임금인상과 노동조건 개선, 노조결성의 권리 등 노동과 관련된 요구뿐 아니라 폭넓은 정치적 요구를 했다. 정치적 요구에는 정치범의 석방 등이 포함되어 있었는데, 가장 중요한 것은 인민위원회 권한 회복이었다. 경찰과 군대가 철도로 이동했기 때문에, 특히 철도노동자의 파업이 미군정에 위협적이었다. 미군정과 한국인 동조자들은 수천 명의 파업파괴 요원, 경찰, 우익 청년단체 회원을 동원해 파업중인 서울 철도노동자들을 공격했고 수많은 노동자들의 체포가 이어졌다.

폭력에 분노한 수백 명의 노동자들이 대구에서 10월 1일 시위를 벌였다. 그날 경찰이 시위자 한 명을 살해하는 사건이 발생하자, 이튿날 더 많은 노동자들이 거리로 나왔다. 시위를 진압하려는 경찰대에 맞서 시위대는 경찰 10여 명을 죽이고 한국인 관료들의 집을 공격했다. 마침내 미군정은 미군 탱크를 동원했고 계엄령을 선포했다. 무력을 써서 대구의 폭동은 막았지만, 곧 경북의 다른 도시에서 시위대가 거리로 나와 경찰서와 공공건물을 불태우고 부유한 지주들을 공격했다. 이 과정에서 지주 몇 명이 살해되기도 했다. 많은 경우 시위대가 인민위원회의 힘을 회복시켰다. 마침내 10월 6일 미군정은 경북 전체에 계엄령을 내렸다.

그러나 봉기는 경남으로 확산되었다. 10월 7일 진주에서는 시위대에 가담한 사람 두 명이 미군의 발포에 죽는 사건이 발생했고, 마산에서도 미군과 남한 경찰은 군중을 향해 총을 쏘아대 많은 사람이 숨지고 다쳤다. 폭동은 부산에서도 이어져, 미군이 주둔해야 했다. 10

월 중순에 가서는 충남에서도 시위가 일어났고, 10월 말에는 더 번져 전남으로 이어졌다. 그리고 11월 초 2주 동안 47개 시·군에서 충돌이 일어났다.

이 일련의 시위는 동학혁명 이후 한국에서 가장 중요한 봉기였지만, 미국의 정책을 바꾸지는 못했다. 가장 중요한 이유 하나는 시위가 조직적이지 못했다는 점이다. 노동자와 농민들의 시도를 한데 묶는 총체적인 계획 아래 봉기가 남한 전역으로 퍼져나갔다기보다 한 지역의 노동자·농민 들이 다른 지역에서 벌어진 일을 전해 듣고 그에 자극받아 행동에 들어가는 식으로 봉기가 번졌던 것이다. 이런 형태의 봉기에서는 미군과 남한 경찰이 한 지역에 집중적으로 병력을 투입하고 그 뒤 다른 지역으로 옮겨서 봉기를 진압할 수 있었다. 그럼에도 불구하고 이 투쟁의 결과는 불투명했다. 미군의 직접 개입이 없었으면, 이 가을봉기는 내전으로 이어져 인민위원회 회복과 급진적 사회변혁을 시도한 이들의 승리로 끝났을 것이다.

점령군의 승리는 남한의 정치를 장악하는 시도의 중요한 전환점이 되었다. 봉기 진압과정에서 인민위원회와 전평의 조직력과 행정력이 크게 약화되었기 때문이다. 이제 미국은 폭력을 동원해서 남한의 정치권을 다시 구성해 나가기 시작했으며, 이렇게 해서 한국 분단의 기초를 다지고 남한을 독재국가로 바꿔놓았다. 미국시민자유연합 대표 로저 볼드윈은 1947년에 남한을 방문한 뒤 "이 나라는 문자 그대로 경찰정권이 장악하고 있다"[8]고 언급했는데, 이를 뒷받침하는 증거가 있다. 1945년 8월 일본 점령하에 1만 700명이었던 남한 정치범 수가 1947년 12월 미군정 아래서는 2만 1천 명으로 늘어났고 1949년 말에는 약 3만 명이나 되었으며, 이 가운데 80% 가량이 공산주의자라는 혐의로 수감되었다.[9]

소련 점령하의 북한

1945년 8월 9일 소련 군인들은 한반도 북부에 진입해 다음날 웅기·
나진에서 일본군과 전투를 벌였다. 전쟁이 끝나자 소련은 계속 남진
하여 8월 21일 원산에 진입했으며, 그 사흘 뒤에 평양에 도착했다. 소
련 점령군은 38선 이북에 잔류해 있던 일본 군대로부터 항복을 받고
일본 관리들도 모두 제거했다.

미군 점령군과 마찬가지로 소련군은 한국의 정치환경을 자국의 이
해에 유리하게 조성하는 임무를 띠고 있었다. 이런 면에서 보면 소련
점령세력은 좌파의 영향을 강하게 받은 대중을 발견한 것이 의심의
여지없이 달가웠다. 그 결과, 그리고 미군 점령세력과 대조적으로 소
련은 기존 건준지부가 정부의 기본단위로 계속 활동하도록 권장했
다. 예컨대 8월 25일 평양 소련사령부는 지역 건준지부가 지역의 행
정책임을 넘겨받고 또 일본인 소유의 모든 주요 자산을 즉각적으로
건준 밑에 두도록 했다.

소련은 점령 첫날부터 북한 주민들에게 실질적인 정치활동의 자유
를 보장했을 뿐 아니라, 중도적인 정치인 조만식이 평양 인민위원회
위원장을 맡는 것도 허용했다. 이 기간 동안 소련이 취했던 행동은
전혀 한국분단을 목표로 하는 것 같지 않았다. 각 지역 인민위원회가
5도 행정국을 구성하도록 권장했지만 이 기구를 결코 중앙기구로 간
주하지 않았으며, 각 도가 도내 일을 자체 관장하도록 했다. 그리고
북의 모든 사회운동은 물론이고 인민위원회까지도 여전히 서울을 정
치중심으로 생각했다. 『낡은 한국과 새 한국 역사(*Old and New, A
History*)』에서는 이렇게 설명하고 있다.

소련은 일본의 항복을 받고 일시적으로 뒤로 물러나면서 탈일본

화와 사회혁명이 지역 수준에서 인민위원회를 통해 계속되도록 허용했다. …상대적으로 솜씨 있는 이런 접근방식은 의심의 여지 없이 한국 혁명에 대한 공감을 반영하는 동시에 이 혁명이 어떤 식으로든 두만강 이남에 우호적인 국가를 둔다는 자국의 강력한 이해에 반하지 않는다는 실용적인 계산을 반영하는 것이었다.[10]

초기 한국에서 소련의 행동이 물론 모두 긍정적이었던 것은 아니다. 커밍스가 지적하고 있듯이, "한국에 진입한 소련 군대는 일본인과 한국인을 상대로 강간과 약탈 행위를 저질렀다. 이는 상당한 범위에서 벌어진 것으로 보이며 자신들의 적과 그 동조자들에 대한 보복 수준을 훨씬 넘는 것이었다."[11] 이런 행동이 나타나게 된 이유 하나는, 커밍스에 따르면 한국에 들어온 소련군 대부분이 젊고 훈련을 제대로 못 받은데다 보급도 원활하게 이루어지지 않았던 데 있었다. 그 후 곧바로 소련 헌병이 한국에 파견됐고 2주 만에 널리 퍼져 있던 부정행위는 근절되었다.

한국 공산주의자들의 상당수는 전쟁이 끝났을 때 소련 극동지역에 머무르고 있었다. 이들은 한국으로 돌아갈 것을 열망했으며, 소련도 이들을 점령지의 업무에 활용하고 싶었던 터라 귀국하도록 권유했다. 한국에 돌아온 유명인사 가운데 한 사람이 김일성이다. 그의 동료 빨치산 전사들은 김일성을 소련이 조직한 한국인 특수부대 지휘관으로 선출했다. 9월 25일 김일성은 북한에 도착했으며 7만여 명이 모인 10월의 환영식에서 조만식이 그를 소개했다.

북쪽의 한국인과 소련은 남한의 상황전개를 상당한 관심을 가지고 예의 주시했다. 소련은 신속하게 일본의 잔재를 제거해 나가기 시작한 데 비해, 미 점령군은 일본 총독부의 구조와 인력을 유지하려고 했다. 소련은 인민위원회 활동을 지원한 데 비해, 오히려 미국은 12월에 인민위원회 활동을 불법화했다. 북쪽의 관점에서 보면, 미국은 한국통일의 기초, 곧 인민위원회와 관련 대중조직을 고의로 그리고 무자비하게 파괴했던 것이다.

이런 변화에 대응해 소련은 북쪽의 정치활동을 중앙집중화하고 모든 중요한 정치기구를 공산주의자들이 이끌어나가도록 유도해 나갔다. 1946년 2월에는 북조선임시인민위원회를 결성하여 그간 독립적으로 운영되고 있던 지역 인민위원회 업무를 조정하게 했으며, 김일성은 위원장으로 선출됐다. 그리고 1946년 11월에는 인민위원회 각급 기구의 대표를 선출하는 지역선거가 처음으로 실시되었으며, 분단 가능성이 점점 더 분명해짐에 따라 1947년 2월에는 북조선임시인민위원회가 더 상설적인 기구인 북조선인민의회로 대체되었다.

미국과 남한의 학자들 상당수가, 이런 일련의 행동은 소련과 북한이 분단을 추진했음을 보여주는 것이라고 주장한다. 그러나 이런 행동은 반드시 남한의 상황변화와 연관해서 파악되어야 한다. 커밍스는, 사건의 흐름을 볼 때 남쪽이 분단으로 이끌어가는 정책을 선동했다고 본다.

남북 단독정부 구성을 위한 행동은 1945년 10~12월에 먼저 남쪽에서 나타났다. 북쪽이 이를 따른 것은 남쪽 정책의 결과가 끼친 여파일 뿐이다. 물론 북쪽의 단독정부 구성이 피할 수 없는 일이었다고 주장할 수 있다. 그러나 결과는 부인할 수 없다. 남쪽이 먼저 움직였다.[12]

아무튼 북쪽이 자체 정치개혁을 밀어붙임에 따라 남북의 분열은

더 커져갔다. 예컨대 북쪽이 자체 토지개혁을 시행하기 시작하자, 남
북한 농민들의 상황이 너무 달라져 전국농민조합총연맹(이하 전농)은
두 개의 조직으로 나뉠 수밖에 없었다. 1946년 3월의 토지개혁에 뒤
이어 6월에는 노동법 개혁이 실시되었다. 7월에는 여성의 평등을 보
장하는 새 법이 통과되었는데, 이 법은 무엇보다 축첩, 매춘, 여아 살
해를 금지시켰다. 그리고 주요 산업과 기업들도 7월에 국유화되었다.
이런 대중적 개혁 소식이 남쪽에 전해지면서, 미군정과 이승만에 대
한 인민들의 분노는 더욱더 높아만 갔다.

　이런 한편 1946~47년에 북쪽 정권은 소련의 지지를 받아 정부 허
가를 받지 않은 정치활동을 제거하는 데 나섰다. 그리고 1946년 말에
는 거대한 보안기구를 구성하고 일본에 협조했던 조선인을 지위에
상관없이 모두 제거했다. 언론의 자유도 1946년 모든 신문이 공식적
으로 허가받은 소식만 실음으로써 사실상 없어졌다.

　한국전쟁 동안 전쟁포로들의 인터뷰를 토대로 한 미국의 한 연구
는 북한 정권을 엄격하지만 공정했다고 묘사하고 있다. 한 포로는 경
찰이 "엄격"하지만 "고문은 전혀 하지 않았다"고 말했다. 그래서 사
람들은 경찰을 "평화의 수호자"[13]라고 생각했다. 이 연구는 다음과
같이 훨씬 일반적인 상황을 보여주고 있다.

　많은 응답자들이 정권의 엄격한 통제를 싫어했지만, 대부분은
사회혁명이 수백만 명에게 새로운 생을 열어주고 몇 년 안에 전국
민의 교육수준을 높였다며 칭찬했다. 최하층인 자녀에게 교육기회
를 제공한 것을, 한국인이 교육을 중요시하는 점과 전통적인 엘리
트주의를 지적하면서 자주 언급했다. 국민들은 전제독재정권 아래
서 위축된 것이 아니라 적극적으로 정권을 지지하는 경향을 보였

다. 왜냐하면 자신들의 지위가 안정되었고 정권에서 물질적 혜택을 받았기 때문이다. 대부분은 '공산주의'를 잘 이해하지 못하고 있었지만 땅과 일자리를 얻은 것을 좋아했다.[14]

이 시기 북쪽의 공산주의자들은 비록 소련 관리의 그늘 아래서 일했지만, 독자적인 정치적 전망을 지켰다. 예를 들어 김일성이 이끄는 북조선공산당은 1946년 8월 김두봉이 이끄는 신민당(연안에서 중국 공산주의자들과 함께 싸운 한국인들로 주로 구성된 당)과 합당해서 북조선노동당을 결성했다. 소련은 북조선노동당이 소규모 노동자 중심의 당이 되기를 바랐지만, 김일성은 이 당을 농민이 수적으로 우세한 대규모 정당으로 구성했다. 게다가 김일성은 독립국가를 건설하겠다는 의지를 자주 표명했다. 1947년 조선독립 2주년 기념식 연설에서 김일성은 북쪽 사람들에게 "외국의 간섭에서 자유로운 자립·독립·통일 국가"[15]의 건설을 제안했다. '제국주의적' 간섭 대신 '외국'으로부터 자유로워지기를 주장함으로써, 김일성은 소련에 대해 한국 내정간섭을 반대한다는 것을 의도적으로 경고하고 있었던 것이다.

미국이 북쪽 지도자들을 소련의 앞잡이로 표현하고 있지만, 사실상 소련과 이들의 사이에는 심각한 긴장감이 감돌고 있었다. 북쪽의 혁명세력들은 언제나 조선독립에 대해 소련이 기여한 바를 찬양했지만, 소련이 일본과 단 1주일밖에 싸우지 않았다는 것을 잘 인식하고 있었다. 그렇지만 김일성 같은 빨치산 전사들은 10년 이상 일본과 싸웠다. 또 스탈린이 한국 공산주의자들과 한국인 전체를 명백하게 불신함으로 해서 유발된 긴장도 있었다. 1937년 스탈린은 한국인들이 '아시아인'이기 때문에 친일적일 것이라는 이유로 한국인 20만 명을 소련 극동에서 중앙아시아로 강제 이주시켰다. 같은 이유로 코민테

른을 위해 일한 한국 공산주의자들의 체포와 사형을 지시하기도 했다. 한마디로, 북한이 소련에 진 빚은 일반적으로 서방 분석가들이 이해하는 것보다 훨씬 적었다.

북한의 혁명가들은 소련보다 중국공산당 운동과 훨씬 더 가까웠다. 김일성과 김두봉은 중국공산당 군대에 소속되어 투쟁했으며, 또 김일성은 중국 내전기간에 공산당을 돕기 위해 의용군을 파견하기도 했고 이것은 한국전쟁 때 중국의 의용군 파견으로 이어졌다. 마오쩌둥의 궁극적인 성공에 북한의 직접적인 군사지원이 기여한 바는 컸다. 1947년 4월에 한국인이 지휘하는 약 3만 명의 군대가 만주로 파견되었으며, 5월 현재 만주 지역 중국공산당 군대의 15~20%가 한인이었다. 브루스 커밍스와 존 할리데이는 이 수치와 관련하여 다음과 같이 인용하고 있다. "몇몇 정보기관 정보는 중국 제4야전군에만 한인이 14만 5천 명이 있다고 밝혔다. 린뱌오(林彪)가 이끄는 이 군대는 만주 남부를 휩쓸면서 한 번도 패배한 적이 없는 공산당의 정예부대였다."[16] 일부 북한 군인들은 1950년 5월 하이난(海南) 섬의 최후 전투 때까지 중국에 남아 싸웠다. 1949년에 전투에 단련된 북한군 수만 명의 귀환과 중국공산당의 승리는 김일성을 소련 영향에서 상당히 벗어날 수 있게 해줬다.

미소협상과 분단

1943년 루스벨트 대통령은 한국이 일정 기간 다국적 신탁통치 아래 놓여야 할 것을 주장했다. 2차 세계대전 이후 한국의 미래를 논의한 첫번째 공식회의는 1945년 12월 16일 모스크바에서 열린 미국·영국·소련 외무장관 회의이다. 이 모스크바 3상회의에서 미국은 미국과 소련 점령군 사령부가 함께 무역·교통·화폐에 대한 모든 문제를 해결하자고 제안하면서, 한국이 독립준비가 되었다고 여겨질 때까지 행정·사법·입법 기능을 맡을 4강 신탁통치 안을 꺼냈다. 신탁통치 기간은 5~10년을 예정했지만, 미국의 제안에는 한국 임시정부 구성에 대한 언급이 없었다. 이에 소련은 임시정부 구성을 위해 "한국의 민주적인 정당과 사회단체에" 자문을 구하는 미·소공동위원회를 구성하는 제안으로 대응했다.

최종 합의는 임시정부 구성을 책임지는 미·소공동위원회를 구성하는 것으로서, 소련 주장에 가까운 것이었다. 이렇게 해서 미·소공동위원회는 임시정부와 함께 독립한국 설립에 관한 계획을 마련했는데, 이 계획은 5년 한도의 "4강 신탁통치에 관한 합의 마련을 위해 4강이 검토하도록" 제출될 것이었다. 그러나 합의안은 신탁통치를 강제하지는 않았다.

미국 정부는 이 합의안을 승인했지만, 정치적으로 조선인민공화국과 유사한 임시정부가 만들어질 것을 걱정한 하지는 이에 반대하는 운동을 펼치기 시작했다. 당시 하지는 대부분의 한국인들이 신탁통치에 반대한다는 것을 익히 알고 있었기 때문에, 이 합의를 신탁통치와 동일시하는 발언을 공공연히 했다. 그리고 남쪽의 한국인들이, 미국은 즉각적인 독립을 지지하지만 소련은 한국의 신탁통치를 시도한다고 생각하게 부추겼다. 뿐더러 그는 소련군이 신탁통치를 시행하기 위해 남쪽으로 내려오게 될 거라는 소문을 퍼뜨리기까지 했다.

좌익세력도 신탁통치에 반대했기 때문에 처음에는 모스크바 합의를 경계했다. 그러나 1월 초에 들어와서는 대부분이 신탁통치를 적극 지지하게 된다. 이렇게 변화하게 된 데는 소련의 압력이 한몫 했던 것은 사실이지만, 더 중요한 이유는 모스크바 합의안이 신탁통치를 강제하지 않는다는 점이었다. 이 합의는 (미국 주장과 반대로) 신탁통치를 고려하기 전에 임시정부 설립을 요구하기 때문에, 대부분의 좌파는 결국 이 합의가 한국민들에게 남쪽의 인민위원회를 지키면서 신탁통치를 피할 수 있는 가장 좋은 기회를 제공하는 것이라고 보게 된 것이다. 하지만 불행하게도 미 점령군의 정책은, 좌파들이 모스크바 합의안에 대해 자신들이 이해한 내용을 직접적이며 공개적으로 국민들에게 알리는 것을 방해했다.

우파는 대중매체를 통해 자신들이 한국독립의 진정하고 유일한 방어자라고 선전할 수 있었지만, 좌파는 수세적일 수밖에 없었다. 하지 덕분에 남한의 우파는 조직적으로 뭉칠 이슈를 찾아내게 되었고, 이 힘을 바탕으로 세력규합을 꾀한 미 점령군은 남쪽의 보수적인 지도자들에게 정치연합을 구성하도록 부추겼다. 이승만이 이끄는 남한의 대표민주의원이 그 결과다.

1946년 3월에 미·소공동위원회 1차회의가 열려 한국의 임시정부 구성을 위한 조직체계를 논의했다. 미국은 대표민주의원을 남쪽의 유일한 자문기구로 인정해서 북쪽의 자문기구와 함께 임시정부 참여 인사를 결정할 권한을 주자고 제안했다. 미국 대표는 대표민주의원이 "모든 중요한 정당이 연합해 새로 조직된 한국의 정부"[17]이기 때문에 이런 주장이 합당하다고 주장했다. 그러나 소련은, 미·소공동위원회는 한국 내 단체들과 협의하는 기구이지 협의할 단체를 선택하는 기구가 아니라는 점을 정확하게 지적하면서 이 제안을 거부했다. 미국은 4월 초에 타협이 이루어질 때까지 계속 이 주장을 밀어붙였다. 결국 미국과 소련이 각각 임시정부 구성과 관련해 협의할 단체 목록을 작성하는 것으로 타협안은 정리되었다.

하지만 곧 새로운 의견대립이 발생했다. 예컨대 미국은 남쪽이 전체 인구의 2/3를 차지하므로 임시정부 내 남쪽 대표에 가중치를 둬야 한다고 주장했고, 소련은 모스크바 합의안을 수용하고 공동위원회 일을 지지할 의지가 있는 단체만 협의대상에 넣을 것을 주장하며 맞섰다. 이에 대해 미국은, 모스크바 합의에 대한 태도와 상관없이 모든 정치단체를 포함시키는 것이 민주주의적이라면서 반대했다. 그러나 소련은 만약 미국이 진정으로 민주적인 절차에 관심이 있다면 남쪽의 인민위원회를 거부할 것이 아니라 환영해야 할 것이라고 지적하면서 자신의 주장을 굽히지 않았다. 이렇게 해서 1차회의는 결의안 없이 끝났다.

미국 정부가 모스크바 합의와 자국의 신탁통치 계획 모두를 포기하기로 결정한 것은 이로부터 오래지 않아서이다. 한국 전역에 대한 미국의 헤게모니를 확보하는 것은 어렵다고 판단한 미국 정책결정자들은 이제 남한 단독정부 수립을 시도했다. 문제는 이를 어떻게 달성하는가였다. 확실히 미국은 소련과 단절하고 남한독립을 선언할 힘이 있었다. 그러나 남쪽의 정치엘리트들이 이미 정통성을 결여한 상태였다는 점이 문제였다. 이런 상태에서 독립을 선언하면 새 정권에 대한 국내의 지지를 강화해 나갈 수 없다는 것은 명약관화했다(국제적 지지는 훨씬 더 그랬다). 미 군부도 소련과 전쟁이 일어나면 방어하기 어려워진다는 근거를 들어 이런 방식에 반대했다. 정통성과 방위 문제에 대한 미 국무부의 해법은, 한국의 미래 문제를 미국이 지배하고 있는 국제연합으로 가져간다는 것이었다. 국무부의 논리는, 국제연합이 남한독립을 재가하면 새 정부는 신임을 얻을 뿐 아니라 새 정부에 대한 국제사회의 방어노력도 확보할 수 있다는 것이었다.[18] 그러나 미국은 국제연합에서 한국 문제를 설득력 있게 제기하기 위해서는, 그에 앞서 소련과 협상이 잘 이루어지지 않는다는 것을 더 보여줄 필요가 있었다. 그래서 미국은 미·소공동위원회 2차회의의 개최에 합의했다.

2차회의는 1947년 5월에 시작되었다. 협의대상에 넣을 한국인 문제에 관한 논의는, 1년 전에 이 문제에 관해 마지막으로 다루었던 쟁점에서부터 시작했다. 한편 대중들로부터 전혀 지지를 받지 못하는 남쪽 우익단체 425개가 위원회와 협의할 권리를 요구하며 이미 단체 등록을 해놓아, 단체수 면에서 남쪽이 압도적인 다수를 차지했다. 더욱이 이 단체들이 주장한 회원수를 모두 합하면 남한 전체 인구의 4배 가까운 무려 6200만 명이나 되었다. 미국의 태도는 이 단체 모두가 임시정부 수립과정에 개입하고 협의대상이 될 자격이 있다는 것이었다. 소련은 이를 거부했고, 협상은 곧바로 막다른 골목에 직면했다. 8월 하순 미·소공동위원회 마지막 회의 직후에 미국은 미·소간의 의견차이를 해결하기 위해 4강회의가 개입할 것을 제안했다. 그러자 소련은 모든 외국군이 즉각 철수하고 한국인들 스스로 문제를 해결하도록 하자는 제안으로 맞대응했다. 미국은 군대철수를 거부했다.

9월 17일, 미국은 협상결렬의 책임이 소련의 이중성과 한반도 전체를 통제하려는 소련의 속셈에 있다고 비난하면서 한국문제를 국제연합 총회에 상정했다. 대략 한 달 뒤에, 국제연합은 국제연합 한국임시위원단을 구성해 한국 정부의 구성권한을 갖는 입법기구의 선거를 지원하고 감시하기로 했다. 소련과 소련의 동맹국들은 이 결정이 모스크바 합의를 위반하고 국제연합 헌장 제32조와 107조도 위반하는 것이라며 강하게 반대했다. 헌장 제32조에 따르면, 논란을 벌이는 양측 모두와 협의하도록 규정하고 있으므로 총회는 남북한 대표를 초청하여 이 문제에 대해 연설할 수 있게 해야 하는데 그렇게 하지 않았다는 것이다. 그리고 제107조는 전후(戰後)문제 처리에 대한 국제연합의 정당성을 부인하는 내용을 담고 있다. 그러나 국제연합에서 압도적인 영향을 행사하는 미국이 이 결정을 승인받기는 어렵지 않았다. 결국 국민당의 중국, 캐나다, 오스트레일리아, 필리핀, 프랑스, 인도, 엘살바도르, 시리아 등 8개국 대표가 참여한 임시위원단이 구성되었다.

임시위원단 대표들은 1948년 1월 초에 서울에 도착했다. 하지만 이들은 북쪽 입국승인을 받지 못했다. 임시위원단은 남북한 모두에서 활동할 수 없게 되자, 임무를 수행할 수 없다고 결론 내렸다. 위원단장은 (총회가 열리지 않는 동안에 대신 임무를 맡고 있는) 총회 임시위원회에 다음과 같은 견해를 제출했다. "말로만이 아니라 진정으로 한국인을 그냥 놔두면 그들 스스로 자구책을 강구하고 민주적인 정부를 수립할 것이라고 나는 생각한다."[19] 그리고는 위원단 대다수의 견해는 다음과 같다고 덧붙였다.

남한 단독정부 수립은 결의안 제5항에 제시된 두 가지 목적, 곧 한국독립의 달성과 점령 외국군의 철수를 촉진하지 못할 것이다. 〔따라서〕 남한에서 선거를 실시하는 그 어떤 계획도, 비록 그것이 이론적으로는 한국 전체에 적용되는 것이라고 하더라도, 다루는 것은 비현실적〔일 것〕이다.

그러나 미국의 압력으로 국제연합 임시위원회는 정책변경을 거부했다. 1948년 2월 26일에 임시위원회는 한국임시위원단에 "한국 전역에서 선거감시를 실시하고, 만약 불가능하면 접근할 수 있는 범위에서만 감시활동을 하라"고 지시했다. 한국임시위원단 대표들은 임시위원회의 결의안을 투표에 부쳐, 5 대 3으로 결의안에 따르기로 했다.[20]

남한에서만 선거 감시활동을 하기로 한 한국임시위원단의 결정은 한국분단에 참여하는 것을 뜻했다. 이승만과 한민당 지도자인 부유한 지주 출신의 김성수는 이 결과를 환영했다. 하지만 압도적인 다수의 한국인들은 선거와 이에 따른 분단을 반대했다. 보수세력을 포함한 남쪽의 정치지도자들은 북쪽에 선거반대를 위해 연합하고 싶다는 뜻을 전했다. 북한 지도층은 이를 환영하고 남북정치지도자연석회의(이하 연석회의)를 4월에 평양에서 열기로 했다.

이승만과 마찬가지로, 하지 장군은 연석회의를 공산주의자들의 공작이라고 비난했다. 하지만 "남쪽의 대중, (유명 작가와 언론인 108명을 포함한) 지식인, 신문 대부분은 연석회의 성공을 바라는 마음을 표했다"[21]고 역사학자 최봉윤은 지적하고 있다. 연석회의에는 540여 명의 대표가 참석했으며, 그중 남쪽 대표는 360명이었다. 연석회의는 외국 군대의 즉각적이고 동시적인 철수를 요구했으며 독재·독점자본주의·분리선거를 반대하는 한편, 전국적인 정치회의를 열어 민주적인 정부를 구성할 것을 강조했다.

선거실시를 반대하는 이런 폭넓은 움직임에도 불구하고, 1948년 5월 10일에 남한 단독선거가 실시되었다. 선거에는 이승만이나 김성수에게 충실한 후보들만 참여했으며, 그 당연한 결과로 두 사람의 추종자들이 198석 가운데 190석을 차지했다. 국회는 7월 12일 헌법을 통과시키고 7월 20일 이승만을 남한 대통령으로 선출했다. 이렇게 해서 8월 15일 대한민국이 출범했다.

선거와 그에 이어 미국이 대한민국을 한국에서 유일한 합법정부로 승인한 것은 국제연합을 정치적으로 매우 위험한 비탈길로 몰아넣는 격이었다. 론과 매코맥은 다음과 같이 말한다.

한국임시위원단에 소속된 그 누구도 선거가 국가의 의회를 구성할 것으로 생각하지 않았다. 그러나 7주일 동안 논란을 벌이고 미국이 지속적으로 압력을 넣은 끝에, 시리아와 오스트레일리아 대표가 퇴장한 가운데 이 선거를 "임시위원단이 접근할 수 있었던 한국 내 지역 유권자들의 자유로운 의사로 유효하다"고 선언한다는 합의가 도출됐다. …12월 12일, 국제연합 총회는 새 기구〔남한 국회〕가 "한국의 유일한 합법정부"라고 선언했다. 국회가 한국 전체에 대한 관할권을 주장하지도 않았는데도 이런 선언을 한 것이다.[22]

대한민국 건국에 대한 북쪽의 대응은 8월 25일 최고인민회의 대표를 뽑기 위한 비밀선거를 실시했다는 선언이었다. 북쪽에서는 조선민주주의인민공화국이 9월 9일 출범했고 소련은 즉각 이를 승인했다. 한국은 이제 서로 합법정부임을 주장하는 남한과 북한 정부로 공식적으로 나뉘었다.

내전으로 가는 길

미국 외교정책은 남한에 우익정부를 세워 한국을 분단하는 데 성공했다. 하지만 선거는 기대하던 정치적 안정을 가져오지 못했다. 대부분의 남한 사람들이 국가분단을 받아들이지 않았기 때문이다. 선거과정을 평화적인 방법으로 중단시키는 데 실패한 뒤로, 점점 많은 사람들이 이승만 정부를 전복시키고 나라를 다시 통일시키기 위해 게릴라 투쟁으로 돌아섰다.

남한에서 게릴라 전쟁은 인구 30만 명의 제주도에서 시작되었다. 1948년 3월 1일에 선거에 반대하는 시위가 벌어졌고 수천 명의 시위대가 체포됐다. 시위대의 한 명이 필시 고문당한 것이 분명한 주검으로 강에서 발견됐다. 경찰의 만행이 어제오늘 일이 아닌 상황에서 벌어진 이 사건은 마른풀에 불을 붙이는 격이었다. 4월 3일, 제주도민들은 경찰서를 공격하고 다리를 파괴하며 전화선을 끊었다. 고도의 기동력을 갖춘 게릴라 4천여 명이 구성되어, 6월 초순까지 제주도의 대부분의 마을을 관장했다. 남한 군대가 진압하기 위해 파견되었고, 5월 말부터 7월 말까지 3천 명 이상이 체포됐다. 또 군대는 섬을 봉쇄하고 자신들이 삼엄한 경비를 펴고 있는 마을로 사람들을 강제로 이주시켰으며 고엽제로 나무와 숲을 파괴했다. 군대의 이런 대응에도 불구하고 반란은 점점 더 확대되어 1949년 3월에 최고조에 이르렀다. 그러나 같은 달 남한 군대 4개 대대의 기습으로 저항은 결국 진압되고 만다. 이 작전으로 제주도민 4만 명이 목숨을 잃었고, 400여 개 마을 가운데 그나마 사람이 살 수 있는 마을은 고작 170개밖에 안 되는 지경이 되었다.[23]

1948년 10월에는 여수에서 또 반란이 일어났다. 제주도로 파견되기를 거부하는 군인들이 정부에 대항하고 나서 여순반란을 일으킨 것이다. 군인들은 무기를 탈취해 도시를 장악했다. 여수가 해방되자, 주민들은 붉은 기를 들고 거리를 행진했다. 이들이 맨 처음 한 행동 가운데는 인민위원회 회복과 경찰·정부관리·지주 상당수의 처형도 들어 있었다. 반란을 일으킨 군인들은 주민들에게 폭동을 주변 지역으로 확산시켰는데, 예를 들어 순천시에서 군인들은 주민들에게 무기를 나누어주었으며 대규모 집회를 개최하도록 지원해 주었다. 집회장에서 연사들은 순천시 인민위원회의 회복과 조선인민공화국 부활을 요구했다. 시위대들 중에는 북한 국기를 흔드는 이들도 있었다. 그러나 반란은 오래가지 못했다. 여수에서는 1주일 만에 반란군인들이 정부군에 진압됐다. 곧 인근 도시와 마을에 있던 1천여 명의 반란군과 수많은 지지자들은 그곳을 포기하고 산으로 후퇴했으며,

남아 있던 마을사람들 상당수가 두들겨 맞고 심한 고문을 당했다. 봉기를 도왔다는 의심을 받아 총살당한 사람들도 있었는데, 그 숫자가 여수에서만 500명이 넘었다. 나중에 남한의 대통령이 된 박정희도 이 반란에 참가했다. 그러나 박정희는 반란에 참여한 동료들의 사냥에 동의하는 대가로 관대한 대접을 받았던 것으로 알려지고 있다.[24]

이제 남한은 독립국가인데도, 미군은 여순반란 진압에 중요한 역할을 했다. 미군사령관들이 군사작전을 계획하고 지휘했으며, 모든 남한 부대에는 미군 고문관들이 배속되었고, 미군 비행기가 병력을 수송했다. 자신이 미국에 계속 의존하고 있음을 잘 알고 있던 이승만은 언론에 미군철수를 요구하는 글을 싣지 말라고 경고했다.

여순반란이 빠르게 진압됐음에도 남한 정부에 대한 저항은 끝나지 않았다. 산으로 들어간 사람들은 서로 뭉쳐 정부전복을 위한 대규모 게릴라전을 전개했다. 게릴라들은 철도와 전신을 파괴하고 남한 경찰과 군대와 전투를 벌였다. 북로당이 세워진 지 한 달 뒤인 1946년 11월에 창당한 남로당 활동가들은 반란세력에게 보다 폭넓은 정치적 수렴점을 제공하려고 시도했다. 이 활동에는 처음으로 북로당 당원들도 참여했다.

무장투쟁은 미국과 이승만이 분단정책에 대해 대중적 지지를 받지 못하고 있다는 것을 보여주면서 1949년 들어서는 더욱 거세어졌다. 그러나 남한에서 내전이 벌어지고 있다는 것을 인정하기 싫어했던 미국과 이승만은 화살을 소련으로 돌려, 소련이 전투를 선동하고 조직했다고 비난했다. "하지만 증거를 보면 소련이 남쪽의 빨치산에 개입하지 않았음이 드러난다. …반면 겉으로는 개입하지 않은 것 같은 미국은 실제로 남한의 반란 진압군을 조직하고 장비를 공급했으며 최고의 정보자료를 제공하고 작전을 계획하고 종종 직접 지휘하기도

했다"[25]고 커밍스는 결론지었다. 간단히 말해, 남한 정치투쟁에서 중요한 외부변수는 오직 미국뿐이었다. 주로 미국의 개입 때문에, 남한의 빨치산 공세는 1950년 5월 마침내 패배했다.

남한에서 게릴라전이 벌어지고 있는 동안에도 남과 북의 긴장은 계속 고조되고 있었다. 북한군과 남한군 간의 처음의 심각한 전투 하나는 1949년 5월 4일에 남한의 경계도시인 개성 근처에서 벌어졌다. 남한이 시작한 이 전투는 나흘 동안 계속됐으며 수백 명이 숨졌다. 그 다음에는 6월 마지막 주에 옹진반도에서 벌어졌는데, 옹진반도는 1년 뒤 한국전쟁이 '시작된' 바로 그 지역이었다. 1949년에 있었던 가장 치열한 전투는 아마 8월초에 벌어진 전투일 텐데, 북한군이 옹진반도의 38선 북쪽의 작은 산을 점령하고 있던 남한군을 공격한 것이었다. 양쪽 모두 경계선을 넘어 상대를 공격하기는 했지만, 미국 군사고문단장 윌리엄 로버츠 장군조차 그해 여름 전투의 책임은 주로 남한에 있었다는 것을 인정했다.[26] 1949년 9월부터 군사력의 균형이 북한 우위로 바뀌기 시작했다. 소련의 추가적인 군수품 지원이 있었고 중국에 파견되었던 북한군이 돌아왔기 때문이다. 이때부터는 북쪽이 먼저 전투를 시작하는 경우가 더 잦았다.

이런 역사를 모르고서는 한국전쟁의 기원과 중요성을 이해할 수 없다. 남한의 대다수 사람들은 인민위원회 해체와 분단에 반대했다. 오직 미 점령군과 주로 일본에 협조한 소수의 사람들만이, 미국의 정책을 뒤바꾸려는 이들의 시도에 대해 저항했다. 이 결과로 나타난 투쟁은 남한 내부로 국한될 수 없었는데, 이 투쟁의 결과가 전체 한국인에게 영향을 끼쳤기 때문이다.

주

1. Department of State, *A Historical Summary of United States-Korean Relations*, Far Eastern Series 115, Washington, DC: U. S. Government Printing Office, 1962, p. 1.
2. Bruce Cumings, *The Origins of the Korean War: Liberation and the Emergence of Separate Regimes, 1945~1947*(Princeton: Princeton University Press, 1981, p. 126)에서 재인용.
3. 같은 책, p. 127.
4. Jon Halliday, *A Political History of Japanese Capitalism*, New York: Monthly Review Press, 1975, p. 168.
5. Cumings, *Origins, 1945~1947*, p. 171.
6. 같은 책, pp. 196~97.
7. 이 기간의 사건에 관한 깊은 논의를 위해서는, 같은 책(Ch. 10, "The Autumn Uprising") 참조.
8. Bruce Cumings, *The Origins of the Korean War: The Roaring of the Cataract, 1947~1950*(Princeton: Princeton University Press, 1990, 205)에서 재인용.
9. 같은 책, p. 217.
10. Carter J. Eckert, Ki-baik Lee, Young Ick Lew, Michael Robinson, and Edward W. Wagner, *Korea Old and New, A History*, Seoul: Ilchokak Publishers for the Korean Institute and Harvard University, 1990, p. 336.
11. Cumings, *Origins, 1945~1947*, p. 388.
12. 같은 책, p. 403.
13. Cumings, *Origins, 1947~1950*, p. 20에서 재인용.
14. 같은 책, p. 305.
I5. 같은 책, p. 314에서 재인용.
16. Jon Halliday and Bruce Cumings, *Korea: The Unknown War*, New York: Pantheon Books, 1988, p. 62.
17. Cumings, *Origins, 1945~1947*, p. 232에서 재인용.
18. Cumings, *Origins, 1947~1950*, p. 65.
19. Bong-youn Choy, *A History of the Korean Reunification Movement: Its Issues and Prospects*(Peoria: Research Committee on Korean Unification, Institute of

International Studies, Bradley University, 1984, p. 52)에서 재인용.

20. 같은 책, p. 52에서 재인용.

21. 같은 책, p. 56.

22. Stewart Lone and Gavan McCormack, *Korea since 1850*, New York: St. Martins Press, 1993, p. 102.

23. Cumings, *Origins, 1947~1950*, p. 258.

24. 같은 책, p. 266.

25. 같은 책, p. 283.

26. Halliday and Cumings, 앞의 책, p. 54.

미국 외교정책과 1945~50년의 한국

1945~50년에 미국이 한국에서 한 행동에, 한국 민주주의 제도의 파괴와 분단의 주요한 책임이 있는가? 주류 학자들은 미국의 대한(對韓)정책이 인도주의와 민주적 원칙에 입각한 일반적인 외교정책을 따랐다는 태도를 보이고 있다. 이 원칙에 어긋나는 행동은 한국이 비정상적이었기 때문이라고 설명하거나 소련을 비난함으로써 넘어간다. 예를 들어 역사학자 도널드 맥도널드는, 한국에 주둔한 미군이 "자신들의 책임을 감당할 준비가 되어 있지 않았다"고 주장함으로써 미국 외교정책의 비민주적인 결과를 변명한다. 미군은 "한국민이 자치의 기회를 얻은 때까지는 어떠한 단체도 인정하지 않는다"는 명령에 따라야 했기 때문에, 미군은 선택의 여지가 없이 "과거 이 지역을 지배하던 일본 총독부의 구조와 총독부 소속 한국인을"[1] 이용할 수밖에 없었다고 그는 주장한다.

한국에 대한 미국의 의도와 실제 행동은, 전후 미국의 외교정책이 과거 아시아에서 언제나 그랬듯이 제국주의적 야망에 따라 수행되었다는 점을 인식할 때 비로소 더 잘 이해될 수 있다. 1945~50년에 미국의 야망은 소련의 영향력을 억제하고 미국이 지배하는 안정적인 전세계 자본주의 체제를 형성하기 위해 독일과 일본을 정치적으로 재구성하는 것이었다. 이는 무엇보다도 연합이 필요하거나 유용한 곳에서는 군국주의자·파시스트 들과도 연합세력을 형성하고 좌파가 이끄는 대중운동을 억압하며, 독일의 경우에는 분단을 촉진하는 것과 연결된다. 미국은 같은 이유로 한국에서도 비슷하게 행동했다. 요약하면 한국에서 미국이 벌인 비민주적인 행각은 무지 때문도, 그렇다고 일탈의 결과도 아니다. 결과 또한 의도하지 않은 것이 아니다. 이것은 미국 정책결정자들의 더 광범한 목표와 전략을 반영하는 것이었다.

소련의 영향력 억제하기

미국 정책결정자들은 2차대전이 끝나기 훨씬 전부터 미국이 전세계에서 가장 강력한 세력이 될 것임을 인식했다. 조이스와 가브리엘 콜코 부부가 지적하고 있듯이, 워싱턴은 이 힘을 "미국 기업이 어디에서든지 아무런 제한을 받지 않고 무역을 하고 활동하며 이익을 얻을 수 있도록 세상을 재편하는 데"[2] 이용할 것을 분명히 했다. 그리고 미국 지도자들은 이 목표를 달성하는 데 커다란 잠재적 걸림돌의 하나가 소련이라는 데도 대체로 의견일치를 봤다.

　미국 정부가 소련을 자국의 이권에 대한 위협으로 인식한 것은 오래 전부터다. 미군은 소련의 신생 혁명정부를 전복시키기 위해 파견된 14개국 군대의 일원이었다. 이 시도가 실패하자, 미국 정부는 1933년 루스벨트가 일본의 중국 진출을 막는 데 소련의 도움을 받지 않을 수

없게 될 때까지 고립전략을 썼다. 2차대전의 긴박함은 미국을 소련과
연합하게 만들었지만, 이 연합은 서방 세력과 소련이 각각 자신들이
해방시킨 지역의 지배권을 확보하려고 시도하면서 점차로 긴장관계
에 접어들게 된다. 영국과 미국은 이탈리아를 점령하자 곧바로 소련
과 반파시스트 저항운동을 펼친 이탈리아 국내의 소련 지지세력을 효
과적으로 배제하는 지배구조를 구축했다. 프랑스의 해방도 비슷한 길
을 걸었다. 그리고 소련은 루마니아·불가리아·폴란드에서 동일한
정책을 썼다. 이렇게 해서 1944년 말 무렵에 유럽은 상호 경쟁하는 두
지역으로 나뉘었다. 미국은 이런 사건전개에 만족하지 않았지만, 세
가지 이유 때문에 소련과 연합관계를 유지하는 쪽을 선택했다. 첫째
는 독일과의 전쟁이 끝나지 않았고, 둘째는 미국이 여전히 소련을 일
본과의 전쟁에 끌어들이기를 희망했고, 셋째는 전후(戰後)에 소련은
필시 재정지원이 필요할 것이므로 서유럽은 물론 동유럽에서의 미국
주도권을 결국 보장해 주게 될 것이라고 확신했기 때문이다. 주소련
미국대사 애버럴 해리먼은 "경제적 지원이 동유럽과 발칸반도에서 소
련의 영향권이 확대되는 것을 막는… 가장 효과적인 무기의 하나다"[3]
라고 설명했다. 1945년 2월 얄타회담이 미국·소련·영국 단결의 최
고점이었다. 여기서는 독일을 4개국 지배 아래 두는 것, 독일이 패배
한 뒤 3개월 이내에 일본과의 전쟁에 개입하기로 합의한 소련에 상당
한 배상금을 주는 것을 포함하여 몇 가지 중요한 합의가 이루어졌다.
 하지만 3개국 단결은 회담 뒤 2개월도 채 못 가는 단명으로 끝났
다. 독일이 곧 패배할 것이라는 사실이 분명해지자, 처칠은 안정적인
자본주의 유럽을 건설하는 시도에 소련이 중요한 적이 될 것이라고
루스벨트를 설득하기 시작했다. 하지만 루스벨트는 처칠의 연합파기
요구를 거부했는데, 여전히 소련을 미국이 지배하는 전세계 자본주

의 체제 안에 성공적으로 흡수할 수 있을 거라고 확신하고 있었기 때문이다. 그러나 루스벨트의 이 같은 시각은 미국 정책결정자들 사이에서는 소수의견이었다. 결국 루스벨트가 숨지자 트루먼은 즉시 미국의 정책방향을 틀었다. 미국의 주도세력들은 이 변화를 환영했다. 소련이 동유럽에 대한 정치·경제적 주도권을 미국에 양보할 기미를 보이지 않았기 때문이다. 게다가 서유럽에서는 전쟁에 따른 경제붕괴 때문에 정치적 위기가 일어날 것 같은 징조가 점점 더 강해지고 있었다. 프랑스와 이탈리아 공산당의 정치적 힘을 잘 알고 있던 해리먼은, 공산당들이 어떤 위기도 유리하게 이용할 수 있는 유리한 입지를 확보하고 있다고 경고하면서 그렇기 때문에 미국은 소련과 협력관계를 청산해야 한다고 결론지었다. "우리나라와 영국이 지금 독자적인 노선을 선택하지 않으면 우리가 책임지고 있는 지역의 주민들이 고통을 겪고, 소련이 유럽을 지배할 가능성이 확대될 것이다."[4]

이 독자노선은 1945년 7월 포츠담에서 채택됐다. 처칠에 따르면, 트루먼은 원자탄 실험의 성공 사실을 알게 되자 "전혀 딴사람이 되었다. 그는 러시아인들에게 그들이 들어가고 나와야 할 지점을 말해 주었으며 점차로 전체회의를 주도하게 됐다."[5] 1945년 9월 19일 일본이 항복한 지 한 달 만에, 합동참모본부는 소련을 미국 군사작전의 주요 목표로 삼는 메모를 승인했다.[6] 그리고 1946년 9월에 트루먼의 요구에 따라 특별고문 클라크 클리퍼드는 소련에 대한 포괄적인 대응책을 담은 보고서를 제출했다. 이 보고서에서 클리퍼드는 국무부·전쟁부·해군부·합동참모본부·중앙정보국(CIA) 최고책임자들의 조언을 바탕으로 미국이 "소련의 영향력을 현재 상태에서 묶어둘" 채비를 해야 한다고 권고했다.[7] 미국의 세계 외교정책이 이렇게 반(反)소련으로 방향 선회한 것은 미국의 한국 점령정책의 주요 특징

─1945년 말에 시작된 남한 내 좌익 정치활동 탄압, 1946년 초부터의 소련과의 신탁통치 협상기반 약화 시도, 1947년부터의 한국분단 촉진 등─을 잘 설명해 주고 있다.

세계 자본주의 경제 건설

소련은 미국 정책결정자들이 통합된 세계 자본주의 체제를 구성하려고 할 때 직면한 유일한 걸림돌은 아니었다. 30년대에 미국 경제는 대공황에 빠졌는데, 주된 이유는 수요가 충분하지 않았다는 데 있었다. 부분적으로는 전세계적 공황이 유발하고 주요 유럽 국가들의 경제정책이 악화시킨 수출감소가 수요부족의 원인이었다. 예를 들어 영국이 미국 수출품을 배제하는 파운드화 지역을 형성한 것처럼, 각종 무역 블록과 규제 때문에 미국은 전세계의 절반 정도를 접근하지 못하게 된 것이다. 물론 전쟁이 발생시킨 수요가 점점 실질적인 수출 증가를 촉진했지만, 미국 정책결정자들은 전쟁이 끝나면 수출이 또다시 줄어 미국이 다시 경제침체에 빠질 것을 우려했다.

걱정할 만한 이유는 충분히 있었다. 유럽의 전쟁피해가 워낙 커서, 자본주의 정부들조차 유일한 대안은 기존 무역규제를 유지하는 것이라고 생각했다. 하지만 이와 동시에 이들 정부는 부지불식간에 사회주의 정권이 들어설 수 있다는 점을 걱정하면서, 개방무역 체제를 다시 확립할 수 있도록 미국이 재정지원을 해주기를 기대했다. 그래서 영국과 잇따라 프랑스가 1945년 가을 미국에 사절을 보내 각각 60억 달러, 40억 달러의 차관을 요구했다.

트루먼 행정부는 이 요청을 지지했지만 의회는 열의를 보이지 않았다. 의회의 압력으로 트루먼은 영국에 대해서는 기대에 크게 못 미치는 37억 5천만 달러의 저리 차관을, 그리고 프랑스에는 6억 5천만 달러의 수출입은행 융자를 제공할 수밖에 없었다. 게다가 의회는 영국에 대한 차관제공의 승인을 지연시켰다. 트루먼 행정부가 개방무역 체제에 대한 영국의 지지를 얻어내는 데는 이 차관이 관건이라고 옹호했지만, 지역구의 여론을 대변하는 의회에서는 이에 반대하는 의견이 다수를 이루었다. 그들로서는 미국이 국제문제에 대해 더 많이 개입하고 미국 시장을 개방하는 것 모두에 찬성할 수 없었기 때문이다. 영국 노동당의 철강산업 국유화 결정에 반대하는 일부 의원들은 차관요청에 적대적인 태도를 보이기도 했다. 또 이 차관이 미 · 소 관계에 미칠 영향을 걱정하는 의원들도 있었는데, 이미 트루먼은 소련의 자금지원 요구를 거절해 버린 상태였기 때문이다.

여기서 중요한 점은, 마침내 1946년에 의회의 차관제공 승인을 얻어낸 논리가 다름아니라 트루먼 행정부의 절망적인 논조, 즉 영국의 약화는 서유럽에 대한 소련의 영향력 확대의 계기가 될 것이라는 논리였다는 것이다. 소련과 경제적으로 폐쇄된 유럽이라는 두 세력이 미국의 목표에 대한 전혀 다른 성격의 위협을 대표하는 것이었음에도 불구하고, 소련을 몹시 증오한 트루먼은 이질적인 두 세력을 상호 결합되어 있는 위협으로 치부하는 데 전혀 반대하지 않았다. 둘을 연관지음으로써 두 진영과 관련된 미국의 전세계적인 이익을 증진할 수 있게 될 때 특히 더 그랬다. 이 주장이 먹혀드는 여건을 조성하기 위한 도구가 된 것은 처칠의 저 유명한 1946년 3월의 '철의 장막' 연설이었다. 이 연설에서 처칠은 소련에 대항하는 영 · 미연합을 호소했다. 트루먼은 이 연설을 미리 예견했고, 처칠이 연설하고 있을 때는 이미 출발점에 서 있었다.

소련의 위협을 강조하고 소련에 대한 불신을 부추김으로써 외교정책의 이익을 얻을 수 있다고 인식한 트루먼은 1947년 3월 12일 연설에서 '트루먼 독트린'을 제시했다. 트루먼은 소련이 전세계 인류를 노예로 만들려고 한다고 비난하고는 "미국의 정책은 무장한 소수 또는 외부압력의 전복시도에 저항하는 국민들의 해방을 지지하는 것이 되어야 한다"고 주장했다. 그리고 그리스(2억 5천만 달러의 군사 및 경제 원조)와 터키(1억 5천만 달러의 군사원조)를 지원할 것을 강조하는 것도 잊지 않았다. 그리스와 터키에서 벌어지고 있는 소련의 전복시도에 대한 긴급한 대응 차원에서 이 지원은 이루어져야 하며, 또 이들 나라의 주민들이 "공산주의의 위협"에 맞서 자신들을 지키려는 노력에 대해 영국이 더 이상 재정적으로 지원할 수 없기 때문에 이 지원은 꼭 필요한 것이라고 주장했다.[8]

그러나 실제로 그리스에서 벌어진 전투는 좌파가 이끄는 레지스탕스 운동세력과 이를 진압하려는 우익 군주 간의 내전으로, 소련은 여기에 개입하지 않았다. 또 터키에는 소련군이 주둔하지도 않았거니와 소련의 위협 또한 없었다. 그리스와 터키 정부는 둘 다 부패하고 비민주적이었다. 거슬러 올라가면 1946년 중반에 이미 미국은, 영국이 지중해에서 세력을 축소할 수밖에 없으므로 이런 영국을 대신해 미국이 이 지역 지배세력으로 자리잡을 대비를 해야 한다는 점을 인식하고 있었던 것이다.[9]

트루먼 독트린은 그리스와 터키에서 근거지를 확보하고 영향력을 확대하기 위한 시도를 위장하는 도구 이상이었다. 이것은 소련과 정면대결을 하지 않고 자본주의 세계질서를 형성하려고 시도한 루스벨트의 과거 정책에 대한 대중적인 반대를 예고하는 것이었다. 좀더 명확히 하면, 트루먼 독트린은 미국 정부의 반(反)소 십자군전쟁의 시작은 아니었다. 이 점에 대해 커밍스는 다음과 같이 지적하고 있다.

1947년 초에 이루어진 안보계획 상당수는 과거 결정의 승인인 동시에 공개적인 발표였다. 1947년 4월에 트루먼은 사람들이 트루먼 독트린으로 인해 급작스럽게 소련과 대결로 치닫게 되었다고 생각하는 것 같다고 말하면서 이 결정을 언급했지만, 사실 이 결정은 트루먼이 1945년 4월 몰로토프와 회담한 뒤부터 계속 발전시켜 온 것이었다.[10]

여기서 말하고자 하는 것은, 트루먼 독트린이 미국 외교정책의 중요한 새 국면을 여는 것이었다는 사실이다. 바야흐로 미국은 공산주의에 대항한 전세계적 십자군전쟁에서 유럽과 아시아 각국이 미국의 지휘 아래서 순종하도록 만들겠다는 의지를 선언한 것이었다. 이 과정은 대규모 지원계획, 곧 마셜플랜의 후원을 얻어 미국이 주도하는 개방 자본주의 체제를 달성하는 방향으로 나아갔다.

1947년 5월 8일 국무차관 딘 애치슨은 소련의 팽창주의에 대한 방호벽으로서 독일과 일본의 경제를 재건해야 한다는 내용의 연설을 했는데, 이 연설에서 서유럽 국가들이 소련이 지원하는 공산주의의 위험에 대항할 수 있도록 경제지원하는 계획에 대해 지지를 표명했다. 그리고 6월 5일 국무장관 마셜은 하버드 대학에서 "미국은 전세계에서 정상적인 경제적 건강을 회복하는 데 지원을 아끼지 말아야 한다"고 공언하면서, 그렇지만 "현재 상황에서 무엇이 필요한지 유럽 국가들간의 합의가 선행되어야 한다"고 덧붙였다. 마셜의 이 연설은 영국이 16개국으로 구성된 유럽경제협력위원회(CEEC)를 조직하는 시나리오를 부추겼으며, CEEC는 1947년 여름 내내 프랑스에서 회의를 열었고 9월에는 미국에 200억 달러의 원조를 요청하는 안을 제출했다.

미국의 헤게모니를 공고히 하기 위한 목표를 달성하기 위해 주도면밀하게 고안된 것이 바로 마셜플랜이었다. 마셜플랜은 유럽 국가들로 하여금 미국과 소련 중에서 한쪽을 택할 것을 강요함으로써 이 목표를 실현시켰다. 마셜플랜의 지원을 받으려면, 이에 참여하는 나라들은 자국의 정책을 조정하는 데 동의해야 할 뿐 아니라 특정 정책의 성격에 대해서는 미국과 양자간 합의를 거쳐야 했다. 미국이 재정적 안정과 사기업, 개방무역 체제를 주장했기 때문에, 소련은 비록 전쟁기간중에 미국의 우방이었고 나치의 침공으로 엄청난 물질적 손실을 입었다 하더라도 이 지원조건에 동의할 수 없을 것이라고 생각했다. 소련 대표는 파리에서 열린 계획수립회의가 시작된 지 얼마 안 되어 회의장을 나왔다. 곧 이어 소련은 동유럽 국가들에 이에 대항하는 무역체제에 참여하도록 압력을 넣기 시작했다.

트루먼은 의회에서 마셜플랜을 가결시키기 위해 이 계획이 소련의 팽창주의에 유럽 국가들이 대항하도록 돕는 데 꼭 필요하다고 주장했다. 또 트루먼은 소련에 대한 불신과 증오를 부추기기에 적당한 분위기를 조성하기 위해 미국 내에서 빨갱이 공포를 조장했다. 예를 들어 트루먼 독트린에 관한 연설이 있고 9일 뒤에 트루먼은 연방공무원 충성 프로그램 시행령에 서명했다. 기존의 모든 정부공무원들의 '충성심'을 점검하고 향후 '불순분자'의 고용을 예방한다는 취지하에 만들어진 이 계획은 정부 내의 공산주의 정치에 연루되어 있거나 동조하는 사람을 숙청하는 것이 목표였다. 트루먼은 법무부와 연방수사국에 하원의 악명 높은 반미활동조사위원회의 조사에 협력하라고 지시했다. 빨갱이 공포가, 공세적인 대외정책 지지를 얻기 위해서만이 아니라 자본주의 비판세력, 특히 노동운동 세력을 쉽게 침묵시킬 수 있는 분위기를 조성하기 위해서도 이용됐다는 점은 반드시 지적되어야 할 것이다.

트루먼이 이렇게 노력했지만, 의회는 처음에 마셜플랜의 통과를 꺼렸다. 많은 의원들이, 이 지원계획이 외국에서의 미국 상품 소비를 늘려 인플레이션을 유발하거나 미국을 새로운 유럽전쟁에 개입하게 만들 것이라고 우려했다. 정부의 캠페인이 전환점을 맞은 것은 1948년 2월이었다. 트루먼은 소련이 체코슬로바키아에서 공산주의자들을 조직해 권력장악을 시도했다고 주장했지만, 사실 쿠데타는 일어나지도 않았다. 당시 체코슬로바키아에서는 일부 보수적인 장관들이 헌정위기를 조장하기 위해 공산당 주도의 연립정부에서 사임을 발표했을 뿐이었다. 결국 이들은 목적을 이루지 못했다. 이들의 사임은 받아들여졌고, 좌파에 더 동조하는 인물들로 대체되었다.

그럼에도 트루먼은 이 상황변화를 유럽의 평화를 위협하는 새로운 조짐이라고 표현했다. 1948년 3월의 의회연설에서 트루먼은 유럽의 자기방어를 지원하기 위한 마셜플랜의 승인과 미국 내 군사훈련 보편화 법안의 통과를 요구했다. 이어 행정부의 다른 관리들도 비슷한 연설을 했다. 언론인 월터 리프먼은 이 캠페인이 미국에 끼친 영향을 두고 이렇게 쓰고 있다. "대통령의 메시지와 각종 연설·증언 그리고 마셜 장관과 로열 장관, 설리번 장관, 시밍턴 장관의 기자회견은 이 나라를 전쟁을 위한… 준비태세로 몰아넣었다."[11]

3월 말에 마셜플랜이 통과되었다. 이 계획의 가장 중요한 목표의 하나인, 서유럽 국가를 미국에 더욱 밀접하게 묶는 시도는 성공했지만, 서유럽 국가들로 하여금 미국이 바라는 개방무역 체제를 수용할 경제적 필수조건을 조성하게 한다는 목표는 실패했다. 후자의 목표가 실패한 데는, 트루먼 정부가 요구한 자금을 의회가 승인하지 않고 삭감한 것도 하나의 원인이 되었다. 그리고 의회의 관세인하 거부와 더불어 미국의 경제침체로 유럽이 무역과 달러부족 문제를 해결할 수 없었던 것도 실패의 원인이었다.

1949년이 되자, 트루먼 정부는 유럽에서 미국의 무역목표를 달성하려면 추가적인 대규모 지원계획이 필수적이라는 점을 명확히 인식했다. 국무장관 딘 애치슨과 정책수립 책임자 폴 니치는 국내외의 군사비 지출 확대를 바탕으로 미국 경제문제를 해결하는 새로운 전략을 논의하기 시작했다. 그들은 군사비 지출을 늘리면 국내의 수요를 촉진할 수 있고 이에 따라 미국의 지속적인 성장을 뒷받침해 주었던 대유럽 수출에 상대적으로 덜 의존하게 될 것이라고 보았다. 그리고 해외에 대한 군사지원은 미국 우방이 안정적이고 실질적으로 달러를 공급받을 수 있게 하고, 이를 통해 우방국이 미국의 수출품에 대한 자국시장 개방에 자신감을 갖게 될 것이라고 생각했다.

1949년 중국공산당이 내전에서 승리하고 소련이 원자탄 실험을 실시한 것에 대한 대응 차원에서 트루먼이 국가안전보장회의에 미국의 군사 및 정치 목표를 전면 재검토하도록 지시했을 때, 이 전략은 공식적으로 채택되었다. 재검토는 1950년 1월부터 3월까지 이루어졌고, 그 결과는 NSC-68로 알려진 문서로 나타났다. 이 문서에서는 방위비의 대폭 증액을 요구했으며, "소련 세력의 추가적인 확장을 막고… 크렘린의 지배와 영향력 축소를 유도해 소비에트 체제 안에 자멸의 씨앗을 키움으로써 적어도 크렘린이 자신들의 행동을 수정하도록 만들기 위해" 서유럽 재무장을 지원하는 것도 포함되어 있었다.[12] 국방부는 이 정책을 시행하기 위해서는 군사비 지출을 당시의 135억 달러에서 180억 달러로 늘려야 한다는 계산을 내놓았고, 국무부가 내놓은 수치는 훨씬 더 높은 350억~500억 달러 선이었다. 국무부의 수치가 더 높은 이유는 간단했다. 국무부는 군사비 지출을 안보문제 차원에서만 본 것이 아니라 경제문제의 해결 차원에서도 보았던 것이다. NSC-68은 국무부의 견해를 받아들였다. 또다시 트루먼 행정부는 새로운 정책수행을 위해 의회의 지지를 받아야 하는 악몽 같은 과제에 직면했다. 지출 확대를 옹호하기 위해 소련의 위협을 들먹이는 과거의 시도는 성공했지만, 이 작전이 여전히 유효할 것인가 하는 우려가 행정부 안에 적지 않았다. 행정부는 이것이 먹히려면 새로운 위기가 필요하다는 것을 알았고, 그 위기를 한국에서 찾았다.

1950년 6월 25일에 발발한 한국전쟁은 미국 정부가 미군의 국내외 군사비 지출을 크게 늘리는 계획을 성공적으로 추진할 수 있게 해주었다. 조이스와 가브리엘 콜코는 이렇게 설명한다. "한국에서 위기가 터지지 않았다면, 이에 맞먹는 위기를 만들어내거나 아니면 미국의 손아귀에서 빠져나가는 세계 속에서 미국의 이익을 다시 주장하려는 백악관의 시도가 실패하는 것을 감수해야만 했을 것이다."[13] 이런 관점에서 보면, 소련에 모든 책임을 떠넘길 만한 위기를 필사적으로 찾고 있던 트루먼이 사실상 한국의 내전인 전쟁에 개입할 기회를 덥석 받아들인 이유를 쉽게 이해할 수 있다.

이 개입은 트루먼 정부가 마셜플랜을 상호안보 정책으로 개편할 수 있게 해주었다. 의회는 즉각 북대서양조약기구(NATO) 가입국가에 50억 달러 이상을 지원하는 것을 승인해 주었을 뿐 아니라, 해외 미군기지 건설을 위한 대규모 군사비 증액을 지지했다. 그리고 유럽은 한국전쟁 덕분에 달러위기를 해결했다. 특히 한국전쟁은 전후(戰後) 미국의 핵심 우방인 서독과 일본의 경제회복을 촉진하는 데 크게 이바지했다. 여기에 그치지 않고 한국전쟁은 군사비 지출을 국내 경제성장의 원동력으로 합법화하는 것도 도왔다. 따라서 대체로 미국의 대한정책의 큰 틀은 미국의 전체적인 외교정책상 이해관계에 따라 만들어졌을 뿐 아니라, 한반도 사태추이는 미국의 외교정책상 이해를 실현하는 데 소중한 기여를 했다. 미국의 한국 내 활동이 한국 내 사건에 국한한 대응이라기보다 미국의 전반적인 외교정책의 반영이라는 것을 정확히 이해하려면, 미국이 독일과 일본에서 어떻게 움직였는지를 살펴보아야 한다. 우리가 앞으로 검토하겠지만, 미국이 한국에서 한 행위, 곧 반동적인 세력 및 협력자들과 연합해 대중적 운동을 억압하고 심지어는 분단을 조장한 것은 (한국에만 국한된 것이 아니라) 다른 곳에서도 똑같이 반복된 행위였다.

독일 재구축

전후 독일의 미래에 대한 주요 정책의 최초 합의는 1944년 9월 런던 의정서를 통해 이루어졌다. 미국·소련·영국은 전후 독일을 하나의 국가로 유지하되 행정상의 목적에 따라 세 지역으로 분할하겠다고 선언한 것이다. 이 결정은 나중에 프랑스가 관장하는 지역을 포함한 네 지역으로 바뀌었으며, 또 수도 베를린은 특별지역으로 지정해 공동으로 관리하기로 했다. 그후 1945년 7월의 포츠담회담에서는 독일의 국경선을 약간 변경하고 통일독일의 4개국 지배 원칙을 재확인했다. 한국에 대해서와 마찬가지로, '강대국들'은 독일을 분할하지 않고 지역에 따라 행정을 '나누기로' 결정한 것이다.

이에 앞서 얄타회담에서 루스벨트는 독일로부터 배상금을 받아야 한다는 소련의 주장을 지지했다. 별도의 위원회가 정확한 배상금을 결정하기로 되어 있었지만 루스벨트는 100억 달러라는 수치를 공개적으로 승인했으며, 여기에 더해 독일 산업생산 능력의 2/3 이상을 차지하는 서방 국가 관리지역에서 배상금을 확보하는 데도 합의했다. 루스벨트는 독일을 희생해 소련을 재건하는 데 기꺼이 동의했는데, 미국과 소련의 강력한 연합세력 구축이 미래 유럽평화를 보장하는 최선책이라고 믿었기 때문이다.

　그러나 트루먼은 미국과 소련의 화합에 힘을 쏟은 루스벨트의 생각에 동의하지 않았고 루스벨트의 배상금 방침도 받아들이지 않았다. 소련이 미국 주도의 국제 자본주의 체제에서 부차적인 지위에 머물려고 하지 않을 것이라고 확신한 트루먼은 소련의 이익을 위해 독일을 약화시킬 이유가 없다고 판단했다. 그래서 소련에 일체의 배상금을 주지 않는 것을 최종 목표로 하는 방향으로 배상금 정책을 다시 수립하기 시작했다.

　처음에 트루먼은 배상금을 독일 전역에서 확보할 것이라고 선언했는데, 이것은 독일의 전후 국경을 확정하는 정식 평화조약 서명이 이루어질 때까지는 일체의 배상금 지급이 없을 것임을 뜻하는 것이었다. 그리고 실제 배상금 지급은 '부담 우선 원칙'에 따르기로 했는데, 이 원칙에 따르면 독일 생산의 최우선 순위는 독일의 수입품 대금을 지급하는 것이었다. 결국 독일 경제가 자립하게 된 뒤에야 배상금은 지급된다는 뜻이었다.

　그러나 트루먼은 포츠담에서 미국 정부의 태도를 다시 바꿨다. 그는 소련에 대한 배상금을 달러화로 고정하지 않고 일정한 경제활동 수준을 기준으로 하되, 일정한 산업생산 잉여가 발생하면 그 잉여의 일정 비율을 배상금으로 하자고 주장했다. 소련은 이에 강하게 반대했지만, 돈이 절실히 필요했던 터라 마침내 스탈린은 미국이 제안한 타협안에 합의했다. 타협안은 각국이 각자가 통제하는 지역에서 원하는 만큼 배상금을 확보하는 것이었다. 여기서 소련은 자국 지역의 식량이나 석탄을 서방 지역의 산업 잉여의 15%에 해당하는 공업 설비나 제품으로 교환할 권리를 확보했으며, 추가로 잉여의 10%도 보장받았다. 미국도 독일의 자급에 필요한 생산수준과 그에 따른 배상금으로 주어질 잉여의 규모를 결정하는 최종시한을 1946년 2월 2일로 정하는 데 합의했다.

그러나 포츠담회담 이후 두 달도 채 안 되어 트루먼은 미국 정부의 방침을 또 바꿨다. 이제는 소련에 대한 배상금이 서방이 지배하는 지역의 잉여에 따라 정해지는 것이 아니라 소련이 지배하는 지역을 포함한 독일 전역의 잉여에 따라 결정되어야 한다고 주장한 것이다. 다시 말해, 서방이 지배하는 지역에서 생산된 잉여분에 대한 소련의 요구를, 소련이 관장하는 지역에서 소련이 가져간 배상금 수준으로 낮추자는 것이었다. 이런 새로운 방침을 밀어붙이기 위해 9월에 미국은 소련 지배 지역 내 소련의 활동을 감시하기 위해 미국이 이 지역에 접근할 수 있어야 한다고 선언하면서, 만약 소련이 이 제안을 거부하면 서방 쪽 지역의 잉여분을 결정하는 과정에 소련이 참여하는 것도 거부당할 것이라고 했다. 소련은 결국 이 요구를 받아들였지만, 소련에 대한 배상금은 서방 쪽 지역에서 나와야 한다는 포츠담합의는 유지되어야 한다는 주장을 굽히지는 않았다.

미국의 강경한 태도는 소련에 대한 적대감뿐만 아니라, 독일이 다시 활력을 찾게 되면 유럽 내 미국의 이익 증진에 중요한 역할을 하리라는 것을 미국이 새롭게 인식했음을 나타내는 것이었다. 이 새로운 평가는 미국이 지배하는 지역의 정치활동에 대한 통제권을 강화하겠다는 미국의 의지를 더욱 굳히게 했다. 전쟁이 끝나자 독일 노동자들은 자발적으로 공장을 관리할 노동자위원회를 구성했으나, 한국에서처럼 미국은 노동자들의 활동이 자국의 이익에 위협이 된다고 판단했다. 그래서 미국이 취한 첫번째 조처는 노동자위원회를 금지시키는 것이었다. 이 금지령은 1946년 4월 자주적인 노동자운동이 완전히 진압된 뒤에 폐지되었지만, 노동자의 조직화와 협상권에 관한 몇 가지 제한은 여전히 남아 있었다. 독일의 노동자운동은 한국처럼 잘 조직되어 있지도 않았으며, 그렇다고 좀더 포괄적인 정치적 운동과 연결되어 있었던 것도 아니었다. 따라서 그만큼 더 쉽게 와해되었다.

한국에서와 마찬가지로 또다시 독일에서도 점령군은 미국의 이익을 대변할 정치적 목소리를 확보하기 위해 지역의 정치적 보수주의자들과 유대관계를 맺는 데 치중했다. 기독교민주연합이 미국이 선택한 정당이었다. 미 국무부는 기민련을 "중산층" 성향이며 "자유주의적 개혁을 통해 약간 순화된 현재의 사회질서를 유지하는 데 깊은 관심을 보인다"고 표현했다.[14] 1945년 가을에 미군정은 자신의 세력 내 3개 주를 기민련이 지배하고 있는 각료회의로 통합하고, 이 회의가 엄격한 감독 아래 여러 가지 행정을 조정하도록 했다.

기민련의 초기 지도자 가운데 콘라트 아데나워가 있었다. 그는 반(反)나치 경력이 입증되는 몇 안 되는 독일 우익정치인이었다. 이미 1945년 말부터 아데나워는 독일의 앞날에 분단이 놓여 있고 서독은 서유럽 국가연합 세력에 통합될 것이라는 의미심장한 말을 하고 다녔다. 이런 몇 가지 명백한 이유로 미국은 나중에 서독의 첫 총리가 된 아데나워를 강력하게 지지했다.

안정되고 반응을 잘하는 정치환경을 구축하고자 했던 미국은 스스로 밝힌 가장 중요한 일의 하나인 나치 청산을 포기했다. 전쟁이 끝나자 미국은 몇몇 핵심 나치 지도자들을 체포했으며, 또 전범으로 의심되는 사람들은 과거의 정치활동에 대한 심문을 거치도록 했다. 이 결과, 상류층과 중산층이 대부분인 약 30만 명이 공직의 취임이 금지되었다. 기민련은 이에 강하게 반대했고, 나치 청산작업이 좌파에게 이 지역의 주도권을 넘겨주는 계기가 되는 것을 걱정한 미 점령군은 곧 전략을 수정했다. 1946년 3월부터 미국은 기민련이 지배하는 각료회의에 전범처리 권한을 넘겨주었으며, 고위층을 제외한 대부분의 나치가 명예를 회복했다. 미국의 정책결정자들은 독일의 카르텔 해체에 대한 초기의 열성도 버렸다. 점령군은 처음에 모든 거대 카르텔의 분할을 명령했지만, 소련과 독일에 대한 미국의 정책을 재검토하면서 카르텔 분할 촉진책을 거의 취하지 않았다. 1947년이 되어서야 미군정은 독일 산업분할을 규정하는 법률을 만들었고 이 법마저도 곧 폐기했다.

소련의 초기 독일 점령정책은 미군정의 정책과 뚜렷하게 대비된다. 소련은 처음에 독일 산업을 약화시켜 전쟁 가능성을 줄이고 소련 배상금을 가능한 한 늘리려고 했다. 그래서 소련은 곧바로 자원을 분해해서 소련으로 실어나르기 시작했다. 하지만 배상금 확보를 지나치게 서두르는 것이 동부독일에 경제적 어려움과 불안정을 불러올 뿐 아니라 심각한 자원낭비까지 유발하는 것이 분명해지자, 소련은 이 작업을 중단했다. 소련이 지배하는 지역의 사령관은 자원 수송속도를 늦추고 일련의 정치·경제 개혁을 실시할 것을 명령했다. 1945년에 도입된 조처에는 대규모 사유지를 분할하는 대폭적인 토지개혁과 교육기회를 확대하고 교과과정을 재편하는 교육개혁, 새로 국유화한 기업을 노동자평의회가 운영하도록 하는 노동개혁이 들어 있었다. 물론 소련이 자신들의 통제권을 넘어서는 정치적 발전을 결코 허용하지 않았지만, 미군정보다는 더 유연했으며 현지민들이 바라는 변화를 훨씬 더 수용할 수 있었다. 그리하여 동독의 경제적·사회적 조건은 월등히 개선되었으며 소련은 3년 동안 약 10억 달러의 배상금을 확보할 수 있었다. 이 배상금 대부분은 생산을 통해 확보된 것이었다.

미국 관리들은 소련이 지배하는 지역의 이런 변화가 끼칠 정치적 효과를 우려했다. 한 미국 관리에 따르면, 11월에 "동독의 도시지역이 사회적 혁명을 겪게 될 것"이 분명해졌다. 또 "아마 지금까지 가장 중요한 변화는 심리적인 변화일 것이다. 소련 군정이 지지하는 급진적 노동자들이… 경제적 권력수단을 확보하고" 있었다.[16] 독일인들의 가슴과 정신을 놓고 다투는 이데올로기 전쟁에서 지고 있다는 것을 인식한 미국은, 각국의 관할지역을 뛰어넘은 정당과 노조의 조직을 허용하자는 소련의 제안에 반대했다.

마침내 미국은, 통일독일이 미국 외교정책의 이해에 적대적이지 않더라도 최소한 중립적으로 나아갈 수 있다는 것을 우려하여 분단정책을 택하기로 했다. 이를 위한 첫번째 움직임은 1946년 5월 파리 외무장관 회의에서 나타났다. 이 회의에서 미국 대표는 소련이 독일 지배를 위한 공통 경제정책 수립에 동의하기 전에는 배상금이 지급되지 않을 것이라고 선언했다. 이것은 중요한 요구였다. 만약 소련이 이 제안에 동의하면, 미국은 동부지역의 토지개혁을 뒤집고 국유화를 취소시키며 노동자평의회를 없앨 힘을 얻게 되는 것이었다. 합의가 이루어지면, 미국은 소련이 지배하는 지역의 식량과 석탄 자원에 손을 뻗칠 수 있기 때문에 소련에 대가를 지급하지 않고도 서독의 산업부흥을 지원하는 것도 가능해질 것이었다. 그리고 소련은, 요구를 거부하면 미국이 영국과 프랑스에 3국 관할지역 경제를 통합하자는 제안을 할 것이라는 말도 들었다. 이는 과거의 모든 합의를 부인하고 분단으로 향하는 중요한 행보임을 뜻했다.

예상대로 소련은 이 요구를 거절했고 미국 정부는 협박했던 대로 일을 진행시켰다. 1947년 7월, 미국은 정식으로 영국과 프랑스에 각국 관할지역 경제를 합치자고 제의했다. 1946년 12월에 영국은 이에 동의했고, 독일이 살아나는 것이 함축하는 의미를 영국보다 훨씬 예민하게 느끼는 프랑스는 이 제안을 무시했다. 미국 정부는 영국이 동의한 여세를 몰아 소련에 새로운 최후통첩을 했다. 미국의 원래 요구를 1947년 3월의 외무장관 회의 때까지 수용하지 않으면, 미국과 영국이 관할하는 지역에 새로운 화폐를 도입할 것이라는 내용이었다. 이 최후통첩은 무엇보다도 대외관계를 의식한 것이었다. 미국은 이미 독일분단을 결심했으며, 이 결정을 뒤바꾸기 위해 소련이 할 수 있는 일은 없었다. 이 점은 회의가 시작된 지 며칠 만에 트루먼 독트린 선언이 공산주의에 낙인을 찍고 소련을 세계 자유의 최대 위협이라고 주장함으로써 분명해졌다.

여전히 배상금과 독일의 산업부흥 억제를 필사적으로 원하던 소련은 트루먼의 연설을 무시한 채, 미국에 마지막 타협안을 제시했다. 즉 독일 경제통합을 받아들이되, 독일 내 모든 정당과 노조가 참여하는 공동의 정치구조를 요구했다. 그러나 미국은 이 타협안을 거부했다. 외무장관 회의가 끝난 직후 미국과 영국 정부는 두 나라 관할지역에 아데나워와 기민련이 지배하는 새로운 정치구조를 구성하기로 합의했다.

마침내 프랑스도 1948년 2월에 통합서독을 구성하기 위해 미국 · 영국에 합류했으며, 같은 달 말에 미국은 서유럽 국가들이 통합서독을 승인하도록 만들었다. 이렇게 해서 미군정을 대표로 하는 통합서독은 마셜플랜의 위임을 받은 CEEC의 일원이 되었다. 사실 미국은 단일국가로서는 최대의 자금을 서독에 배정했다. 이를 통해 미국은 서독을 재건하여 미국이 지배하는 국제경제 체제에 유럽 국가들을 끌어들이는 도구로 활용하겠다는 의지를 분명히 했다.

미국의 의도를 알아챈 소련은, 미국이 독일과 관련된 과거의 합의

사항을 계속 위반하면 소련도 이 합의를, 특히 베를린에 대한 서방의 통행 보장을 존중할 생각이 없다는 뜻을 밝혔다. 그러나 미국은 이 경고를 무시하고 광범한 통화개혁의 하나로 새로운 화폐를 도입하는 계획을 밀어붙였다. 이 개혁은 애초 1948년 6월 1일로 예정되어 있었기 때문에, 5월 30일 소련은 베를린으로 들어오는 서방 군대의 열차를 수색했다. 그러나 기술적인 이유로 새 화폐 도입이 약간 지연되어 6월 18일에 마침내 미국은 라이히스마르크를 새 화폐인 도이체마르크로 바꾸었다. 소련은 자국 관할지역과 서베를린에서 새 화폐의 유통을 금지하는 것으로 대응했으며, 그 다음 주에는 베를린에 대한 육상통행도 금지시켰다.

사건전개에 불만을 가졌던 소련은 미국에 회의를 개최해 독일의 미래를 논의할 것을 요구했다. 미국도 통행금지를 풀면 베를린 상황에 대해 논의할 수 있다고 동의했다. 그러나 소련은 분단독일 문제를 국제연합 안전보장이사회에 상정하려고 했지만 미국의 반대로 무산되었다. 소련은 꽁꽁 묶이고 말았음을 깨달았다. 소련은 독일분단을 원하지 않았지만, 베를린 봉쇄와 이에 대응한 미국의 동독 맞봉쇄는 그들이 피하고 싶어한 분단을 실질적으로 촉진했다.

한편으로 미국은 독일의 상황이 편리했다. 이 상황은 서독 정치·경제를 재편할 수 있는 기회를 제공했기 때문이다. 1948년 11월 미군정은 75호법령을 발효하고, 이 법에 따라 루르 지역 모든 산업의 관리를 일부 독일 기업가들 ─ 이들이 바로 나치 정권 때 산업계를 장악했던 인물들이다 ─ 에게 넘겼다(한국에서도 마찬가지로 미군정은 노동대중들로부터 기업을 빼앗아 남한 정부에 넘겨주었으며, 남한 정부는 미국의 권고에 따라 이 가운데 상당수를 과거 친일파에게 불하했다).

1949년 2월부터 아데나워가 이끄는 독일의회는 독자적인 서독의 헌법이 될 기본법을 검토하기 시작했다. 이에 놀란 소련은 미국이 독일분단 기도를 중단하고 독일의 미래를 논의할 외무장관 회담 개최에 합의하면 봉쇄를 풀겠다고 밝혔다. 미국이 이 제안을 거절하자, 소련은 선택의 여지가 없이 5월 4일 무조건적인 봉쇄철회를 선언했다. 미국은 이에 대응해 5월 23일 외무장관 회담에 참석하는 데 동의했다.

미국은 회담이 열리기 전까지는 독일분단과 관련한 일체의 조처를 취하지 않겠다고 비공식적으로 보장해 놓고도, 독일의회에다가는 일정을 그대로 밀고 나가라고 권고했으며 독일의회는 그 말을 따랐다. 5월 8일 독일의회는 기본법을 승인했고 이어서 다른 주정부들도 법을 승인했다. 외무장관 회담이 열렸을 때는 이미 신생 서독 정부의 헌법이 통과되어 있었다. 독일분단을 중단시키기에는 상황이 너무 많이 진척되어 있었던 것이다. 마침내 1949년 9월 24일, 독일연방공화국(서독)이 공식 출범했다. 이에 맞서 독일민주공화국(동독)이 1949년 10월 7일에 세워졌다.

이 간략한 역사는 미국 정책결정자들이 미국 외교정책의 이해를 신장시키기 위해 대중적인 민주화운동을 무너뜨리고 파시스트와 그 지지자들과 손잡고서 독일을 분단시키려 했다는 것을 잘 보여준다. 미국이 한국에서도 비슷한 길을 추구했다는 것은 놀랄 일도 아니다. 미국의 대일본 정책을 살펴보면, 미국 외교정책은 제국주의적 야심에 따라 인도되었으며 한국에서의 미국의 이해관계와 정책을 결정한 것은 민주적 혹은 인도주의적 측면이라기보다 이 야심이었다는 것을 뒷받침할 만한 증거를 더 찾아낼 수 있을 것이다.

일본 재건

미국은 소련의 직접적인 개입 없이 일본을 물리쳤다. 그래서 독일이나 한국 상황과 달리, 미국은 아무런 도전도 받지 않고 전후 일본을 지배할 지위를 확보할 수 있었다. 트루먼은 연합군 최고사령관 맥아더 장군에게 일본을 맡겼다. 미국 정부가 외부의 도전 없이 일본을 지배한 것의 가장 두드러진 결과는, 맥아더가 자신의 정책에 대한 일본 내부의 반대에 직면했을 때 일본분단이라는 수단에 의지할 필요가 없었다는 사실이다.

또 한 가지 중요한 측면에서 일본의 상황은 독일·한국과 달랐다. 일본의 정치·경제 지도자들은 자신들의 권력을 거의 훼손당하지 않고 전쟁에서 살아남았으며, 전쟁 전의 자본주의 정치경제를 최대한 유지하고자 했다. 이 점이, 과거의 정치·경제 분야 지도층이 불신당하고 혁명가들이 새 정부 건설을 시도한 한국과 다른 점이었다. 정부가 전쟁에서 패배하여 붕괴됨으로써 되살아난 좌파가 소련의 지지를 받아 정치적 진공상태를 메우려고 시도한 독일과도 달랐다. 이와 같이 일본 정부가 미국의 이해에 근본적인 위협을 가하지 않았기 때문에, 맥아더는 일왕과 내각·관료를 포함한 기존의 권력구조를 통해 통치하는 것에 아주 만족해했으며 미국 정부 역시 일본에 군사정부를 세울 이유가 없었다.

그러나 2차대전 당시 미국의 연합국들은 여기에 찬성하지 않았다. 특히 영국과 소련은 일본을 일종의 집단적 통치 및 점령 형태 아래 두어야 한다는 생각이 강했다. 연합국들간의 이 같은 긴장을 완화시키기 위해, 1945년 12월 미국은 두 개의 자문기구를 설치하여 연합국들이 연합군 최고사령관의 정책에 자신들의 의사를 반영할 수 있게 하는 데 동의했다. 하나는 11명이 참여하는 워싱턴 소재 극동위원회이고, 또 하나는 4명(미국·영국·소련·중국 대표)으로 구성된 도쿄 소재 연합군 일본자문위원회였다. 그러나 미국은 이 두 기구에 실질적인 권한을 줄 생각이 전혀 없었다. 연합군 총사령관이 일본 지배 및 전후 정치노선에 대한 기본 틀을 확립하고도 한참 지난 1946년 4월 3일에야 자문위원회 회의가 처음 열린 것이 그 실례이다.

처음에 미국은 일본의 민주화·재벌해체·탈군사화에 힘쓸 것을 선언했다. 소련이 일본 내정에 개입할 위험이 없었고 (적어도 점령 초기에는) 아시아에서 미국의 주도권을 확고히 하는 데는 일본보다 중국이 관건이라고 판단했기 때문에, 미국의 초기 정책은 상당히 급진적이고 광범위했다. 그러나 문제는, 독일에서와 마찬가지로 처음에 선언한 이 원칙들이 미국의 이해관계에 불리한 결과를 낳게 된다는 것이 분명해지자 미국이 이 원칙들을 지키려 하지 않았다는 데 있다.

1945년 10월 초, 연합군 총사령관은 일본판 권리장전이라는 것을 발효시켰다. 이것은 "시민의 자유와 노조의 권리를 침해하는 모든 법을 폐지하고 모든 정치범을 석방하며 비밀경찰을 해산시켰다."[17] 총사령관이 이런 조처를 취한 것은, 자유화가 사회안정을 촉진할 것이라고 판단했기 때문이다. 하지만 상황은 의도한 대로 되어가지 않았다. 총사령관이 놀라고 당황스럽게도 일본 노동대중은 새로이 얻은 자유를 이용하여 기업의 권력에 도전하기 시작했던 것이다.

전쟁이 끝나기 전에 일본 정부는 이미 재화와 산업 보급품뿐 아니라 거액의 돈까지 대기업으로 이전해 놓은 상태였다. 전쟁이 끝나고 미래가 불확실해진 이들 기업은 이렇게 해서 불어난 자산을 암시장에 높은 가격으로 내다 팔아 수익을 얻는 데 만족했다. 또 기업들은 이로 인해 경제위기가 발생해도 결국은 통치당국이 자신들에게 투자하고 생산장려책을 내놓을 것이라고 생각했다. 하지만 실질임금이 추락하면서 노동자들은 상황을 전혀 다르게 받아들였다.[18] 일본 좌파가 이끄는 노동자대중은 수많은 파업과 시위, 공장과 사무실 점거에 가담했다.

당연히 노동자들의 이 같은 행동은 미국 관료들을 겁나게 했다. 중국 민족주의 정부의 안정성에 대해서도 갈수록 비관적이었던 미국은 일본의 재건과 산업 재조직화가 이 지역에서 소련의 영향력을 견제할 가장 효과적인 수단을 제공할 것이라고 믿었다. 일본의 전략적 가치에 대한 이런 새로운 이해는 자연스럽게, 일본 노동자대중의 정치경제의 급진적인 재편에 대한 시도를 억제하기 위한 미 점령군과 일본 보수세력 연합으로 이어졌다. 1946년 10월에, 연합군 총사령관은 '반대경로'에 몰두했다. 이런 정책적 변화의 영향을 가장 먼저 느낀 것은 노동운동이었다. "경찰과 미 방첩부대가 …노동자들의 시위를 폭력적으로 진압하기 [시작했고]… 총사령부 안에서는 이 정책이 '노동운동 길들이기'로 통했다."[19]

비슷한 정책철회가 미국의 일본 경제재건 계획과 관련해서도 이루어졌다. 일본 경제는 몇몇 거대재벌이 지배하고 있었는데, 연합군 총사령관은 처음에 이 독점구조를 무너뜨리고 주요하게는 일본의 군사적 역량을 해제시키려고 했다. 총사령관이 선언한 목표는 소유가 분산된 중소기업이 지배하는 경쟁체제의 자본주의 형성이었다. 이를 위한 계획은 야심적이었다. 총사령관은 재벌들에게 가격을 불문하고 보유주식을 빠른 시일 내 매각할 것을 요구했을 뿐 아니라 재벌 최고경영진의 퇴진을 요구하고 이들에게 10년 동안 주식매입을 금지했다. 이보다 더 주목할 만한 것은, 이 계획이 "확실한 [주식]매입 우선권을… 중소 기업가나 투자자, 농업조합과 소비조합, 노동조합 등에"[20] 줄 것을 요구한 점이다. 이와 별개의 것이지만 상호 연관성을 가지는 정책으로서, 일본의 중화학 설비를 이전하는 방식으로 아시아 각국, 특히 중국에 전쟁배상금을 지급하라고 요구했다.

그러나 재벌해체 계획은 전혀 이행되지 않았다. 일본에 투자한 상당수의 미국 기업가들의 반대로 재벌해체와 직접적으로 연결되는 중요한 법안 두 개(분산화법과 반독점법)가 1947년 초까지 통과되지 못했다. 뿐만 아니라 그해 말에 친일 성향의 미국 기업가들이 주도하는 새로운 검토위원회가 구성되어서, 해체대상 기업 리스트 원안을 재검토하여 해체대상 기업을 1200개에서 9개로 대폭 줄였다. 그리고는 1948년 12월에 9개 기업이 '해체'되자, 연합군 총사령관은 분산화가 성공적으로 완료되었다고 선언했다.[21]

배상에 대한 미국의 관심 역시 1946년 중반 들어서부터 힘을 잃었다. 1947년 초에 이전의 배상금 결정을 재검토하기 위해 미국의 기업가집단이 일본에 파견되었다. 그들의 최종 결론은 배상금을 제한하고 폐지대상 산업 대부분을 재건시켜야 한다는 것이었다. 또 일본은 결국 산업설비를 아시아 나라들에 보냈지만, 그 규모는 애초 계획했던 잉여설비의 30%에도 못 미쳤다.[22]

전쟁기도에 연루된 일본 관료들을 숙청하려던 미국의 초기 계획도 비슷한 반전을 겪었다. 1946년 4월 미국은 일본 유권자들에게 새로운 정부대표를 선출하게 했으며, 이어 새 정부에 "공직취임이 바람직하지 않은 인물들의 축출과 배제" 조처를 실시할 전권을 부여했다. 놀랄 것도 없이 이 숙청작업은 금방 중단되었다. 독일의 경험과 비교해 보아도 일본에서는 제한적으로 이루어졌다. 독일에서는 미군 관할지역 인구의 약 2.5%가 공직에서 쫓겨나거나 정직 처분을 받았지만, 일본에서는 그 수치가 0.29%에 불과했다.[23]

한편 미국 정부의 '반대경로'에는 일본의 경제회복을 촉진하는 계획도 들어 있었다. 이 계획은 저임금·저물가의 긴축정책에 의해 뒷받침되는 수출 주도 산업화 전략을 옹호하고 있었다. 긴축정책은 평균임금을 낮추고 실업을 증가시키지만 성장촉진과는 전혀 관계가 없는, 노동자를 겨냥한 가혹한 경제조처였다.

일본 전체 조직노동자의 25% 이상을 차지하는 공무원노조가 1947년 2월 1일 미국이 부과한 경제계획에 항의하기 위해 총파업을 선언했다. 파업 전날 맥아더는 파업철회를 명령했고, 마지못해 노조 지도자들은 이에 응했다. 그러나 1947년 말 현재 1인당 실질소득이 1934~37년의 절반 수준에 불과했기 때문에, 노조는 다시 총파업을 선언할 수밖에 없었다. 총파업은 1948년 3월로 예정되었다. 맥아더는 다시 파업을 철회할 것을 명령했고, 노조는 다시 8월 7일 파업에 들어간다고 선언했다. 맥아더가 이번에는 더 단호한 조처를 취했다. 7월에 공무원의 파업과 단체협상을 불법화한 것이다. 기존의 모든 협약이 무효화되었으며, 파업강행 이후에 900명이 넘는 노동자가 체포당했다.

1949년, 일본의 경제적 어려움이 정치적 반발을 불러일으킬 것을 우려한 미국은 서독의 경제재건 계획을 지휘한 은행가 조지프 다지에게 일본 경제를 맡겼다. 다지는 정부지출 삭감, 신용조건 강화, 억압적인 노동통제, 노동일수 연장 등을 포함한 9개항의 경제안정화 계획을 추진했다. 이전의 정책과 마찬가지로, 이 계획은 수출 중심의 팽창을 달성하는 것을 목표로 했지만 오히려 일본 경제를 침체로 몰아넣었다. 또다시 일본 노동자들이 미국의 경제정책에 반대하는 시위를 벌였다. 노동자들은 폭동을 일으키고 경찰서를 공격하고 수많은 공장의 통제권을 장악했다. 연합군 총사령관은 결국 봉기를 진압하기는 했지만 군대를 동원하지 않을 수 없었다.[24]

일본을 되살리기로 한 미국의 결정은 한국에도 부정적인 결과를 가져왔다. 1947년 3월 미 국무부 보고서에 따르면 "소련이나 소련이 지배하는 세력이 한국 전체를 통제하면… 일본에 대한 극도로 심각한 정치적·군사적 위협이 형성될 것이다."[25]

활력을 되찾은 일본이 미국의 이익에 얼마나 중요한지를 분석한 1948년 CIA 보고서는 이렇게 주장하고 있다. "전후 일본 발전의 핵심 요소는 경제 활성화이다. 과거에도 그랬듯이 일본이 경제적으로 정상화되려면, 지금 소련이 직간접적으로 통제하거나 통제할 가능성이 있는 동북아시아 지역, 특히 중국 북부와 만주, 한국에 접근할 수 있어야 한다."[26] 다른 말로 하면 미국은 한국이 일본으로부터 해방된 지 3년도 채 안 되는 시점에 이미, 자국의 지역적 야심을 강화하기 위해서는 기꺼이 일본이 한국을 다시 지배하게 할 수도 있었다는 것이다. 나중에 드러났듯이, 한국은 일본 경제가 회복되는 데 '핵심 요소'였다. 한국전쟁은 일본 경제에 엄청난 혜택이었다. 미국의 군사비 지출은 "필수적인 경제적 자극을 제공했으며, 주기적인 부침이 있기는 하지만 오늘날까지 지속되고 있는 일본의 경제 '기적'을 가능케 했다"고 콜코 부부는 쓰고 있다.[27]

일본을 이 지역의 패권세력으로 다시 일으키기 위해서는 일본의 독립이 필요했다. 미국 정부는 일본 국민과 외국 정부의 압력을 받으면서도 평화조약 문제의 논의를 지연시켰는데, 여기에는 두 가지 서로 연관된 이유가 있었다. 미국은 일본 정부가 미군 없이도 안정을 유지할 수 있는가 하는 점과 이와 동시에 최근에 확보한 군사기지를 잃을 수 있다는 점을 우려했던 것이다. 마침내 1949년 말에, 탄압으로 좌파가 힘을 잃자 미국 정부는 때가 무르익었다고 판단하고 행동을 개시했다. 미군주둔을 조건으로 하는 평화조약안을 마련할 것이라고 선언한 것이다. 일본인들이 이에 항의했지만 소용없었다.

미국의 '평화조약' 전략에 반대한 것은 일본뿐이 아니었다. 영국·중국·소련은, 일본이 미군에 계속 기지를 제공하는 조건에 대해서는 물론이고 자신들이 조약 초안 작성과정에서 배제되는 것에 강하게 반발했다. 이에 대응해서 미국은 협상의 여지가 없는 타협안을 내놓았다. 평화조약과 군사안보조약을 마련하되, 일본은 두 조약을 동시에 승인해야 한다는 조건을 붙인 것이다. 1951년 9월 미국이 후원한 평화회의에서 일본은 이대로 이행했으며, 1952년 4월에 독립을 획득했다. 여기서 주목할 것은, 평화회의가 한국전쟁이 가장 고조되어 있던 시점에 열렸다는 사실이다. 한국전쟁은, 미국이 영국과 중국에 타협안 수용을 요구하고 일본이 이 전쟁을 지원한 데 대한 보상을 거론하고 소련의 반대를 쉽게 물리칠 수 있는 유리한 정치적 환경을 조성해 주었던 것이다.

요약하면, 1945~50년의 미국 외교정책은 미국 지배하의 자본주의 세계질서를 끊임없이 추구하는 것이었다. 이 목표를 달성하기 위해 미국 정부는 냉전을 고조시켰고 유럽과 아시아에서 분단을 조장했으며, 비난받아 마땅한 수단을 이용해 독일과 일본을 정치적으로 재편했다. 한국의 불운은, 지정학적 요인 때문에 국내의 정치적 선택이 미국의 경제적·정치적 야심과 얽히게 되었다는 데 있었다. 이 야심을 채우기 위해 미국 정부는 대중들로부터 지지받고 있던 조선인민공화국과 그 산하의 대중조직들을 압살하고 반동세력과 반역자들의 정치적 성공을 돕고 한국을 분단시켰다. 이런 행동은 무지에서 나온 것도, 그렇다고 한국민들의 이익을 최대로 배려한 것도 아닌, 아주 의도적인 것이었다.

주

1. Donald S. MacDonald, "South Korea's Politics Since Liberation," *Korea Briefing, 1993*, Donald N. Clark, ed., Boulder: Westview Press, 1993, pp. 21~23.

2. Joyce and Gabriel Kolko, *The Limits of Power: The World and United States Foreign Policy, 1945~1950*, New York: Harper and Row, 1972, p. 2.

3. Richard M. Freeland, *The Truman Doctrine and the Origins of McCarthyism: Foreign Policy, Domestic Politics, and Internal Security, 1946~1948*(New York: New York University Press, 1985, p. 30)에서 재인용.

4. 같은 책, p. 33에서 재인용.

5. Edward Boorstein and Regula Boorstein, *Counterrevolution: U. S. Foreign Policy*(New York: International Publishers, 1990, p. 47)에서 재인용.

6. 같은 책, p. 242.

7. 같은 책, p. 246에서 재인용.

8. 트루먼 독트린이 그리스와 터키를 구체적으로 언급하고 있지만, 한국도 이 선언의 영향을 받을 수밖에 없었다. 한국은 미국과 소련이 함께 주둔한 몇 안 되는 지역이었기 때문에 미국이 한국에 특별한 관심을 기울이지 않았다면 오히려 놀랄 만한 일이었을 것이다. 1947년 5월 7일 국무부·전쟁부·해군부 3부 조정위원회는 트루먼 행정부에 의회의 그리스 및 터키 지원계획 승인을 받은 뒤 즉각 한국에 대한 1년 동안의 군사 및 경제 지원 안을 의회에 상정할 것을 권고했다. 2억 1500만 달러 지원계획이 의회에 상정됐으나 통과되지 않았다. 하지만 국무부는 세계 최고 규모의 마셜플랜과 한국 군사고문단 지원방안을 마련했다.

9. Kolko and Kolko, 앞의 책, pp. 228~29.

10. Bruce Cumings, *The Origins of The Korean War: The Roaring of the Cataract, 1947~1950*, Princeton: Princeton University Press, 1990, p. 37.

11. Freeland, 앞의 책, p. 275에서 재인용.

12. Boorstein and Boorstein, 앞의 책, p. 257에서 재인용.

13. Kolko and Kolko, 앞의 책, p. 65.

14. 같은 책, p. 126에서 재인용.

15. 같은 책, p. 133.

16. 같은 책, p. 134에서 재인용.

17. 같은 책, p. 309.

18. 같은 책, p. 313.

19. 같은 책, p. 314.

20. 같은 책, pp. 321~22에서 재인용.

21. 같은 책, pp. 516~17.

22. Jon Halliday, *A Political History of Japanese Capitalism*, New York: Monthly Review Press, 1975, p. 177.

23. 같은 책, p. 172.

24. Kolko and Kolko, 앞의 책, 528.

25. Cumings, 앞의 책, p. 46에서 재인용.

26. 같은 책, p. 168에서 재인용.

27. Kolko and Kolko, 앞의 책, p. 528.

5
한국전쟁

한국전쟁은 한반도 정치적 발전에 대한 현시대 미국인들의 이해의 틀과 미국의 대한 외교정책을 구성하는 데 중심이 되는 사건이다. 여전히 미국의 주류 언론과 정부의 발표는, 사람들이 한국전쟁을 한미관계의 역사적 시발점으로 인식하게 함으로써 남한 대중운동을 억압하고 그들의 독립시도를 무시하고 분단을 촉진했던 1950년 이전의 미국의 행동을 간과하고 있다. 이 시기의 역사를 무시하는 것은, 한국전쟁의 기원이나 중요성을 파악하기 어렵게 하면서 확실히 미국을 한국 민주주의의 구원자로 표현하기는 훨씬 더 쉽게 해준다.

한국전쟁에 대한 전통적인 지식은 소련이 북쪽에 괴뢰 공산정권을 세우고 이 정권을 부추겨 한반도 전체를 '공산화'하기 위해 남침을 했다는 것이다. 그래서 공산주의자들의 공격에 맞선 자유의 방어자로 표현되는 미국은 국제연합의 위임을 받은 다국적군을 이끌고 포위된 남한을 돕기 위해 전쟁에 개입했고, 엄청난 인명피해를 낳았지만 공격자들을 격퇴하는 데 성공했다는 것이다. 이 책은, 북한 정권이 소련의 꼭두각시와는 거리가 멀 뿐 아니라 대부분의 한국인은 해방 직후에 사회주의자들이 주도한 정치경제를 지지했으며 남쪽의 한국인 대다수가 미국이 만들어낸 아주 독재적인 남한 정권과 분단에 반대했다는 것을 보여줌으로써, 이 전통적인 지식을 구성하고 있는 요소들에 도전했다. 하지만 여전히 의문은 남는다. 한국전쟁을 어떻게 이해해야 할 것인가?

한국전쟁은 '외국' 침략자를 격퇴하기 위한 전쟁이 아니었다. 이는 통일을 위한 내전이었다. 미국은 한국의 민주주의나 독립을 방어하기 위해 개입한 것이 아니라, 대중적 인기를 얻지 못한 남한의 이승만 정권에 의해 대변되는 자국의 정치적 이익을 지키기 위해 개입했다. 미국의 개입은, 이 분쟁이 사회주의 세력에 유리한 쪽으로 신속하게 마무리되는 것을 막고 한국의 분단을 포함한 정치적인 현상유지를 지키는 데 성공했다. 오늘날까지도 한반도는 전쟁을 끝내는 평화협정이 조인되지 못하고 있으며, 여전히 고도의 군사화 상태로 폭발의 잠재력을 지니고 있다. 현 상황이 북한 탓이라고 비난하고 있지만, 제네바회의에서 평화적으로 한국을 통일하려는 성실한 노력을 방해한 것은 다름아니라 미국과 남한이다. 관계 정상화와 긴장완화를 위한 첫 단계로 휴전협정을 정식 평화협정으로 대체하려는 북한의 제의를 미국은 계속 거부해 왔다.

전쟁의 시작

1950년 6월 24일 오후 9시 26분(한국 시각으로는 25일), 주한 미국대사 존 무초의 전문이 국무부에 도착했다. 전문에는 "한국 군사고문단 현장자문 보고서가 부분적으로 확인한 한국군 보고에 따르면, 북한

군이 오늘 아침 대한민국 영토 몇 군데를 침공했다고 한다"[1]로 되어
있다. 다시 말해, 무초는 전투가 벌어졌다는 보고를 했지만 북한이
선제공격을 했다는 남한 쪽 주장을 확인한 것은 아니었다.

국무장관 딘 애치슨은 미주리에서 휴가를 보내고 있는 트루먼과
상의도 하지 않은 채, 다음날인 6월 25일 국제연합 안보리가 소집되
어야 한다고 결정했다. 그는 국제연합 주재 미국 부대표 어니스트 그
로스에게 노르웨이 사람인 국제연합 사무총장 트뤼그베 리에게 전화
하도록 지시했다. 그로스는 리에게 "주한 미국대사가 6월 25일 새벽
북한이 대한민국 영토 몇 군데를 침공했다고 미 국무부에 알려왔다"[2]
고 말했다. 무초는 분명히 이렇게 확언하지 않았다.

안보리 회의에서 그로스는 한국에서 벌어진 일을 "북한의 대한민
국 무장공격"으로 규정하는 결의안을 제출했다. 이 결의안은 북한군
의 철수와 이를 위한 국제연합 회원국의 협력을 요청하는 내용을 담
고 있었다. 국제연합이 남한을 독립국가로 세우기 위해 지금까지 협
조해 온 만큼 이번 공격은 본질적으로 국제연합에 대한 공격이라고
그로스는 주장했다.

미국은 한국에 대한 국제연합의 책임을 매우 강조했는데, 한국문
제에 국제연합이 개입하게 만든 1947년의 결의안에 소련이 반대한
사실을 되새길 필요가 있다. 소련이 반대한 가장 중요한 근거는 국제
연합이 전후(戰後)문제를 처리할 권한이 없다는 것이었다. 예컨대
미국은 이를 근거로 해서 국제연합이 독일과 일본 문제를 검토하는
것을 거부했다. 소련이 또 반대한 것은, 한국인이 사상 처음으로 전
국적 선거에서 자신의 의견을 표할 기회를 봉쇄한 채 치러지는 선거
를 감시할 임시위원단 결성이었다. 국제연합 헌장은 논쟁을 벌이고
있는 양쪽 모두의 의견을 듣도록 규정하고 있었다.

　그러나 사무총장 리는 전투의 발단에 대한 확실한 증거의 부족과
소련의 반대를 무시한 채 미국이 제출한 결의안을 통과시키려 애썼
다. 그는 몇몇 나라에 로비를 했고 심지어 남한 대표가 안보리에서
연설하는 것까지 허용했다. 최종 투표에서 9 대 1로 결의안은 통과되
었다. 유일한 반대표는 유고슬라비아 대표가 던진 것이었데, 그는 공
격중단과 모든 세력의 철수, 남북한 대표간 회의를 요구하는 대안을
제시했다. 그리고 결의안을 거부한 소련은 이 회의에 대표를 보내지
않았다. 당시 소련은 중화인민공화국을 인정하지 않은 것에 대한 항
의표시로 안보리를 보이콧하고 있었다.
　6월 27일 오후, 안보리는 "국제연합 회원국들은 대한민국이 무장
공격을 물리치고 이 지역에서 국제 평화와 안전을 회복하는 데 필수
적인 지원을 한다"는 두번째 결의안을 검토하기 위해 다시 모였다.
이에 앞서 6월 26일 국제연합 안보리는 국제연합 한국위원회의 성명
을 접했는데, 이 성명은 국제연합의 현지관리 두 명의 현장보고에 주
로 의존해 다음과 같이 결론짓고 있었다. "첫째, 작전의 실제 진행상
황으로 판단할 때 북쪽 정권은 남한에 대해 매우 치밀하고 확고한 전
면적인 침공을 벌이고 있다. 둘째, 남한군은 모든 측면에서 수세적인
대응을 하고 있다. 셋째, 정보수집 결과 침공이 임박했다고 믿을 만
한 이유가 없었기 때문에 남한은 이번 일에 놀라고 있다."[3] 그리고
안보리는 회원국들을 전쟁에 개입하게 하는 이 두번째 결의안을 통
과시켰다.
　미국 정부는 자국이 이 결의안에 호응하는 차원에서 한국의 전투
에 참여했다는 주장을 여전히 고수하고 있다. 하지만 실제로는 그 반
대가 진실에 더 가깝다. 안보리 회의 몇 시간 전에 트루먼은 애치슨
이 주로 초안을 잡은 다음과 같은 성명을 발표했다. "한국에 대한 공

격은, 공산주의가 독립국가를 정복하기 위해 전복을 시도하는 선을 넘어서 이제는 군사침략과 전쟁이라는 수단을 쓰게 되었음을 의심의 여지 없이 명백히 보여줬다." 그리고 트루먼은 이에 맞서 "미국 공군과 해군은 한국 정부군을 엄호하고 지원하라"고 지시하는 한편, 제7함대에 중국 본토에서 공격해 올 것에 대비해 타이완을 방어하도록 지시했다. 성명은 또한 "인도차이나 지역의 프랑스군과 연합국에 대한 군사적 지원을 서두르고 이들 세력과 밀접한 관계를 유지하기 위한 신속한 군사작전"[4]뿐 아니라 필리핀 주둔 미군에 대한 추가적인 지원과 필리핀 정부에 대한 군사지원 확대를 선언했다. 이렇게 해서 필시 NSC-68을 염두에 두었을 트루먼과 애치슨은 한국에서 벌어진 전투를 광범한 반공공세를 펴나가는 데 재빨리 이용했다.

트루먼이 국제연합 안보리 회의가 열리기 전에 한국에 미군을 보내려는 행동을 취했기 때문에, 국제연합 회원국들은 선택의 여지가 없이 미국을 따라 결의안을 통과시켰다. 할리데이와 커밍스는 이렇게 설명한다.

국제연합은 미국의 결정을 비준하는 데 이용됐다. 합동참모본부의 공식 연구가 지적하듯이, "무장개입을 결심한 미국 정부는 다음 날 국제연합의 동의와 지원을 얻으려 시도했다." 이것은 정확한 판단이다.[5]

국제연합이 두번째 결의안을 통과시킨 이후 3일 동안, 트루먼은 수위를 높였다. 북한 특정 지역에 대한 폭격과 한국의 모든 해안 완전 봉쇄, 미 육군 투입을 명령했다. 국제연합은 7월 7일 "군대와 기타 지원을 제공하는 회원국들은… 그 군대와 기타 지원을 미국의 단일한 지휘 아래 둔다"는 권고안을 통과시켰다. 이 안은 또 미국이 "이 군대의 지휘관을 지명한다"[6]는 것을 결의했다. 놀랍게도 국제연합은 책임도 요구하지 않은 채 모든 회원국의 군대를 미군 통제 아래 두기로 했던 것이다. 다시 말해, 미국은 다른 회원국에 대해 아무런 책임도 지지 않고 전쟁을 벌일 자유를 얻었다. 국제연합이 대표한다고 주장하는 원칙과 이념의 옷을 입은 채 말이다.

트루먼은 맥아더 장군을 연합사령관으로 임명했다. 미국 외에 오스트레일리아, 벨기에, 캐나다, 콜롬비아, 에티오피아, 프랑스, 그리스, 룩셈부르크, 네덜란드, 뉴질랜드, 필리핀, 남아프리카공화국, 타이, 터키, 영국이 군대를 보냈다. 하지만 미국이 대부분의 병력을 제공했고 비용도 대부분 부담했다. 국제연합의 깃발을 둘러쓴 미국의 쇼였다.

책임 소재

미국 정부는 한국 개입에 대한 국제적 지원을 얻는 데 성공했는데, 그것은 주로 북한이 철저히 준비해 남한에 선제공격을 했다는 '세계의 여론'을 조성할 수 있었기 때문이다. 하지만 증거는 이를 뒷받침해주지 않는다. 북한이 군대를 38선 이남으로 보내기로 결정한 것이 남한과 북한 군대 간 전투를 전면전으로 확대시킨 것은 사실이다. 그러나 이 사실이 이 분쟁의 책임이 오직 북한에게만 있다는 것을 뜻하지는 않는다. 한국전쟁은 해방정국의 급진 · 보수 정치세력간 투쟁에서 그 뿌리를 찾을 수 있는 내전이었다. 분단은 이런 정치적인 차이들을 평화적으로 해결할 수 있는 길을 차단했으며, 이들을 남과 북이라는 틀로 몰아넣었다. 그래서 한국전쟁의 주된 책임은 한국을 분단시킨 세력, 특히 미국 정부에 물어야 한다.

게다가 1950년 6월 25일에 시작된 전투는 남한과 북한 간 경계선을 넘나들며 벌어진 첫 전투도 아니었다. 남북간 충돌은 1949년 들어서 급격하게 늘어났다. 최초의 대규모 전투는 5월 4일 개성 근처에서 남쪽이 일으킨 충돌이었다. 이 전투에는 수천 명의 군인이 투입되어 나흘 동안 계속되었으며, 북한군 400여 명과 남한군 22명이 숨졌다. 또 하나 큰 충돌은 북한이 일으킨 것인데 (1950년 6월 25일 전투가 시작된) 옹진반도에서 1949년 6월 26일에 발생했다. 아마 가장 치열한 전투는 1949년 8월 4일에 북한군이 옹진반도의 38선 이북에 있는 작은 산을 점령한 남한군을 공격하면서 시작된 전투일 것이다. 이 전투에서 남한 군대가 심하게 당했지만, 남한은 8월 내내 옹진반도에서 경계선을 넘나드는 소규모 전투를 계속 일으켰다.

옹진반도는 군사적 중요성 때문에 전투가 심한 지역이었다. 38선 북쪽으로 조금 떨어져 있는 해주시에는 남조선노동당과 남쪽 빨치산 부대의 본부가 있었으며, 또 이 도시에서 약 100킬로 거리에 있는 북한 수도 평양과는 도로와 철로로 직접 연결되어 있었다. 게다가 경계선 남쪽의 옹진과 개성을 잇는 철도도 해주에서 합쳐졌다. 그래서 남쪽 세력이 옹진반도 북쪽과 해주를 장악하면, 남쪽 빨치산들의 활동을 차단시키고 평양에 대한 기습공격을 감행할 수 있는 유리한 위치에 서는 것이었다. 이런 취약함을 인식한 북한은 군사적 관심을 옹진반도 남쪽과 개성에 집중했다. 옹진반도와 (개성을 포함한) 이 반도의 동부지역을 장악하면 방어태세를 강화할 수 있고 형세를 역전시켜 서울에 압력을 가할 수 있었다.

당시 이승만이 전쟁을 일으키려고 열심이었다는 것은 잘 알려진 사실이다. 이 점을 너무나 잘 알고 있었던 미국 군사고문단 사령관 윌리엄 로버츠 장군은 이렇게 언급하고 있다. "우리의 견해로는,

[1949년 8월의 잦은 충돌들] 각각은 남한의 일부가 38선 북쪽으로 넘어가 있었다는 점 때문에 발생했다. 남한은 북한을 침공하고 싶어했다. 우리는 그들에게 그런 일이 발생하면 고문관을 전원 철수시키고… [돈]마개가 닫힐 것이라고 밝혔다."[7] 그러나 전혀 아랑곳하지 않았던 이승만은 1949년 10월에 남한이 사흘 안에 평양을 점령하지 못하는 것은 전적으로 미국이 반대하기 때문이라고 공개적으로 밝혔다. 그리고 그 달 말, 이승만 정부의 국방장관은 기자간담회에서 "우리 마음대로 할 수 있다면 우리는… 이미 시작했을 것이며… 우리는 며칠 만에 평양으로 진군해 손에 넣을 수 있을 만큼 강력하다"[8]고 언급했다.

그 이듬해, 이승만과 각료들은 공개적인 논조를 바꾸기 시작했다. 북진(北進) 위협 대신 북한의 미래의 공격에 대비해 남한 방어력을 강화하는 데 미국이 지원해 줄 것을 요구하기 시작한 것이다. 예를 들어 1950년 5월에 이승만은 "5월과 6월이 우리나라의 운명에 중대한 시기가 될 것"이라며 전투기 지원을 호소했고, 같은 달 말 기자간담회에서 국방장관은 "북한군이 38선을 향해 이동하고 있으며 북한의 침공 위험이 있다"[9]고 말했다.

의미심장하게도 5월 중순 이후로 남한 정부는 북한의 침략 위험을 더 이상 공개적으로 거론하지 않았다. 사실 이승만은 남한 군대에 방어태세를 취하고 공격을 받으면 후퇴하라는 명령을 내렸다. 1950년 6월에 국제연합 현지관리 두 명이 38선을 방문해 목격한 것이 바로 이런 자세였다. 하지만 남한의 군사행동에 대해 모두가 그들과 의견일치를 보였던 것은 아니었다. 오스트레일리아 대사관의 대표는 6월 말에 이렇게 보고했다.

척후병들이 북쪽을 넘나들면서 북쪽이 추격하도록 유도하려 애
쓰고 있었다. 플림솔(Plimsol)은 이런 행동이 전쟁을 유발할 수 있
다고 경고했다. 분명한 것은, 남한이 미국의 지지를 받아 분쟁을
일으키고 싶어할 뿐 아니라 미국도 어느 정도 이에 개입하고 있었
다는 점이다.[10]

오스트레일리아 총리를 지낸 휘틀럼에 따르면,

전쟁이 일어나기 며칠 전에… 오스트레일리아 정부는 남한에 있
는 대표로부터 남한의 의도적인 공격에 대한 보고를 받았다. 증거
가 너무나 명백해 오스트레일리아 총리는 워싱턴에 남한 정부를
더는 부추기지 말 것을 요구하는 전문을 보냈다.[11]

싸움을 하고 싶어한 것은 남한만이 아니었다. 1949년 9월에 김일
성은 남한 공격에 대한 소련의 지지를 얻으려고 분명히 애썼다. 소련
문서에 따르면, 북한은 남한이 옹진반도 북부에 대한 또 한 차례의
공격준비를 완료했다는 정보를 입수했으며, 김일성은 "방위선을 줄
이기 위해 옹진반도와 개성을 포함한 옹진반도 동쪽의 남한 지역을
점령하고 국제상황이 허용하면… 남쪽으로 더 쳐내려가는 것을 목적
으로 하는"[12] 선제공격을 스탈린이 허용해 주기를 원했다. 소련은 무
엇보다도 "만약 북한이 먼저 군사행동을 감행해 이것이 장기화되면,
미국이 한국문제에 개입할 명분을 주게 된다"[13]는 점을 들어 이에 반
대했다. 하지만 스탈린은 남한이 먼저 공격하면 이에 대항하는 것까
지 반대하지는 않았다.[14]
　남북한 모두 싸울 채비를 하고 있었으며 싸우고 싶어했다. 커밍스

는 이렇게 설명하고 있다. "1950년에 양쪽의 논리는 먼저 시작하는 바보가 누구인지 두고 보자는 식이었다. 김일성은 공격하지 못해 근질근질해서 남쪽이 먼저 도발하기를 바라고 있었다. 남쪽의 강경 세력은 '도발받지 않는' 기습공격을 감행함으로써 미국의 도움을 얻고 싶어했다. 이것이 남쪽이 승리를 기대할 수 있는 유일한 방법이었기 때문이다."[15] 이런 관점에서 보면, 6월 25일을 한국전쟁의 '시작'으로 보거나 전쟁책임을 조선민주주의인민공화국에 떠넘기는 것은 그다지 옳지 못하다.

뿐더러 6월 25일에 선제공격을 한 쪽은 북한이 아니라 남한이라고 믿을 만한 근거도 있다. 미국·국제연합·남한 쪽의 사건설명에 따르면, 전투는 옹진반도에서 오전 4시에 북한이 남한 쪽 기지를 공격함으로써 시작되었으며 그로부터 몇 시간 후에 38선을 따라(개성·춘천에 이어 마침내 동해안까지) 동쪽으로 번져갔다. 그리고 북한에 따르면, 남한은 제7연대가 6월 25일 새벽 38선을 넘어 해주 쪽으로 진군할 때까지 만 하루 동안 옹진반도에 있는 북한 기지를 폭격했다. 북한은 이 진군을 막고 남쪽을 공격했다고 주장한다. 남한도 북쪽이 주장하는 바와 다른 조건에서 공격이 이루어졌다고 주장하긴 했지만, 해주를 공격했다는 것은 인정한다. 6월 26일 아침 남한 정부는 반격에 성공해 해주시를 잠시 장악했었다고 밝혔다.

사건의 시간별 추이는 북한 주장을 뒷받침해 주는 듯하다. 미군의 공식 전쟁사는 옹진반도를 방어하기 어려울 것으로 판단해 제7연대가 북한의 첫 공격을 받자 철수했다고 말하고 있다. 인근 도시인 개성은 오전 5시 30분경에 북한군의 공격을 받아 오전 9시 30분에 점령당했다. 요약하면 북한은 공세를 폈고 남한군은 후퇴했다는 것이다. 그런데 남한 정부는, 남한군이 후퇴하고 북한이 장악한 지역에서 6월

25일 오후나 초저녁에 남한 제7연대의 반격이 성공해 잠시 해주시를 장악했다가 국경 쪽으로 밀려났다고 주장하고 있다.[16] 이런 일은 거의 일어나기가 어렵다. 오히려 좀더 그럴듯한 추정은 옹진반도에 주둔해 있던 남한군이 먼저 해주를 공격했을 거라는 것이다. 북한은 남한의 전면적인 공격을 우려해서든지 아니면 남한의 공격을 기회로 삼으려고 반격에 나섰던 것이다.

남한이 선제공격을 했다는 이 시나리오는 맥아더 장군의 전기를 쓴 존 건서의 말과도 일치한다. 건서와 그의 부인은 1950년 6월 일본에서 미 점령군의 중요한 인물 두 명과 함께 휴가를 보내고 있었다. 그중 한 사람에게 전화가 왔다. 그가 전화를 받고 돌아와서는 "큰 사건이 터졌다. 남한이 북한을 공격했다"[17]라고 말했다고 건서는 주장한다. 건서는 그 관료가 흥분해서 거꾸로 말했다고 판단하고는 그 말을 무시했다고 한다.

마지막으로, 6월 25일 북한이 선제공격을 했다고 하더라도 경계선을 넘는 공격이 계획적인 남한 침공의 시작이었다고 믿기 어려운 몇 가지 이유가 있다. 예컨대 북한은 여전히 군사력을 키우는 과정에 있었다. 그 얼마 전에, 중국 내전에 참여했다가 귀국한 군인 수만 명의 북한군 복귀가 더디게 진행되고 있었다. 북한이 몇 달만 더 기다렸다면 4개 사단을 추가로 동원할 수 있었을 것이다. 이 점의 중요성은 초기 전투에 참여한 군인이 미국이 추정한 전체 북한군 수 9만 5천 명의 절반도 안 되는 3만 8천명이었다는 사실을 보면 알 수 있다. 더구나 경계선과 서울 사이에 주둔해 있던 남한군은 5만 명이 넘었다. 대규모 침략을 기도하는 입안가들이 이런 조건에서 공격을 감행한다는 것은 상상하기 어렵다.

정치적인 이유에서도 북한이 공격을 감행할 시점은 아니었다.

1950년 5월 30일에 남한에서는 국회의원 선거가 실시됐다. 이 선거에서 남한 유권자들은 좌익 후보들에게 표를 몰아주고 이승만과 그 지지자들에게 큰 패배를 안겨주었다. 이승만과 달리, 대부분의 초선 의원들은 북한과 대화하는 데 개방적이었다. 이를 인식한 북한은 통일한국 정부 구성을 위한 전국적인 선거실시 문제를 논의할 정치지도자회의 개최를 요구하면서 평화공세를 펼치고 있었다.

6월 25일의 전투와 소련의 연관성을 보여주는 명백한 증거도 없다. 앞에서 지적했듯이, 김일성이 공격을 감행하고 싶어하는 것을 스탈린이 알고 있기는 했지만, 소련 쪽 문서들은 그가 선제공격에 반대했다는 것도 보여주고 있다. 우리는 소련이 1950년 4월에 무기와 장비들을 북한에 보낸 사실을 알고 있다. 그러나 소련은 군사고문단 규모를, 미국이 남한에 500명의 고문단을 두고 있던 것과 비교할 때 훨씬 적은 120명으로 줄였다. 게다가 소련은 전투가 시작된 이후에 전쟁을 위한 군사적 동원을 하거나 북한에 보내는 군수송품을 늘리는 대응을 하지 않았다. 또 소련은 북한에 추가적으로 지급한 물자 및 장비 대금을 요구했을 뿐 아니라, 북한에 판매하려 한 장비 대부분은 1945년 이전 생산품이었다. 이에 비해 남한은 미국으로부터 최신 군사장비를 무상으로 공급받았다. 아마 상황을 가장 확실하게 설명해 주는 것은, 실제 전투가 벌어진 뒤 열린 국제연합 안보리 회의를 소련이 보이콧한 점일 것이다. 소련 대표가 회의에 참석했다면 어렵지 않게 국제연합의 결의안을 기각시킬 수 있었을 것이며, 그럼으로써 미국의 대북 전쟁시도를 매우 복잡하게 만들었을 것이다. 회의에 불참하는 것과 소련이 전쟁을 부추기거나 직접 침략준비를 하는 것은 서로 조화를 이루기 어렵다.

6월 25일에 무슨 일이 일어났는지에 대한 최선의 설명은 이승만이 의도적으로 전투를 일으키고 이 책임을 북한에 떠넘기는 데 성공했다는 것이다. 남한의 도발을 학수고대하던 북한은 남쪽의 공격을 이용해, 소련의 부추김 없이 서울 점령을 목적으로 공격을 시도한 것이다. 그리고는 미국의 대규모 개입이 이어졌다.

이승만이 독자적으로 행동한 것이 아니라, 한국에서 전쟁이 벌어지면 공산주의에 대한 더 폭넓은 십자군전쟁을 벌일 명분을 얻을 수 있다고 생각한 영향력 있는 미국인이 그의 계획을 부추겼다고 믿을 만한 근거도 있다. 예컨대 맥아더와 국무장관 보좌관인 공화당 출신 존 포스터 덜레스는 미국과 소련의 전쟁을 피할 수 없다고 보고 미국이 군사력에서 앞서는 당시 상황에서는 이 전쟁이 이르면 이를수록 유리하다고 믿었다. 그들은 또 논리적으로 소련이 지휘하는 공산주의자들의 국제적 음모를 직면하게 될 장소가 아시아, 특히 중국이라고 확신했다. 놀랍게도 이들의 시각에서 보면, 이런 전쟁 움직임은 중국과 한국에서 힘을 얻고 있었고 일본에도 영향을 끼치고 있었다. 그들은 미국 정부가 공산주의에 반대하는 아시아인들, 특히 장제스를 충분히 후원하지 않고 있다고 생각했다.

1949년 장제스는 자신의 남은 군대와 함께 타이완 섬으로 철수하지 않을 수 없었고 거기서도 중국 본토의 침략위협을 받아야 했다. 그는 트루먼에게 미 해군을 이용해 중국의 공격을 막아줄 것을 요청했지만, 트루먼은 이를 거부했다. 1950년 초에, 장제스 정부의 부패에 넌덜머리가 났던 트루먼은 미국이 장제스에게 "군사적 지원이나 자문"을 하지 않을 것이며 "중국 내부분쟁의 개입으로 이어지는 정책을 추구하지" 않을 것이라고 서면으로 밝혔다.[18] 이 정책이 바로 맥아더와 덜레스 같은 이들이 바꾸려고 시도한, 한국전쟁 발발 때까지의 미국 정책이었다.

미국이 '공산주의에 대항하는' 전쟁에 빠져 들어갈 가능성을 인식한 사람 가운데 텍사스 출신의 존 코널리 상원의원이 있었다. 그는 상원 외교관계위원회 위원장이면서 민주당의 대외관계 대변인을 맡고 있었다. 1950년 5월 『유에스 뉴스 앤드 월드 리포트(*U. S. News and World Report*)』와의 인터뷰에서, 코널리는 자기가 보기에 소련은 전쟁을 원하지 않지만 미국인 가운데 소련과 전쟁을 벌일 구실을 찾고 있는 이들이 있다면서 다음과 같이 말했다. "글쎄, 그들 상당수는 이렇게 믿습니다. 작전을 펼치는 사건들이 일어날 것이고 그것이 우리에게 싸울 빌미를 줄 것이라고 말입니다. 그들 상당수가 하는 말이 이겁니다. '언젠가 싸워야 하는데, 왜 지금이면 안 되는가?'"[19] 그리고 6월 25일에 그와 같은 빌미를 제공하는 일련의 사건이 발생했다.[20] 물론 이런 음모론을 뒷받침하는 명백한 증거는 없지만, 언론인 I. E. 스톤이 『한국전쟁의 숨겨진 역사(*The Hidden History of the Korean War*)』에서 언급하고 있듯이 "모든 것이 준비된 상황에서 침공이 정치적으로는 침묵을 통해 부추겨졌고 군사적으로는 방어적 편제를 통해 유도되었으며 마침내 사소한 경계선 침범들에 의해 시작되었다는 가설이 많은 것을 설명해 줄 것이다."[21]

전투를 어느 쪽이 시작했는지에 대한 질문은 있지만, 누가 이기고 누가 졌는지를 묻는 사람은 거의 없다. 전쟁은 이승만이 권좌에서 쫓겨나는 것을 모면하게 해주었고, 장제스를 같은 결과로 이어졌을 침공에서 구해 주었다. 그리고 트루먼과 애치슨에게는 NSC-68을 시행하기 위해 필요했던 위기를 제공했으며, 맥아더는 그토록 원하던 아시아에서의 전면적인 반공전쟁을 펼칠 기회를 얻었다. 한편 중화인민공화국은 타이완을 되찾을 기회와 국제연합 안보리에 참여를 요구할 기회를 잃었다. 소련은 전쟁과 관련한 독일·일본의 산업재편과 유럽·미국의 재무장으로 훨씬 적대적인 환경을 맞닥뜨리게 되었다. 물론 한국인들이 가장 많은 것을 잃었다. 생명과 재산이 엄청나게 파괴되었을 뿐 아니라 아무것도 바뀐 것이 없었기 때문이다. 전쟁이 끝나자, 나라는 서로 적대적인 두 부분으로 나뉘었다.

전쟁의 본질 : 첫번째 국면

한국전쟁에 대해 미국은 한반도에 공산주의 독재정권을 세우려는 북한의 잔인한 침공을 미국의 도움으로 남한이 격퇴시킨, 자유를 위한 전쟁이라는 전형적인 설명을 고집한다. 실제로 이것은 통일된 한국의 정치적 성격과 전망을 결정하기 위해 일어난 전쟁이었다. 해방정국의 인민위원회의 권한을 회복해 사회주의를 지향하는 한국을 건설하고자 한 사람들이 다수 대중들로부터 지지를 받았다. 이런 결과에 반대한 미국은 남한의 억압적 자본주의 정치경제를 북한까지 확장하기 위해 싸웠다.

한국전쟁의 첫번째 국면은 북한군이 6월 25일 오전 5시 30분경 북한 지역이었던 철원의 38선 남쪽을 넘으면서 시작되었다. 남한의 방어선을 무너뜨린 뒤 이들은 서울을 향해 남진해, 6월 28일 손쉽게 서울을 장악했다. 그로부터 일주일 후에 이들은 다시 남진을 계속했다. 북한군의 진군은 남쪽에 있던 빨치산들의 활동 덕을 크게 봤다. 미국은 빨치산 활동이 1950년 5월을 기점으로 궤멸되었다고 여겼지만, 빨치산들은 전투에서 매우 중요한 역할을 한 것이 분명하다. 6월 25일부터 8월 31일까지 6만 7천 명의 빨치산이 살해당하고 2만 4천 명이 체포됐다는 사실은 이들이 전쟁에 개입한 규모를 짐작케 해주는 것이다.[22]

전쟁이 계속되면서 미국은 주한미군을 급격히 증강시켜, 8월 초에는 미군과 남한군을 합친 병력이 9만 2천(미군 4만 7천)으로 북한군 병력 7만을 앞질렀다.[23] 보급로가 길어지는데다 미국과 국제연합군의 군사력이 증강하면서, 북한의 공세는 둔화되어 마침내 8월 첫째 주말에 부산 방위선(가장 북쪽은 동해안의 포항, 가장 남쪽은 진주·마산 지역, 중앙은 대구 바로 위)에서 멈췄다. 다시 8월 말에 북한은 마지막 대공세를 펼쳤으나, 미국의 방어를 뚫는 데 실패했다.

최전선을 책임지고 있었던 맥아더가 북한군 분산작전에 나섰다. 9월 15일 260여 척의 군함이 인천에 병력을 상륙시키는 데 성공했다. 상륙을 막지 못한 북한은 서울과 그 주변지역에서 후퇴할 수밖에 없었다. 9월 28일, 이승만은 서울로 돌아왔고 미군은 남한을 장악했다.

남북한 정부의 정치적 성향 차이는 전투 초기에 이미 확인할 수 있었다. 북한이 남하하자 남한 정부는 지방관청에 좌익 정치범의 처형을 명령했다. 서울에서는 시간여유가 없어 100여 명만 처형했다. 목격자들의 보고를 토대로 한 북한측 주장에 따르면, 6월 말에 인천에서 약 1천 명이 학살당했다. 그리고 7월 14일에 남한 경찰의 총수는 6월 25일 이후에 경찰이 처형한 좌익인사만 1200명이라고 시인했다.[24] 부산에서 남한 정부는 영국 기자 제임스 캐머런이 '정치범 수용소'라고 부른 것을 세웠다. 그는 이렇게 쓰고 있다.

나는 벨젠(나치의 유대인 수용소―옮긴이)을 본 적이 있는데, 이것은 벨젠보다 더했다. 끔찍한 지경의 무리가 아무런 혐의도 없이 재판도 받지 못했고, 자기 나라 남한에서 '믿을 수 없는' 인물로 의심받았다. 그런 사람이 수백 명이었다. 그들은 피골이 상접하고 허수아비 같았다. 희끄무레한 잿빛 얼굴에 줄줄이 쇠사슬로 엮여서, 동양의 전통적인 복종자세로 굽실거리는 이도 있었고 또 쓰레기더미에

뱃속의 아기처럼 쪼그리고 앉아 있는 이도 보였다.[25]

북한 군대 역시 남하하면서 사람들을 처형했지만, 처형당한 사람은 대부분 붙잡힌 남한 관료나 경찰, 우익 청년단체 지도자들이었다. 북한 정부가 금지하려고 했음에도 불구하고 몇몇 미군 포로가 처형됐다는 증거도 있다. 1950년 10월 미국은, 북한이 전쟁 초기 3개월 동안 민간인 2만 명과 전쟁포로 300명을 죽였다고 주장했다. 민간인이 가장 많이 숨진 사건은―7천 명 가량이 숨진 것으로 추정되는―7월의 대전 학살로 알려져 있다. 미국 정부는 이 사건을 난징 대학살이나 바르샤바 게토 대학살에 버금가는 끔찍한 것으로 묘사했다. 학살이 대전에서 벌어졌지만, 증거들은 범인으로 남한군을 지목하고 있다.[26] 미국이 북한 소행이라고 주장한 다른 만행들도 신빙성이 없었다. 결국 미국은 "1953년 6월까지 중국과 북한 군대가 학살한 민간인과 전쟁포로는 모두 2만 9915명으로 추정된다"[27]고 후퇴할 수밖에 없었다. 균형감각을 가지고 이 수치를 이해할 필요가 있는데, 1950년 9월 미군이 남한을 다시 장악했을 때 한 미국 관리는 이승만 정부가 "재판도 없이" 사형시킨 숫자가 아마 10만 명이 넘을 것이라고 추산했다.[28]

여러 면에서 초기 대한민국 정책의 연장선에 있었던 남한 정부의 공포정치와 대조적으로, 남하하는 북한군들은 각 지방 좌익세력과 함께 인민위원회를 재건하는 데 힘을 기울였다. 비록 북한이 "인민위원들을 북한의 규범과 규율에 따르게 하기 위해 절차에 대한 엄격한 통제"[29]를 하기는 했지만, 인민위원회는 상당한 활동의 자유를 보장받았다. 북한은 전후(戰後)에 또 하나 중요한 요구사항이었던 토지개혁도 실시했다. 커밍스는 1950년 7월 4일에 통과된 법을 이렇게 묘사하고 있다.

　　지주 소유의 토지를 무상으로 몰수하고, 농민의 소유한도를 5정
보(약 12에이커)로 제한했다. 그러나 자기 소유의 토지를 경작하는
부농에게는 20정보—한국에서는 상당히 대규모 농장—까지 허용
했으며, 1948년 미군정청이 소작농들에게 분배했던 동양척식회사
의 토지도 건드리지 않았다.[30]

　　더 일반적으로, 북한의 정치적 계획은 "통일된 자유 조선, 토지 재
분배와 산업 국유화, 남녀평등, 광범한 사회개선 사업, 저물가와 노
동대중의 생활보장, 더 효율적이고 정직한 정부"를 요구하는 것이었
다.[31] 남한 사람들은 북한의 존재와 이 같은 계획을 잘 받아들였다.
북한의 서울 점령기에 관한 미공군의 한 연구는 당시를 "음악, 공연,
행진, 굉장한 광경"[32]의 시기로 그리고 있다. RAND사(社)의 전임자
가 한 인터뷰들도 이와 비슷한 결과를 보여주었는데, 북한 관리들은
"예의바르고 합리적"이었으며 "명령을 할 때, 그 이유도 인내심 있게
설명했다. 체계적인 재산징발이 이루어질 때는 그것이 어디에 할당
되는지 새로운 용도를 자세하게 알려주었다. 사람을 체포할 때는 반
드시 양해의 말을 구했으며, 그것도 항상 '외부' 적을 색출하는 데 필
요할 때만 실시되었다."[33] 이 인터뷰는 또 여성의 조직화가 특히 권
장되었으며 여성들이 시 행정의 책임있는 자리에 기용되었다는 것을
보여주었다.

　　한마디로 북한은 남한을 점령지로 접근하지 않았던 것으로 보인
다. 그들의 정책은, 몇 가지 중요한 차이는 있지만 일본 항복 직후 시
기의 정치에 뿌리를 두고 있었던 것은 분명하다. 예컨대 북한은 북쪽

의 경험에 근거해 인민위원회 활동을 권장했지만, 조선인민공화국을
거론하지는 않았다. 대체로 북한이 한국내전 초기에는 사회변화를
위한 혁명적 투쟁을 벌였다고 말하는 것이 정당할 것이다.

전쟁의 본질 : 두번째 국면

9월 말 남한을 다시 장악하는 데 성공한 미국 정부는, 앞으로 무엇을
할 것인가 하는 문제에 부닥쳤다. 군사작전을 중단하고 북한과 협상
을 시도할 것인지 아니면 미국 주도로 한국을 통일하기 위해 전쟁을
계속할 것인지를 선택해야 했다. 미국은 후자를 택했고 전쟁은 두번
째 국면으로 접어들었다.

미국 정부는 항상 이 결정을 국제연합의 정책, 특히 "한국 전역에
걸친 안정을 보장할 모든 적당한 조처〔와〕 국제연합의 후원 아래 선
거를 실시하는 것을 포함해 독립국가 한국의 자주적이고 민주적인
통일정부 건설에 필요한 모든 선거관련 조처를 취할 것"[34]을 위임한
10월 7일 결의안에 따라 내려진 것이라고 설명했다. 그러나 진실은,
국제연합에서 표결에 부쳐지기 전에 미국은 38선을 넘기로 결정했다
는 것이다.

9월 말에 트루먼은 맥아더에게 38선을 넘는 것과 북한의 항복조건
을 결정하는 권한을 위임했다. 이런 권한으로 무장한 맥아더는 10월
1일 북한에 무조건적인 항복을 요구했다. 물론 그는 북한이 이를 거
부할 것을 알고 있었다. 사실 남한 군대는 항복요구가 발표되기 전인
10월 1일 아침에 미국 공군과 해군의 지원을 받아 38선을 이미 넘었
다. 그리고 미군은 국제연합 안보리가 결의안을 표결에 부치기 전인
10월 7일 아침 38선을 넘었다.[35]

미국의 행동은 명백하게 국제연합 투표결과를 예견한 것이었지만,

워런 오스틴 국제연합 주재 미국대사가 이 결의안을 옹호하면서 한 연설을 주의 깊게 검토할 필요가 있다.

오늘, 국제연합군은 군사적 승리의 문턱에 서 있다. …침략군이 가상의 선 뒤로 피신하는 것을 허락하면 안 된다. …[이 선은] 법적으로나 합리적으로나 존재기반이 없다. 국제연합과 국제연합의 한국 내 임무, 대한민국 어느 쪽도 이 선을 인정하지 않는다. 이제 북한은 대한민국에 대한 무장공격을 통해 이 선의 실재를 부인했다. 일본의 항복을 받기 위해 취해진 한국의 순간적인 분단은 너무나 일시적인 것이어서, 누구도 인정하지 않는다. 이제 이 중요한 시간에 또 이 우울한 사건을 맞아, 그런 국경을 세우지 말자.[36]

마이클 웰저가 지적하고 있듯이, "만약 38선이 가상의 선이었다면, 그들은 맨 처음의 공격을 어떻게 인지했는가?"[37] 다시 말해 오스틴의 연설은 미국 정부조차 한국전쟁을 내전으로 이해하고 있었음을 명확하게 보여주는 것이다.

남한과 미국 군대는 이 '가상의 선'을 넘을 때 별다른 반대에 부닥치지 않았다. 도시와 마을을 점령했을 때, 치안책임은 남한 경찰이 우익 청년들의 도움을 받아 주로 담당했다. 10월 10일 현재 경찰은 38선 이북의 9개 마을을 통제했다.[38]

미국이 이끄는 군대가 중국 국경을 향해 진군을 계속하자, 미국 신문들은 전쟁의 끝이 가까워졌다고 대서특필했다. 그러나 화려한 제목은 설익은 것이었다. 북한군은 격퇴당한 것이 전혀 아니었다. 중국 공산당이 사용하곤 했던 전략, 즉 후퇴했다가 다시 집결하고 상황이 가장 유리하다고 판단될 때에만 전투를 벌이는 전략을 구사한 것이다. 게다가 중국 정부가 곧 직접적인 지원을 할 예정이었다.

중국 정부는 국제연합 회원국들에게 국제연합군이 38선을 넘으면 자신들이 개입할 것이라고 경고했다. 준비태세로, 중국은 9월 초 수십만 병력을 만주로 이동시키기 시작했다. 내전의 피해를 완전히 회복하지 못했던 중국 정부는 미국과 전쟁을 벌이고 싶어하지 않았었다. 더구나 한국전쟁 직전에 이미 중국은 막강한 140만의 인민해방군 대부분을 해산하기 시작했으며, 이와 동시에 중국 국경을 향하는 적대적 세력의 존재에 위협을 느낄 이유도 충분했다. 그럼에도 불구하고 마오쩌둥은, 중국내전의 어려운 시기 동안 바로 얼마 전까지도 중국을 도와주었던 북한을 도와야 한다는 의무감을 훨씬 더 중요하게 생각했다.

미국이 경고를 무시하자, 중국은 10월 19일 밤 25만 명의 군인을 압록강 건너 북한으로 파견했다. 미국의 공세가 계속되었을 때, 중국과 북한 연합군은 미군과 남한군에 공격을 퍼부어 심각한 타격을 입혔다. 그리고는 미국의 반응을 보기 위해 교전을 중단했다. 11월 초 맥아더는 B-29 폭격기로 소이탄과 네이팜탄을 투하해 마을 전체를 파괴하는 대규모 공습을 명령하는 것으로 대응했다. 전선과 중국 국경 사이 지역은 "초토화되어 황무지"[39]로 변해 버렸다. 이어 11월 말 맥아더는 대규모 진격에 다시 나섰으나 3일 만에 중국과 북한의 대대적인 반격에 휘말렸다. 국제연합군은 빠르게 후퇴했다. 미국의 관심은 중국의 개입에 집중되어 있었지만, 북한군 역시 전투에서 중요한 역할을 했다. 힘을 못 쓸 정도로 무너졌다고 생각되었던 북한 군대는 15만 명을 전장에 투입했다.

소련도 이 전투국면에서 전쟁에 개입했지만, 제한적이고 방어적인 수준에 불과했다. 11월부터 소련은 북한 최북단에서 작전을 펼치는 중국과 북한 군대를 공중에서 엄호하기 시작했다. 소련 전투기 조종사들은 미군 비행기 '수십' 대를 격추시켰다고 주장했는데, 소련 또한 큰 피해를 입었다. 소련은 조종사들에게 중국 군복을 입히고 비행기에 중국군 표지를 붙이게 함으로써 개입을 위장했다.[40] 나중에 소련은 미국이 중국이나 소련으로 전쟁을 확대시키겠다고 위협하면 전투를 벌이기 위해 붉은 군대 5대 사단에 전투채비를 완료시켜 놓았다고 시인했다.[41]

완벽하게 패주한 것으로 보이는 상황에 직면하자, 트루먼은 11월 30일 기자회견에서 원자탄 사용 가능성을 거론했다. 그는 또 국제연합의 승인을 기다리거나 요구하지 않겠다고 분명히 밝혔다. 실제로 트루먼은 조립하지 않은 원자탄을 공군 수송기로 한국 해안에 옮기도록 명령하는 데까지 갔다. 그리고 폭탄투하를 위해 북한 상공으로 출격하는 연습도 실시되었다.[42] 그후 맥아더는 베이징과 블라디보스토크 같은 도시를 잠재적 폭격 목표물로 적시하면서 원자탄 26기 사용 승인을 요청했으나 승인을 받지 못했다.

중국과 북한 연합군의 공격은 결국 미군과 국제연합군을 후퇴시켰다. 북한은 12월 5일 평양을 탈환했고 월말까지 자국 영토를 다시 장악했다. 다음에 무엇을 할 것인지, 평화협상인가 아니면 전쟁을 계속할 것인가의 결정권은 이제 중국과 북한 정부로 넘어갔다. 전에 미국이 그러했던 것처럼, 이들도 완전한 승리를 위해 '가상의 선'을 넘기로 결정했다.

미군 지휘하의 군대가 북한의 90% 가량을 장악했던 이 두번째 국면에서의 미국과 남한 정책을 간략하게 살펴보는 것만으로도, 전쟁의 정치적 본질에 대한 상당한 인식을 얻을 수 있다. 미국 내부문서들은 남한군이 북한에서도 살인과 고문을 광범하게 자행했음을 밝히고 있다. 한 문서는 이를 "혐오스런 테러의 지배"[43]라고 표현했다. 이런 일의 동기로 가능성이 있는 것은, 한국군 장교 가운데는 일본 치하의 만주에서 공산주의자들과 싸운 북한 출신이 많았다는 점이다. 실제로 1950년 6월 현재 고위급 사령관 가운데 단 한 명을 제외하고 전원이 일본군 출신이다.[44] 북한 출신자들은 한국 경찰과 청년단체에서도 주도적인 역할을 하는 편이었다. 이런 군장교들이 식민지배에 저항하고 사회주의를 선택한 이들에 대해 묵은 한을 풀려는 특별한 동기를 가질 수 있다.

북한은 국제연합군이 북한 점령기간 동안에 17만 명의 민간인 살해를 포함하여 대규모 전쟁범죄를 저질렀다고 비난했다.[45] 또 이들이 후퇴하면서 마을과 식량을 파괴해, 기온이 계속 영하로 떨어지는 겨울 동안 수많은 북한 주민들을 한데에서 굶주림에 떨게 했다고 비난했다. 캘럼 맥도널드는 국제연합의 북한 점령기에 관한 연구에서 이렇게 결론 맺고 있다.

증거를 보면, 서방이 지금까지 인정한 것보다 북한 쪽 주장이 훨씬 더 사실임을 짐작하게 된다. …〔국제연합은—옮긴이〕 질서유지를 위해 대한민국·군대·경찰·준군사조직에 의존했고 38선 남쪽에서 이미 명백히 드러난 포악한 탄압방식이 고스란히 반복되었다. …대한민국은 북쪽에서는 주권국가로 인정되지 않았기 때문에 궁극적인 책임은 합법적인 권한을 지닌 국제연합 사령부와 사령부를 이끈 미국이 져야 한다. 워싱턴은 강간, 민간인과 전쟁포로의 학대 및 살인 등 미군이 저지르는 심각한 일탈행위를 책임져야 한다. 이 범죄의 완전한 진상은 아직도 더 조사해야 할 상황이다.[46]

남한군이 북한으로 넘어가기 하루 전, 애치슨은 "한국은 서구 민주주의가 세계의 혜택받지 못한 국가를 어떻게 도울 수 있는지를 보여주는 무대가 될 것"[47]이라고 말했다. 미국은 해방을 약속하는 듯했지만, 그들이 준 것은 의도적이고 대대적인 테러였다. 이 테러행위는 좌파를 무너뜨리기 위한 것이었을 뿐 아니라, 남한 주민들에게 이미 강요했던 이승만 정부를 북한 주민에게도 강요하기 위한 것이었다.

전쟁의 본질 : 세번째 국면

전쟁의 마지막 국면은 12월 하순 북한과 중국 군대가 38선을 넘어 내려오면서 시작되었다. 1월 4일 이들은 서울을 다시 장악했지만 그 공세는 1월 말에 힘을 잃었다. 미국과 국제연합 세력은 반격을 벌여 3월 중순에 서울을 다시 탈환했으며, 그 여세를 몰아 38선을 넘어 또다시 평양을 향해 북진했다. 그러나 1951년 중반에 이들의 공세는 교착상태에 빠졌다.

이제 양쪽은, 역사학자 론과 매코맥이 쓰고 있듯이 "대규모 군대가 힘의 균형을 이룬 채 전쟁이 처음 시작된 지역의, 상대적으로 좁은 범위를 넘나들며 시소게임을 벌이는 식으로" 서로의 얼굴을 마주보고 있었다. 이런 현실을 인정한 양쪽은 7월에 전쟁을 끝내기 위한 회담을 개성에서 열기로 합의했다. 북한 쪽은 며칠 만에 합의가 이루어질 것으로 기대했다.[48] 하지만 전쟁은 이로부터도 2년을 더 끌었으며, 이 기간 동안 상당히 격렬한 전투도 꽤 발생했다. 전쟁이 계속된 것은, 주로 미국 정부가 휴전선의 위치와 포로교환 조건 등 중요한 쟁점이 모두 해결되기 전에는 사격중지에 합의할 수 없다고 했기 때문이다.

휴전선 위치 문제가 개성회담의 첫번째 의제였다. 이 회담을 지켜본 오스트레일리아의 작가 윌프리드 버칫은, 이 문제를 둘러싼 협상을 두고 "역사의 가장 거대한 날조의 하나"라고 불렀다. 회담 전 미국의 방침은 38선이 휴전선이 되어야 한다는 것이었다. 그러나 국제연합을 대표한 미국 협상대표는 개성에서 실제 전장의 배치에 따라 휴전선을 정하자고 요구했다. 이 요구는 북한군이 "150마일 전선을 따라 평균 32마일을 후퇴해 땅을 양보"[49]하는 것을 뜻했다. 북한은 이 요구를 거부했고, 서방 언론들은 북한이 38선으로 돌아가는 것을 합당한 이유 없이 거부했다고 비난했다.

8월에 미군은 자신들이 제안한 휴전선을 북한과 중국에 관철하기 위해 대규모 공세를 펼쳤다. 미군 폭격기들은 심지어 '중립' 도시였던 개성의 중국 및 북한 대표 본부까지 폭격해, 협상대표가 죽을 고비를 넘기기도 했다. 특히 전투가 치열했던 9월과 10월 초에 미국은 핵공격을 들먹이며 북한을 협박했다. 허드슨 하버 작전은 B-29 폭격기들이 단독비행을 하여 북한에 모조 원자탄을 투하하는 것을 포함하고 있었다.

협상은 10월 말 판문점에서 재개되었다. 북한과 중국 쪽은 새로운 군사선을 휴전선으로 받아들이는 데 동의했으나, 이번에는 미국이 다시 요구사항을 바꿔 개성을 남쪽에 넘기는 것 등을 포함한 양보를 요구했다. 마침내 미국이 이 추가요구를 양보함으로써 1951년 11월 27일 휴전선 양쪽으로 각각 2마일씩의 비무장지대를 두는 내용의 합의가 이루어졌다.

양쪽은 이제 포로교환 문제로 눈을 돌렸다. 미국은 북한의 의지를 약화시킬 목적으로 대규모 폭격작전을 시작했다. 예를 들어 원산에 대한 해상 및 공중 폭격은 861일 동안 계속되어 휴전시각인 1953년 7월 27일 오후 10시, 그 바로 1분 전에 멈추었다. 전쟁이 막바지로 치닫던 기간 동안에도 미 해군은 41일을 "밤낮으로 계속" 이 도시를 폭격했다. 이를 해군 소장 앨런 F. 스미스는 "한 도시에 대한 지속적인 해상 또는 육상 폭격으로는 역사상 가장 긴 것"[50]이라고 말했다.

폭격 와중에도 협상은 계속되었는데, 북한과 중국은 휴전협정 서명 후 즉각적으로 포로 전원을 송환하도록 하는 1949년의 제네바협정에 따를 것을 제안했다. 이에 미국은 원하는 사람만 송환하자고 맞섰다. 양쪽 모두 널리 인정되는 중요한 원칙에 입각하기는 했지만, 미국이 이런 태도를 보인 것은 인도주의적 차원에서라기보다 선전전에서 북한-중국 쪽에 패배를 안겨주기 위해서였던 것으로 보인다. 미국-국제연합 쪽 판문점 협상대표 터너 조이 제독은 나중에 "공산당 출신 군인들 상당수가 공산주의로 복귀하기를 거부하면, 향후 공산당의 전복활동이 큰 타격을 받을 것으로 생각되었다. 안타깝게도 이것이 효과를 발휘하지는 못했던 것 같다"[51]고 말했다.

미국은 국제연합의 포로수용소 관리의 주책임을 남한에 맡겼다. 몇몇 경우에서는 장제스의 국민당 군인들이 중국 공산당 포로들을 감시하기도 했다. 미국이 정식으로 전쟁포로 전원을 돌려보내지 않을 것이라고 선언한 1952년 2월 이후에는 전쟁포로들의 폭동이 여러 차례 일어났으며, 미군은 '사살' 명령을 받았고 때로는 탱크와 화염방사기를 이용해 수백 명씩 죽이기도 했다.[52]

4월에 미국은 13만 명의 중국 · 북한 포로 가운데 6만 명 정도가 귀환을 원하지 않는다고 선언했다. 이 6만 명이라는 숫자는 중립적인 검증을 거쳐 산출된 것으로 알려져 있지만, 이것은 사실과 거리가 멀다. 국무부의 한 관리는 포로수용소가 '테러의 지배' 아래 있었다고 말했다. 또 조이 제독은 자신의 일기에, 집으로 돌아가고 싶어하는 포로는 "죽도록 맞거나 살해당했으며… 대다수의 포로가 너무 겁을

먹어 어느 쪽을 택할지 솔직하게 표현하지 않았다"[53]고 쓰고 있다. 국무부에 근무하는 통역관 두 명은, 제대로 조사하면 중국 포로 가운데 본토로 돌아가고 싶어하는 사람은 기록상의 15%가 아니라 85%는 될 것이라고 조이 제독에게 말했다.[54] 결국에는 약 2만 2천 명의 포로가 돌아가지 않았다.

1952년 2월, 포로송환 문제가 한창 논란이 되고 있을 무렵에 양쪽은 한국의 미래를 논의할 정치회담을 휴전협정 뒤 3개월 안에 개최하기로 합의했다. 이승만은 이 합의에 강하게 반대했다. 사실 그는 북한과 합의한 모든 것에 반대했는데, 그의 목적은 완전한 승리를 얻을 때까지 국제연합군이 계속 싸우도록 하는 것이었다. 이승만은 추후의 협상 가능성을 약화시키려고, 한국군은 미국 통제로부터 독립한다고 선언했다. 그런 다음 1952년 5월 말 계엄령을 선포하고 남한의 정치활동을 강력하게 탄압하기 시작했다. 미국 정부는 이승만을 체포하고 새로운 대통령을 세우는 것을 고려했다. 미국은 이미 에버레디(Everready) 작전이라는 계획에서 이 가능성을 준비하고 있었다.

미국에서는 아이젠하워가 새 대통령으로 당선됐다. 그가 선거유세에서 내건 공약, "한국으로 갈 것이다"는 많은 사람들에게 전쟁종식을 위한 시도를 하겠다는 것으로 해석되었다. 그러나 그는 오히려 1953년 2월 대통령 연두교서에서 전쟁확대 위협을 했다. 아이젠하워는 제7함대가 더는 중국 본토와 타이완 사이 해협에 있지 않을 것이라고 선언하고 중국에 대한 핵공격을 위협했다.

4월 들어서 병에 걸린 포로와 부상당한 포로들의 교환과 함께, 전쟁포로 문제의 해결 가능성이 보이기 시작했다. 하지만 지상전은 더 확대되었고 5월에 평양 인근의 댐에 대한 몇 차례의 공습이 있었다. 이 공습으로 큰 물난리가 나 평양이 완전히 잠겼을 뿐 아니라 농작물

피해도 컸다. 북한은 협상을 취소했고 미국은 다시 한 번 원자탄 사용을 공개적으로 검토했다. 결국은 연합군 쪽의 압력과 (아마 더 중요하게는) 소련의 보복에 대한 우려가 미국의 원자탄 사용을 막았다. 이로부터 한참 지나 1953년 6월 8일에 마침내 포로송환에 대한 합의가 이루어졌다. 북한과 중국이 원하는 사람만 송환하는 안을 받아들인 것이다. 6월 17일에는 최종 휴전선에 대한 합의도 이뤄졌다.

한편 이승만은 휴전을 깨려는 마지막 시도로 전쟁포로수용소 습격을 조직적으로 감행했는데, 이 과정에서 2만 7천 명 가량의 포로가 납치를 당했다. 북한과 중국 군대는 즉각적으로 대응했다. 이들은 6월 24일과 25일 남한군을 강력하게 공격했으며, 일주일 동안 남한군은 7400명을 잃었다. 북한과 중국은 미국에다 이승만으로부터 휴전을 지키겠다는 서약을 받아내라고 요구했다. 미국이 아무런 답을 하지 않자 이들은 다시 남한군을 공격했으며, 양쪽 모두 큰 피해를 입었다. 남한 군대에 대한 이 일련의 공격으로 미군도 공격에 노출되었다. 마침내 미국은 책임지고 이승만이 휴전을 지키도록 하겠다는 데 동의했다.

1953년 7월 27일 휴전협정이 서명되었으며, 이로써 남한은 중부와 동부 지역에서는 영토를 더 확보하고 서부지역에서는 영토를 잃게 되었다. 휴전협정에 중국·북한·미국 대표가 서명을 했다. 이승만은 서명을 거부했지만, 미국의 강한 압력을 받아 90일 동안 적대적인 행위를 자제하겠다는 데 동의했다. 90일 후에 이승만이 다시 전쟁을 일으킬 가능성을 줄이기 위해, 미국은 1953년 8월 초 미군이 계속 남한에 남아 있고 남한 군대를 미군 지휘 아래 두도록 규정하는 안보조약을 남한과 맺었다.

한국전쟁의 비용을 계산하는 것은 불가능하다. 하지만 사망자 수

는 이 비극이 얼마나 끔찍했는지를 짐작케 해준다. 북한 민간인 약
200만 명, 북한군 50만 명, 중국군 100만 명, 남한 민간인 100만 명,
남한군 1만 명, 미군 5만 4천 명을 포함한 국제연합군 9만 5천 명으
로 사망자가 400만을 넘었다. 이 수치를 좀더 넓은 시각에서 보면
북한은 전쟁 전 인구의 20% 이상을 잃었다. 이는 2차대전 동안 소련
이나 폴란드의 인명손실 비율보다도 더 높다. 일본이 2차대전으로
200만 명의 민간인과 군인을 잃었지만, 전체 인구 대비 3%에 불과
했다.[55]

제네바회의

한국전쟁에 대한 대부분의 논의가 휴전협정 서명과 함께 종결됨에
따라, 제네바회의는 거의 관심을 끌지 못했다. 필시 우연은 아니겠지
만 이는 불행한 일이다. 제네바회의에서 벌어진 일은 한국의 민주주
의와 통일에 대한 미국의 관심 결여를 확연하게 드러내기 때문이다.
미국은 남북한 통일과정이 미국의 이해에 호응하는 정부를 확실히
보장할 경우에만 그 통일을 지지할 뜻이 있었다. 이것이 전쟁터에서
는 물론이고 제네바에서도 가능하지 않다는 것이 판명되었기 때문
에, 미국은 한국인들의 바람은 어찌 됐든지 한국을 분단국가로 유지
하는 데 만족했다.

"모든 외국군의 한반도 철수 문제, 한국문제의 평화적 해결 등을
협상을 통해 해결하기 위해" 소집된 이 회의는, 휴전을 위한 양쪽의
대화는 군사문제에 국한해야 한다고 미국이 주장한 결과물이었다.
이 회의는 휴전협정 서명 이후 3개월 안에 개최되기로 합의되었지만,
회의 참석자 범위를 둘러싼 이견으로 1954년 4월 말까지 늦춰졌다.
마침내 전쟁에 참전한 국가와 소련이 참석하기로 합의됐는데, 남아

프리카공화국만 대표를 보내지 않기로 결정했다. 남한은 이 회의에서 자국과 미국만 투표권을 갖기를 원했다. 미국은 이는 너무 과도하다고 생각해서 대신 "전술의 통제"[56]를 요청하고 수용했다. 다시 말해 미국이 전쟁기간에 그랬듯이 이 회의에서 지배권을 행사하는 데 성공했던 것이다.

미국의 전략은 분명했다. 연합국은, 통일의 사전작업으로 북한에서도 국제연합이 감시하는 선거를 치르는 것 등을 포함한 국제연합 총회의 한국관련 결의를 완전히 이행하자고 요구할 예정이었다. 연합국 쪽은 어떤 상황에서도 국제연합의 역할을 부인하지 않으려고 했다. 북한이 (전쟁기간 동안 적이었던) 국제연합이 감시하는 선거를 받아들일 것 같지 않았기 때문에, 미국의 전략은 평화와 통일 과정을 촉진하는 것이 아니라 회의에서 이데올로기 전쟁을 승리로 이끄는 데 초점이 맞추어져 있다는 것이 금방 명백해졌다. 국제적 중재자이자 국제연합의 평화협상에 관한 책을 여러 권 쓴 시드니 베일리는 다음과 같이 말하면서 이 점을 잘 보여주고 있다. "미국 대표가 영국 대표에게 회의의 심리적 과제에 대한 메모를 보여주었다. 그 내용은 공산 중국이 '모스크바가 이끄는 세계 공산주의의 음모를 실행했다'면서 그렇기 때문에 중국의 명성을 깎아내리는 모든 시도를 해야 한다는 것이었다."[57]

남한 대표 변영태는, 남한이 유일한 합법정부이며 통일을 달성하려면 북한에서 국제연합 감시 아래 선거가 치러져야 한다고 주장함으로써 회의의 주조를 설정했다. 또 소련의 통제를 받는 중국군은 즉각 철수해야 한다고 했다. 그렇지만 국제연합군은 "중국 공산당이 공격하기 전부터 한국에 머물면서 북한 침략자를 응징하는 경찰로 활동했기 때문에"[58] 남한에 계속 머물 수 있다는 것이었다.

북한 대표 남일은 다른 견해를 보였다. 그는 한국 국회의 대표를 뽑기 위한 총선거를 전조선인위원회 주도로 남북한 전체에서 실시할 것을 제안했다. 이 과정을 촉진하기 위해 "전조선인위원회는 조선민주주의인민공화국과 대한민국 간의 통상·재정·교통·국경 문제, 국경 자유왕래, 서신교환의 자유, 과학 및 문화 교류와 그 밖의 모든 분야에서의 경제적·문화적 교류를 촉진할 조처를 즉각 시행해야 할 것"[59]이며, 전조선인위원회는 남북한 대표 동수로 구성하고 모든 문제는 '상호합의'로 결정하며 모든 외국군은 6개월 안에 철수하자는 것이었다. 중국 대표 자격으로 발언한 저우언라이(周恩來)는 북한의 안을 약간 수정해 '중립국' 그룹의 대표가 선거를 감시하자고 제안했다. 북한은 이 수정안을 수용했다.

미국의 입장은 존 포스터 덜레스가 밝혔다. 말머리에서부터 그는 전쟁책임은 소련이 져야 하며 국제연합은 한국의 미래에 대해 권한을 행사한다는 자국의 의지를 명백히 보여줬다.

현국면의 한국의 고난은 1945년 8월로 거슬러 올라간다. 그때 4년 동안 일본과의 전쟁이라는 무거운 짐을 지고 있던 미국은 소련이 만주와 38선 이북 한국에 진입해 일본의 항복을 받아낸다는 데 동의했다. 그러나 소련은 오직 한 가지 목적을 위해 북한에 들어갔으며, 오직 한 가지 목적을 위해 그곳에 머물렀다. 그들의 목적은 직접적으로 혹은 괴뢰를 내세워 북한을 위성국가로 만들고 가능하다면 한국 전체로 지배권을 넓히는 것이었다. …위험에 처한 것은 한국뿐 아니라, 물론 한국도 중요하지만 국제연합의 권위까지 그렇다는 점을 명심하는 것이 중요하다. 국제연합은 한국을 자유로운 독립국가로 세우는 중책을 맡았다. 국제연합은 대한민국 건국을 도왔으며 이 나라를 성장시켰다. 침략자들이 한국을 멸망시키려고 위협했을 때 바로 국제연합이 회원국들에게 한국을 지키기 위해 갈 것을 요구했다.[60]

이어서 덜레스는, 유엔군은 한국에 남아 있을 자격이 있는 유일한 외국 세력이며 민주 한국을 건설하는 유일한 길은 북에서 국제연합이 감시하는 선거를 실시하는 것이며 그런 다음 통일 정부를 구성할 수 있다는 남한의 주장을 미국은 지지한다고 밝혔다.

미국과 남한의 이런 태도는, 예컨대 중국군은 철수하되 국제연합군은 남는다는 요구나 북한에서만 선거를 치르자는 요구가 합리적이지 않다고 생각하는 미국의 연합국들에게는 골칫거리였다. 미국에 공개적으로 반대하고 싶지 않아 대부분의 대표들은 침묵을 선택했다. 베일리에 따르면, "이든〔영국 외무장관〕은, 전세계 여론이 불합리하다고 판단할 것이라고 생각했기 때문에〔미국-대한민국의〕주장을 지지하지 않았다. 4월 29, 30일 덜레스는 미국 우방의 침묵과 관련해 스파크(벨기에), 피어슨(캐나다), 이든을 비난했다."[61] 연합국들은 자신들이 지지할 수 있는 긍정적인 안을 내도록 요청했으나, 남한은 요지부동이었다. 아무리 국제연합 감독 아래 치른다 하더라도 한반도 전체에 걸친 선거는 결코 받아들일 수 없다는 것이 이승만의 태도였다.

연합국의 강력한 압력을 받아 남한은 마침내 5월 21일 새로운 제안을 했다. 남한의 변 대표는 남한 헌법 절차에 따르는 조건 아래서 국제연합 감독하의 한반도 총선거를 할 수 있다고 동의했다. 그러면서 중국군은 선거 한 달 전에 철수할 것과, 국제연합 소속 사람들은 전국을 자유롭게 다닐 완벽한 자유를 보장받고 새 정부가 전국을 통치할 확

고한 권위를 확립한 뒤에 철수하기로 하는 것을 제안했다.[62] 미국은
이 제의를 "명확하고 합리적이며 합당한 것"이라며 환영했고, 영국·
캐나다·뉴질랜드·벨기에·프랑스 대표들은 침묵을 선택했다.

회의를 장악하기 어렵다고 깨달은 미국은 군사적 수단을 통해 유
지할 수 있었던 것, 즉 남한의 친미정권을 협상테이블에서 잃을지 모
른다는 우려를 하기 시작했다. 그리하여 연합국들에게, 공산주의 쪽
이 남한 내 국제연합의 권위를 인정하지 않았기 때문에 협상이 실패
했다고 선언하도록 압력을 넣기 시작했다. 무엇보다도 미국은 한시
바삐 회의를 종결시켜 어떤 최종 성명을 발표하는 것을 피하고 싶어
했다. 대부분의 연합국 대표들은, 미국이 회의를 종결시키기 위해 이
런 식으로 합리화하는 것을 몹시 불쾌하게 여겼다. 이 회의는 국제연
합이 위임한 회의가 아니었기 때문에, 국제연합과 국제연합의 권위
는 이 회의의 절차상 합당한 쟁점이 아니었다. 하지만 그들은 미국의
지도력에 도전하고 싶지 않았다.

6월 15일 마지막 모임에서 소련 대표 몰로토프는 민주적이고 자주
적인 통일 한국을 지지하는 내용의 회의 최종 선언문 초안을 제출했
다. 저우언라이도 비슷한 안을 내놨는데, 적당한 시기와 장소에서 평
화적인 통일을 위한 협상이 재개된다는 것이 추가되어 있었다. 베일
리는 벨기에 대표 스파크가 한 말을 이렇게 기록하고 있다.

[그는] 회의가 소련과 중국의 제안을 승인하지 않겠지만, 그렇다
고 그 안에 담긴 생각을 거부한다는 뜻은 아니다고 말했다(이 순간
에 지금까지는 무표정하게 있던 중국 대표단의 젊은 대표들이 약
속이나 한 듯이 비웃음을 터뜨렸다. 서방 쪽 대표가 미국 대표와
다른 태도를 보였기 때문이었다).[63]

영국 국무장관 리딩 경 역시 스파크의 말에 동의하는 발언을 했다. 이든은, 저우언라이의 제안이 회의의 정신을 표현하고 있는 것으로 생각된다고 말했다. 하지만 미국의 전략이 우세했고 회의는 최종 선언이나 원칙의 발표 없이 끝났다. 미국의 행동에 대한 연합국들의 좌절감은 아마 캐나다 대표 로닝의 다음 말 속에 가장 잘 요약되어 있을 것이다.

> 공산주의자들은 협상하러 제네바에 왔다. …나는 평화회의에 참석하러 왔다고 생각했다. …대신 평화적인 해결의 실현을 피하는 것이 전적으로 강조됐다. …평화협정 없이 회의를 끝낼 핑곗거리가 전혀 없었다. …몰로토프의 안은 …[국제연합 깃발 아래 싸운] 16개국 대부분이 사태해결의 기준으로 받아들일 수 있었던 것이다.[64]

비극적이게도, 한국전쟁과 제네바회의의 역사에 대한 무시는 과거의 사태추이뿐 아니라 현재 미국의 대한정책에 대해서 미국인들이 명확하게 사고할 수 있는 능력을 계속 훼손시키고 있다. 예컨대 이 역사에 대한 무시는 왜 수많은 한국인이 미국에 대해 원한을 품고 있는지 또는 왜 남한이 대안 정치체계와 남북통일을 적극 선택할 수 있는지를 미국인이 이해하기 어렵게 만든다. 이것은 또 대미관계에 대한 북한의 전망을 이해하기 힘들게 한다. 예를 들어 미국과 평화협정을 맺고자 하는 현재 북한의 시도는 남한과 미국의 동맹관계를 깨려는 교활한 시도일 뿐이라고 일반적으로 (미국인들은) 생각하고 있다. 아마 가장 중요한 것은, 이런 집단적인 무시 때문에 미국 행정부가 계속 바뀌면서도 똑같은 외교정책, 곧 미국의 이익을 대변하는 남한 내 세력을 지지하고 북한에 대한 선전공세의 승리를 시도하는 정책을 제네바에서부터 지금까지 아무런 도전도 받지 않고 유지해 오고 있다는 사실일 것이다. 바로 이것이 한국의 평화적이며 민주적인 통일이 진척되지 않는 한 가지 이유이다.

주

1. Department of State, *The Record on Korean Unification, 1943~1960*(Far Eastern Series 101, Washington, DC, 1960, p. 86)에서 재인용.
2. I. F. Stone, *The Hidden History of the Korean War*(New York: Monthly Review Press, 1952, p. 46)에서 재인용.
3. 같은 책, p. 50에서 재인용.
4. Department of State, 앞의 책, p. 99에서 재인용.
5. Jon Halliday and Bruce Cumings, *Korea, The Unknown War*, New York: Pantheon Books, 1988, p. 75.
6. Department of State, 앞의 책, pp. 100~101에서 재인용.
7. Bruce Cumings, *The Origins of the Korean War, The Roaring of the Cataract, 1947~1950*, Princeton: Princeton University Press, 1990, p. 388.
8. Stone, 앞의 책, p. 64에서 재인용.
9. 같은 책, p. 7에서 재인용.
10. Cumings, *Origins, 1947~1950*, p. 547에서 재인용.
11. 같은 책, p. 547에서 재인용.
12. "Ciphered Telegram from Shtykov to. Vyshinsky, 3 September 1949," Document II, *Cold War International History Project Bulletin* No.5, 1995 Spring, p. 6.
13. "Politburo Decision to Confirm the Following Directive to the Soviet Ambassador in Korea, 24 September 1949," Document II, 같은 책, p. 8.
14. "Ciphered Telegram from Shtykov to Vyshinsky, 19 January 1950," Document VI, 같은 책, p. 8.
15. Bruce Cumings, *Korea's Place in the Sun: A Modern History*, New York: W. W. Norton and Company, 1997, p. 251.

16. Karunakar Gupta, "How Did the Korean War Begin?," *The China Quarterly* 52, 1972, p. 706.

17. Stone, 앞의 책, p. 45에서 재인용.

18. 같은 책, p. 20에서 재인용.

19. 같은 책, pp. 21~22에서 재인용.

20. 이와 관련해 한 가지 사실을 검토해 볼 만하다. 커밍스는 한국전쟁 일주일 전에 "미국 국방부가 SL-17이라는 계획을 승인해 배포했다. 이 계획은 북한의 침공을 가정하고 부산으로 후퇴해 방어하며, 이어 인천에서 상륙작전을 펼치는 것도 가정하고 있다"고 밝히고 있다(*Origins, 1947~1950*, pp. 614~15).

21. Stone, 앞의 책, p. 44.

22. Halliday and Cumings, 앞의 책, p. 84.

23. 같은 책, p. 82.

24. Cumings, *Origins, 1947~1950*, pp. 698~99.

25. 같은 책, p. 701에서 재인용.

26. Stewart Lone and Gavan McCormack, *Korea since 1850*, New York: St. Martins Press, 1993, p. 122.

27. Callum MacDonald, "So Terrible a Liberation: The UN Occupation of North Korea," *Bulletin on Concerned Asian Scholars* 3: 2, 1991 Apr.~Jun., p. 8.

28. Gregory Henderson, *Korea: The Politics of the Vortex*, Cambridge: Harvard University Press, 1968, p. 167.

29. Halliday and Cumings, 앞의 책, p. 87.

30. Cumings, *Origins, 1947~1950*, p. 677.

31. Lone and McCormack, 앞의 책, p. 112에서 재인용.

32. 같은 책, p. 112에서 재인용.

33. Cumings, *Origins, 1947~1950*, p. 670에서 재인용.

34. Department of State, 앞의 책, p. 106에서 재인용.

35. Stone, 앞의 책, pp. 131~32.

36. John W. Spanier, *The Truman-MacArthur Controversy and the Korean War*(Cambridge: Harvard University Press, 1959, p. 88)에서 재인용.

37. Michael Walzer, *Just and Unjust Wars, A Moral Argument with Historical Illustrations*, New York: Basic Books, 1977, p. 118.

38. Halliday and Cumings, 앞의 책, p. 107.

39. 같은 책, p. 115에서 재인용.

40. Lone and McCormack, 앞의 책, p. 114.

41. Halliday and Cumings, 앞의 책, p. 132.

42. Lone and McCormack, 앞의 책, p. 115.

43. 같은 책, p. 119에서 재인용.

44. MacDonald, 앞의 책, p. 10.

45. 같은 책, p. 3.

46. 같은 책, p. 19.

47. Cumings, *Origins, 1947~1950*, p. 715에서 재인용.

48. Lone and McCormack, 앞의 책, p. 122.

49. Gavan McCormack, "Korea: Wilfred Burchett's Thirty Years' War," *Burchett Reporting the Other Side of the World 1939~1983*, Ben Kiernan, ed., New York: Quartet Books, 1986, p. 166.

50. Halliday and Cumings, 앞의 책, p. 156에서 재인용.

51. Lone and McCormack, 앞의 책, p. 123에서 재인용.

52. Halliday and Cumings, 앞으 책, p. 179.

53. 같은 책, p. 178에서 재인용.

54. 같은 책, p. 179.

55. Cumings, *Origins, 1947~1950*, p. 770.

56. Sydney D. Bailey, *The Korean Armistice*, New York: St Martin's Press, 1992, p. 152.

57. 같은 책, p. 156.

58. Department of State, 앞의 책, p. 156에서 재인용.

59. 같은 책, p. 159에서 재인용.

60. 같은 책, p. 160에서 재인용.

61. Bailey, 앞의 책, p. 163.

62. Bong-youn Choy, *A History of the Korean Reunification Movement: Its Issues and Prospects*, Peoria: Research Committee on Korean Unification, Institute of International Studies, Bradley University, 1984, pp. 76~77.

63. Bailey, 앞의 책, pp. 167~68.

64. Halliday and Cumings, 앞의 책, p. 211에서 재인용.

제3부
분단에서 통일로

6
분단한국 : 북한의 경험

공중파 방송 프로그램들이 좋아하는 전문가들의 관점에서 보면, 북
한은 원본보다 더 오래 버티는 소련의 위험한 복사본이다. 그들은,
국민들을 '생각 없는 로봇'으로 바꿔놓은 북한의 '불안한' 지도자들
이 한반도에서 다시 전쟁을 일으키려 위협함으로써 깊어가는 경제위
기와 사회주의 전반의 위기에 대한 관심을 다른 곳으로 돌리려고 하
기 때문에 위험하다고 생각한다. 충분히 짐작이 가듯이, 이런 북한관
이 많은 미국인들로 하여금 동북아에 강력한 미군을 주둔시키고 북
한이 무너지거나 국민들에 의해 정권이 전복되어 남한에 흡수될 때
까지 북한을 고립시키려는 미국의 정책을 지지하게 만든다.

북한의 경제여건은 분명히 절망적이다. 북한 지도자들이 해방정국
에서 한국인의 정치활동을 고양시킨 민주적인 풀뿌리의 힘을 거부하
는 바람직하지 못한 사회주의를 만들어낸 것도 사실이다. 하지만 북
한 정부의 초기 급진적 사회변혁 시도는 진지한 것이었다. 이런 노력

의 결과가 왜곡된 것은 김일성 같은 지도자들의 결정 때문이기도 하지만, 북한 지도자들의 이 같은 결정이 무척이나 엄혹한 환경에서 이루어졌다는 사실을 인식하는 것 역시 중요하다. 무엇보다 가장 중요한 것은 분단과 미국의 적대감 때문에 선택의 여지가 제한되거나 사전에 막혔다는 점이다. 다시 말해 미국의 행동이 북한의 정치·사회·경제 발전에 상당히 부정적인 영향을 끼쳤다.

북한 정부의 비밀주의 때문에 정치적 흐름을 해석하기가 어렵지만, 현 정권은 분명히 안정적인 것 같아 보인다. 북한 지도층은 자국의 어려움에 대처하기 위해 놀랄 만큼 유연한 외교정책을 추구해 왔는데, 특히 미국을 대할 때 더 그랬다. 한반도의 군사적 긴장은 북한의 절망적인 상황보다는 미국의 공격적인 정책 때문에 더 많이 조성되었다. 이와 대조적으로 북한 정권은 민주적인 정치개혁을 향상시키는 데는 거의 관심을 보이지 않았다. 그래서 중요한 사회변화가 더디게 나타날 것이며, 그나마도 북한 주민들이 현재의 문제에 새롭게 힘을 합쳐 대응하는 시도를 하려고 할 때 비로소 가능할 것이다. 남쪽에서 주도하는 민간 차원의 통일논의가 이 같은 발전의 원동력을 제공할 것이다.

김일성과 북한 사회주의의 전개

건국 초기 10년 동안 조선민주주의인민공화국은 미국과 남한 학자 대부분에게 한낱 소련의 앞잡이로 치부되었다. 이들의 전반적인 평가는 북한 정권과 지도자 김일성은 혁명의 자격증 혹은 독자적인 정치전망을 가지고 있지 않다는 것이었다. 오늘날에도 북한의 경험은 스탈린 치하 소련의 경험의 극단적인 형태로 일반적으로 이해되고 있다. 여기서 스탈린 역을 처음에는 김일성이, 지금은 그의 아들이

하고 있다는 식이다.

　북한 역사에 대한 이런 이해는 잘못된 것이다. 한국에는 1920년대부터 강력한 혁명운동이 있었다. 사회주의에 대한 대중적 열망이나 김일성이 단순히 소련에서 수입된 것이라고 말하는 것은 부정확하다. 소련이 북한의 정치적·경제적 발전에 영향을 끼친 것은 사실이지만, 더 중요한 결정요소는 김일성의 정치 경험과 전망 그리고 이와 밀접하게 연결되어 있는 미국의 외교정책과 분단이었다. 이것은 김일성의 권력장악과 그의 정책을 살펴보면 잘 드러난다.

　김일성은 일본이 항복한 지 약 한 달 뒤인 1945년 9월에 북한에 도착했다. 김일성은 자신과 함께 만주에서 무장투쟁을 했던 혁명가그룹들의 충성을 얻고 있었지만, 다른 계열의 공산주의자들도 북한에서 활동하고 있었다. 그중 한 그룹이 일제 식민지 시기 동안 한국에 머무르고 있었던 국내파 공산주의자들이며, 또 한 그룹은 지금까지 소련에서 살았지만 이제는 한국에 살고 싶어하는 소비에트한인들이다. 마지막으로 연안파가 있었다. 김두봉이 이끄는 연안파는 마오쩌둥과 함께 대장정을 하고 연안에 머물렀던 사람들이다. 이 연안파는 신민당이라는 독자적인 정당을 만들었다.

　김일성은 시간을 낭비하지 않고 한국 공산주의 정치활동에 적극 개입했다. 이미 일본이 조선공산당을 사실상 거의 파괴해 버린 상태였다. 나라가 분단된 상황에서 공산주의자들은 북조선분국과 남조선분국으로 나뉘어서 당을 복원하기로 결정했다. 김일성은 북쪽분국을 조직하는 데 주도적인 역할을 했다. 북쪽분국은 10월부터 활동을 시작했으며, 12월에 김일성을 지도자로 뽑았다.

　그러나 김일성은 조선공산당의 2국(局) 조직화 전략에 반대했다. 남과 북의 정치적 조건이 엄청나게 달랐기 때문이다. 예컨대 남쪽의 공산주의자들은 미군정의 억압으로 지하로 잠입해야 할 만큼 수세에 놓여 있었다. 이와 달리 북쪽의 공산주의자들은 공개적으로 조직하고 활동할 수 있었다. 이러한 차이 때문에 김일성은 특히 남쪽에 본부를 둔 당은 북쪽의 정치적 발전을 가로막을 것이라고 생각했다. 사회주의 한국을 건설하는 최선의 길은 북쪽의 공산주의자들이 최대한 강력한 사회주의 운동을 확립하는 것이라고 그는 주장했다. 이와 같은 운동이 모든 한국인들을 고양시키고 미국의 분단책동에 더 효과적으로 저항해 나갈 수 있게 한다는 것이었다. 하지만 이것은 북쪽의 공산주의자들이 자유롭게 독자정당을 건설할 때 비로소 가능한 일이었다.

북쪽에 독자적인 공산당을 건설하는 것이 분명히 김일성 개인의 힘을 강화시켜 주겠지만, 그의 제안이 당시 정치상황에 대한 주도면밀한 평가를 바탕으로 하고 있었던 것 또한 사실이다. 남쪽의 정치적 조건이 점점 더 나빠짐에 따라 마침내 북쪽분국의 대다수 당원들이 김일성의 제안을 옹호하게 되었다. 1946년 6월에 조선공산당 북조선분국은 북조선공산당으로 개편되었다.

김일성의 전망에는 북조선공산당을 대중정당으로 조직하는 것도 포함되어 있었다. 적극적으로 당원가입 활동을 벌여 8월에 당원이 27만 명에 이르렀다. 그러자 김일성은 (당원 약 6만 명의) 신민당 지도자 김두봉에게 합당을 제안했고, 김두봉도 동의했다. 8월 말에 북조선노동당 창당대회가 열렸다. 김두봉이 의장으로 뽑히고, 부의장 두 명 중 하나가 김일성이었다. 비슷한 통합이 11월에 남쪽에서도 이루어졌는데, 남조선공산당이 몇몇 정당과 함께 남조선노동당을 결성한 것이다.

1948년 3월 북로당 2차 전당대회에서는 김일성의 정치적 성향과,

미국 정책이 북한의 정치적 선택에 어떤 식으로 영향을 끼쳤는지를 잘 보여주는 큰 논쟁이 벌어졌다. 김일성은 국내파 공산주의자들, 특히 오기섭이 독자적인 노동조합운동을 부추겼다고 공격했다. 이 정책은 김일성에 따르면, 노동자들이 노동계급 전반을 대표하는 당 및 국가의 이익과 자신들의 이해관계를 분리해서 보는 오류를 저지르게 한다고 그는 주장했다. 미국의 의도 때문에 이런 정책은 특히 위험하다고 생각했던 것이다. 그는 북쪽의 정치적 단결을 약화시키는 어떤 일도 용납되면 안 된다고 믿었다. 그렇게 되면 통일은 고사하고 생존 그 자체가 위험에 빠진다는 것이 김일성의 시각이었다. 반면 오기섭은 미국의 행동과 상관없이 경제적 정책결정에 대한 민주적이고 대중적인 참여를 옹호하는 것이 당의 임무라고 주장했다. 이렇게 하려면 강력한 독자적인 노동조합운동을 활성화시켜야 한다는 것이다.[1]

안타깝게도 노조의 독자성에 대한 김일성의 입장이 승리했다. 많은 당원들이 정치상황이 불안정할 때는 정치적 중앙집중화가 우선되어야 한다는 김일성의 주장에 동조했던 것이다. 하지만 이 결정은, 새로운 사회주의 사회 건설과정에서 대안적인 쐐기 역할을 할 수 있었을 노동계급의 독자적인 정치활동이라는 한국의 유산(遺産)에 반하는 것이다. 즉 2차대전 직후 시기에 조선인민공화국과 그 강령은 전평을 포함한 강력한 조직력을 갖춘 전투적인 기층조직들로부터 열렬한 지지를 받았다.

김일성의 지도력이 가장 큰 도전을 받았던 때는 아마 한국전쟁 동안이었을 것이다. 도전세력은 국내파 공산주의 지도자 가운데 가장 영향력 있고 널리 알려져 있던 박헌영의 추종자들이었다. 박헌영은 남한에서 미군정에 체포될 위기에 처하자 1946년 북으로 가서 당원으로서 활발하게 활동했다. 중국군이 전쟁에 참전한 후 1951년 9월에 그의 지지자들은 박헌영을 지도자로 세우려는 쿠데타를 준비하기 시작했다. 김일성의 통치방식, 한국전쟁 발발 전의 일련의 정책들, 소련과의 밀접한 관계에 대한 전반적인 불만이 쿠데타의 동기가 되었다. 그러나 1953년 초 이들의 쿠데타 시도는 실패했다. 박헌영과 쿠데타 공모자 전원이 체포되었으며, 결국 한국전쟁 후에 모두 처형당했다.

김일성은 한국전쟁 동안에도 이보다는 덜 심각한 당내 논쟁에 휘말렸다. 1950년 말, 미군과 남한군이 북쪽에서 밀려난 뒤 당은 재조직 사업과 관련한 도전에 직면했다. 이때 주된 관심사는 당에 대한 충성이었다. 김일성은 소비에트한인으로서는 가장 고위직에 있던 허가이 감찰위원회 위원장에게 충성도 조사를 지시했다. 허가이는 행동을 절제하라는 김일성의 충고를 무시하고 60만 당원 가운데 약 45만 명을 징계 혹은 제명했다. 그는 당원증을 소지하지 않은 당원은 모두 충성하지 않는 것이라고 판단했던 것이다. 이 판단기준이 문제가 되었던 것은, 미국과 국제연합 세력의 점령기에 많은 충실한 당원들이 체포를 당하지 않기 위해 당원증을 파기했기 때문이었다. 또 그는 자신의 지위를 이용해 농민 당원의 수를 줄이려 했다. 그의 시각에 따르면, 당은 소수정예의 노동자계급으로 구성되어야 했다. 결국 1952년 12월 김일성은 허가이를 숙청하고 제명된 당원 대부분을 복권시켰다. 성공적인 당원 확장운동 결과 1956년 4월에 당원이 전체 인구의 12%인 120만 명에 이르렀는데, 이는 전세계 공산당 가운데 가장 높은 비율이었다.[2]

한국전쟁의 결과는 나라를 두 동강 내고 북한을 경제적·사회적으로 황폐화시켰다. 당에서는 정치적·경제적 전략을 둘러싸고 논쟁이 벌어졌다. 북한은 재건을 위한 외국의 지원이 절대적으로 필요한 상황이었지만, 김일성은 자립에 근거한 경제전략을 따를 것을 요구했다. 이를 실현하기 위해서 김일성은 경제에 대한 정부의 강력한 통제와 중공업 우선개발을 주장했다.

소비에트한인과 연안파 당원들이 특히 김일성의 경제전략을 거부했다. 일반적으로 말한다면, 이들의 입장은 경공업과 농업을 더 중시하고 공동체와 사기업의 보다 많은 역할을 강조하는 것이었다. 노동조합의 상대적으로 독립적인 역할을 포함하여 관리체계의 분권화를 옹호하는 사람도 많았다. 그리고 대부분이 '국제사회주의노동국'에 즉각 통합할 것을 지지했는데, 이것은 소련이 이끄는 상호경제협력위원회(COMECON)에 가입하는 것을 뜻했다. 이에 따른 분업화는 철광석 같은 1차산물을 수출하고 대신 소비재를 수입하는 것을 가능하게 하므로 평균 생활수준이 즉각적이고도 지속적으로 향상될 것이라는 것이 이들의 주장이었다.

그 밖에도 입장차이는 있었다. 김일성은 자신의 중공업 우선정책을 강화시키는 자주국방 전략을 주장했지만, 김일성의 경제전략을 반대했던 사람들의 상당수가 그의 군사전략도 반대했다. 그들은 소련이 새롭게 강조하고 나선, 자본주의 국가 특히 미국과의 '평화공존'을 따르고 싶어했다. 김일성의 통치방식을 격렬하게 비판했던 이들은 김일성이 스탈린식 개인숭배를 시도한다고 비판하면서 집단지도 체제를 요구했다.

1956년 4월의 3차 전당대회에서 김일성은 반대파들을 축출하고 그들의 자리 상당수를 자기 정파 출신의 당원들로 교체하는 데 성공했다.[3] 그로부터 넉 달 뒤 중앙위원회 회의에서 소비에트한인과 연안파가 연합해 김일성을 축출하려고 했으나 실패했다. 김일성이 이들을 압도한 데는 두 가지 주요한 요인이 있었다. 첫째, 그는 당을 자신에게 충성하는 사람들로 재편하는 데 적극적이었다. 그리고 더 중요하게는 둘째로, 그는 북조선의 독립을 지지하는 입장은 오직 자신뿐이고 북조선을 외세 의존적으로 만들게 될 정책을 주장하는 자신의 반대파들은 사실 외국 이해관계의 대변자에 불과하다고 절대 다수의 당원로 하여금 믿게 할 수 있었다.[4] 1957년부터 김일성은 반대파를 당에서 몰아내기 시작했다. 이 숙청작업이, 북한의 요청으로 중국군이 완전히 철수한 것과 같은 시기에 이루어졌다는 것은 우연이 아니었다. 그리고 소비에트한인들이 어느 '쪽'을 선택할 수밖에 없게 하기 위해, 북한은 소련과 협상하여 북한-소련의 이중국적 제도를 폐지하기도 했다.

따라서 김일성의 권력장악은 단순히 소련과 연계되어 있었기 때문만은 아니었다. 그는 자신이, 수많은 북한 주민들이 희망했고 또 그들이 바라는 사회주의 건설을 촉진하게 될 정책의 강력하고도 성공적인 주창자임을 증명해 보였다. 그러나 비극적이게도, 김일성의 사회주의 전망이 갈수록 편협해지고 위계화되어 갔다. 그는 자신에 대한 숭배를 고무했고, 이 숭배는 그의 모든 가족과 특히 후계자이자 아들인 김정일로 확대됐다. 김일성 등 (1949년 남로당과 북로당이 통합해 결성된) 조선노동당 지도자들이 분단된 북쪽에서 안정적 정치구조를 구축하려고 애쓰는 동안 과거 혁명운동의 민주적 추진력은 대부분 사라졌다.

북한의 '경제기적'

분단 후 처음 20년 동안 상당수의 한국인들은 남한보다 북한을 더 우호적으로 바라보았다. 이런 우월감을 반영하여 남북간의 통신과 교류 확대를 계속 제의한 것은 남한이 아니라 북한이었다. 남한 정부는 이 제안을 거부했을 뿐 아니라 어떠한 반대제안을 하는 것조차 거절했다. 아마 두 개의 한국에 대한 한국인의 감정을 더 잘 보여주는 것은, 재일 한국인 가운데 공식적으로 북한을 '모국'으로 선택한 사람은 45만 명이었고 남한을 택한 사람은 16만 5천 명이라는 사실일 것이다. 이 격차가 더 인상적인 것은 대부분의 재일 한국인이 남쪽 출신이라는 점 때문이다. 1959~62년에 약 7만 5천의 재일 한국인이 일본을 떠나 북한에 영구 정착했다.[5]

북한이 남한에 자신 있게 접근하고 재일 한국인 수만 명을 끌어들일 수 있었던 이유 중 하나는 경제적 우위였다. 50년대에 남한이 경기침체와 높은 실업률로 고통받고 있는 동안에, 북한 경제는 완전고용과 빠른 성장을 이룩했다. 물론 60년대 들어와서 국가가 생산관계를 지배하면서 그후 수십 년 동안 남한 경제도 빠르게 성장했지만, 북한 경제는 고용·소득분배·성장에서 여전히 우위를 유지했다.

북한의 강력한 경제성장은 철저한 국가 주도하의 경제적·사회적 관계의 변혁 결과였다. 일본이 한국을 '산업화했지만', 이것은 불균등하게 이루어졌다. 1940년에 한국 중공업의 약 85%가 북쪽에 있는데 비해, 경공업의 75%와 거의 대부분의 농업생산은 남쪽에 집중되어 있었다. 분단은 남북 모두를 반쪽 짜리 경제로 만들어버렸다. 북한 지도층은 노동현장·성(gender)·소유관계를 급진적으로 변화시키는 수많은 철저한 개혁을 단행함으로써 이런 역사적 유산에 대응했다. 그리고 좀더 균형 잡힌 자급경제를 창출하기 위해서 일련의 경제계획 ― 1947년과 48년의 1개년 계획, 1949~50년의 2개년 계획 ―도 착수했다.[6] 이런 사업추진은 대중적이며 효과적이었다.

그러나 북한의 경제적 진보는 한국전쟁으로 일시 중단됐다. 전쟁이 끝났을 때 전력생산은 1949년의 26%에 불과했고 석탄 등 연료는

11%, 화학은 22%, 야금은 10%였다. 농업도 혼란상태였다(이것은 주로 제방과 댐에 대한 미국의 대대적인 폭격 때문이었다).[7]

휴전에 이어 거의 곧바로 북한은 인상적인 재건계획을 시작했다. 이를 두고 론과 매코맥은 "아마 전세계에서 가장 중앙집중적이고 계획적인 경제개발 전략"일 것[8]이라고 말한다. 1954~56년에 중공업 발전에 우선순위를 둔 3개년 계획이 시행되었으며, 계획보다 목표달성을 6개월 앞당겼다. 그리고 1957~61년에 5개년 계획이 시행되었는데, 이때도 목표가 예정보다 빨리 달성되었다. 조선민주주의인민공화국에 따르면, 이 계획의 완성으로 "자립적인 국가 경제발전의 바탕"이 성공적으로 갖추어졌다.[9] 또 1961년부터는 산업기술 개발과 새로 건설한 산업기반의 근대화를 목적으로 하는 새로운 7개년 계획이 추진되었다.

전후에 북한은 생산설비의 사적 소유를 폐지하는 과제도 완료했다. 그리고 한국전쟁이 남긴 파괴를 복구하기 위해 농업은 1953~58년에 단계적으로 추진된 집단농장화 과정에 돌입했으며, 이 과정에서 생존에 필요한 한정된 자원과 노동력이 집단화되었다. 론과 매코맥은 이렇게 쓰고 있다.

산업화를 위한 자본축적이 시급한 과제였음에도 불구하고, 정권은 농민들을 심하게 쥐어짜지 않았던 듯하다. 농민들은 생활수준이 점차 향상되었으며, 1966년 농업생산에 대한 과세가 전면 폐지될 때까지 세금도 계속 낮추었다. 관개사업, 산비탈의 농지화, 기계화(대규모 생산과 트랙터 보급), 화학화(비료 사용)가 대규모로 추진되었다.[10]

상업과 제조업을 포함한 소규모 개인기업과 도시 수공업 역시 비슷한 집단화 과정을 거쳤다. 1958년 8월에 북한 지도부는 국유화 수준에 대한 평가를 바탕으로 "도시와 농촌에서 생산관계의 사회주의적 변혁"이 달성되었다고 선언했다.[11]

북한의 경제성과는 참으로 두드러졌다. 연간 농업생산량이 1950년대에는 평균 10% 그리고 60년대에는 6.3% 증가했다. 60년대 말에 정부는 식량자급을 달성했다고 선언했다.[12] 공업 성장률은 훨씬 더 주목할 만하다. 1956년 현재 총공업생산이 1953년의 3배에 달했고 1960년에는 1956년의 거의 3.5배가 되었다.[13] 그 결과 국민소득에서 공업이 차지하는 비율이 1946년 16.8%에서 1965년 64.2%로 크게 높아졌다.[14] 그리고 1960년에는 기계설비가 가장 큰 산업분야가 되었다.[15] 이와 같은 성과는 심지어 서방 경제학자들까지도 "북한의 기적"[16]이라고 말하기 시작할 만큼 괄목할 만했다. 실제로 1965년에 경제학자 조언 로빈슨은 "전후 전세계의 모든 경제기적이 이 성과에 눌려 빛을 잃고 있다"[17]고 썼다.

경제기적의 끝

북한의 경제성장은 60년대 후반부터 느려지기 시작했다. 1966년에 정부는 7개년 계획이 예정대로 완수되지 못할 것이라고 선언하고 계획기간을 1970년까지 3년 연장했다. 그리고 1971년에 시작된 새로운 6개년 계획이 1975년 말에 예정보다 넉 달 앞당겨 성공적으로 완수되었다고 북한은 밝혔지만, 1976, 77년에 새 계획이 발표되지는 않았다. 이런 어려움이 있었지만, 론과 매코맥이 요약한 CIA 평가보고서조차 "1976년 초 현재 북한 경제는 농업에서부터 전력생산, 철광, 시멘트, 기계공구, 트럭 등 (텔레비전과 자동차를 제외한) 거의 모든 분

야에서 1인당 생산량이 남한을 앞서고 있다"[18]고 쓰고 있다. 그럼에
도 불구하고 북한은 경제경쟁에서 지고 있었다. 1960~76년까지 북
한의 1인당 국민총소득(GNP)은 연평균 5.2% 증가한 데 비해, 남한
은 7.3% 증가했다.[19] 70년대 말 무렵부터 1인당 GNP에서 남한이 북
한을 따라잡으면서 그후 훨씬 앞서나가게 되었다.

　북한의 경제적 어려움에는 몇 가지 이유가 있다. 가장 중요한 것으
로는 소련의 원조삭감과, 분단이 강요한 부족자원의 군사부문으로의
전환을 꼽을 수 있다. 북한은 항상 전통적인 주체의 원칙에 입각하여
경제전략을 추진한다고 자부하지만, 외국 지원도 상당히 받았다. 예
를 들어 1953년과 56년에 소련과 동유럽 국가들로부터 상당한 원조
를 받아 3개년 계획을 수행했다. 한 학자에 따르면,

　　3개년 계획기간 동안 조선민주주의인민공화국 총자본투자의
　　75.1%가 공산진영으로부터의 보조금으로 충당된 것이었다. 이 기
　　간 평양정부 예산의 24.3%가 (신용을 포함해) 공산진영의 원조로
　　충당되었다. 마지막으로, 사회주의 국가들의 원조와 신용제공은 3
　　개년 계획기간 동안 조선민주주의인민공화국 총수입의 각각 77.6%
　　와 3.9%를 차지했다.[20]

　소련은 상당량의 과학·기술 원조도 거의 무상으로 제공했다.
1962년까지 소련은 2581종의 기술자료를 제공했는데, 그 가운데 935
종은 설비나 기계 완성품의 도면이었다. 이 기술지원 덕분에 북한은
트럭, 크레인, 컴프레서, 농업기계, 전기모터, 트랙터, 변압기 등 많
은 장비를 생산할 수 있었고, 이것은 빠른 산업화에 기여했다.[21]
　그러나 50년대 말부터 북한과 소련의 관계가 나빠지기 시작했다.

1956년 소련은 북한에 대해 중공업단지 건설을 중단하고 대신 COMECON의 노동분업 체계에 따라 경공업 생산과 주요 생필품 수출에 주력하라고 압력을 넣기 시작했다. 북한은 1957년 COMECON에 옵서버로 가입했으나 국가계획과 관련한 제재에 대해서는 거부했다.

더구나 점점 더 심각해지는 중소분쟁이 경제전략을 둘러싼 논쟁을 복잡하게 했다. 김일성은 두 나라와 우호관계를 유지하려고 애썼고 그래서 이로 인한 사건전개, 특히 소련의 중국 비판이 잦아지면서 난처한 처지에 놓였다. 사실 김일성은 소련과의 대결에서 중국을 지지했다. 그는 소련의 수정주의, 특히 한국전쟁을 벌인 미국과의 '평화공존' 정책을 비판했다. 그는 이 '평화공존'이 아시아에 대한 소련의 인종적 태도를 반영하고 있다고 믿었다. 그가 보기에, 데탕트는 엄밀하게 유럽 상황 속에서 발전했고 오직 유럽에서만 의미가 있는 것이었다. 미국의 공격위협을 받고 있는 베트남이나 중국, 북한 같은 분단국의 사회주의 정권에는 무의미할 수 있다는 것이었다.

60년대 초 소련이 북한의 경제개혁과 중국 비난을 꺼리는 점에 대해 공개적으로 비판을 하기 시작했을 때도 김일성은 자신의 입장을 굽히지 않았다. 그 결과는 소련의 원조와 기술지원이 갑자기 중단되고 1962~65년에 양국간의 무역이 감소하는 것으로 나타났다. 당연히 이것은 북한 경제에 심각한 타격을 주었다. 고든 화이트는 이렇게 설명한다.

북한이 소련의 통합계획을 거부한 데 대한 대가가 없었던 것은 아니었다. 예를 들어 7개년 계획의 완료가 1967년에서 70년으로 늦춰지게 된 요인의 하나가 이것이었다. 1961년에 북·소조약에 들어 있는 소련의 군사적 보장에 대한 신뢰도가 떨어지고 군사원

조가 7년 동안 중단되자, 북한은 정부지출의 상당 부분을 방위부문
에 투입해야 했다. 원조와 무역계획을 소련이 조종함에 따라 7개년
계획의 목표달성이 방해를 받았다.[22]

이러한 소련과 북한 관계는 60년대 중반 들어서 개선되었지만, 이
번에는 중국과 북한 관계가 나빠졌다. 1967년 중국 홍위병들이, 김일
성은 귀족적인 생활을 하고 북한 군대를 베트남에 파병하여 미국에
대항해서 싸우게 하지 않으며 중국 문화혁명을 무시함으로써 세계
혁명운동을 배신했다고 비난하는 벽보를 붙이기 시작했다. 두 나라
관계가 악화되어 각각 상대국 주재 대사를 소환했으며, 군사정전위
원회의 중국 대표도 철수했다. 여기에 더해 두 나라 사이에 (두 나라
의 건국신화에서 중요한 구실을 하는) 백두산을 둘러싼 국경분쟁이
발생했다. 두 나라 관계는 1969년 홍위병의 김일성 비난이 중단되고
중국이 백두산에 대한 북한의 주권을 인정하고서야 비로소 개선되기
시작했는데, 1970년 초 들어서 다시 대사를 교환하고 중국 대표도 정
전위원회에 참여했다.[23]

이 경험에서 김일성은, 동맹국들이 서로 적대적인 관계를 계속 유
지하고 있는 한 북한은 어느 한쪽의 지원에 의지할 수 없다는 중요한
교훈을 얻었다. 그리하여 그는 제3세계와 훨씬 더 동질성을 가지는
쪽으로 북한을 이끌어가기 시작했으며, 1975년 조선민주주의인민공
화국은 비동맹국 운동의 회원국이 되었다.

북한의 동맹국들과의 관계악화는 남한의 발전 측면에서도 중요한
의미를 지녔다. 1961년 박정희가 군사쿠데타를 일으키고, 즉각적으
로 반공을 통치의 가장 중요한 원칙으로 선언했다. 그는 남한이 경제
적 · 군사적으로 강력해져 협상에서 유리한 위치를 차지할 때까지 북

한과의 모든 대화를 일절 거부했다. 우위를 차지하기 위해 그가 시도한 것 하나가 미국과 일본에 더욱더 밀착하는 것이었다. 60년대 중반에 남한은 미국을 지원하기 위해 군대를 베트남에 파견하고 그 대가로 엄청난 군사·경제 지원을 받았으며, 또 박정희는 일본과도 공식적으로 수교했다.

이런 변화에 대한 김일성의 대응은 군사력을 강화하는 것이었다. 1959년 정부예산의 4% 미만이던 군사비 지출이 1960~66년에 연평균 20%로 늘어났으며, 또 1967~71년에는 연평균 30%에 이르렀다.[24] 1970년에 북한이 스스로 인정했듯이, 이것은 국가자원의 엄청난 고갈로 나타났으며 정부의 경제목표 달성능력에 악영향이 끼쳤다.

이 시점부터 국제적 흐름은 계속 북한에 불리해졌다. 예를 들어 1971년 닉슨 대통령은 주한미군 2만 명을 철수시켰지만 남한에 추가적인 군사원조를 제공하겠다는 약속도 했다. 그러나 미국의 의도에 매우 예민하게 반응했던 박정희는 비밀리에 핵무기 생산기술을 확보하려고 했으며, 미국은 1976년 군사지원을 확대함으로써 비로소 남한의 공개적 핵무기 개발단계의 진입을 막을 수 있었다. 이 새로운 군사지원에는 북한을 겨냥한 연례 합동군사훈련(팀 스피리트)을 시작하는 것도 들어 있었다. 4만 6천 명의 병력으로 시작한 팀 스피리트 훈련은 해마다 그 규모가 커졌으며, 얼마 후에는 북한에 대한 가상 핵공격도 훈련에 포함되었다. 북한의 대응은 충분히 예견 가능했다. 군사비 지출이 1971년 8억 달러에서 1974년 14억 달러로 늘었다.[25] 미국 정보국 추정에 따르면, 북한의 병력규모는 1970년 40만에서 75년 70만으로 증가했고 70년대 말에는 100만 명에 달했다.[26] 아이러닉하게도 미국은 북한의 군사력 증강을 대대적으로 비난했지만,

정작 군사비 지출 경쟁을 시작한 쪽은 남한이었다. 미국 무기통제 및 군비축소국(U. S. Arms Control and Disarmament Agency)은 1970 ~83년 북한의 군사비 지출은 약 244억 달러에 상당하는 것으로 보고하고 있으며, 같은 기간 남한은 약 305억 달러를 지출했다.[27] 사실 1975년부터 연간 군사비 지출은 남한이 북한보다 높았다.

　외국원조의 불안정과 군사비 지출 압력이 어떻게 북한의 경제적 어려움을 가중시키는 주요한 두 가지 요인이 되었는지를 이해하기 위해서는 남북한의 경험을 대비하는 것도 도움이 된다. 미국 정부는 1946 ~60년에 북한이 대략 18억 달러의 외국원조 ─ 소련으로부터 7억 달러, 그리고 중국과 동유럽 국가들로부터 각각 6억 달러, 5억 달러 ─ 를 받은 것으로 추정한다. 또 1961~78년에는 소련으로부터 7억 달러와 중국으로부터 3억 달러 해서 모두 10억 달러를 추가로 지원받았다. 총 28억 달러 중 약 20억 달러는 경제지원이었고 나머지는 군사지원이었다. 이와 대조적으로 남한은 1946~75년에 미국에서만 126억 달러의 원조를 받았는데, 이 가운데 절반이 경제적 목적이었다. 그리고 일본으로부터 10억 달러, 다른 국가 및 국제기구로부터 18억 달러를 추가로 받았다.[28] 이렇게 해서 북한은 20억 달러의 경제원조와 10억 달러가 채 안 되는 군사원조를 받은 데 비해, 남한은 (더 짧은 기간에) 약 91억 달러의 경제원조와 63억 달러의 군사원조를 받았다.

　8, 90년대 들어서 북한의 경제문제는 더욱 악화되었다. 정부가 1977~84년의 7개년 계획의 성공을 선언했지만, 전력 · 철강 · 화학 같은 핵심 산업의 생산수준은 공개하지 않았다. 이보다 더 시사적인 것은 1985, 86년의 새 계획이 발표되지 않았다는 사실이다. 그리고 이어지는 1987~93년의 계획에는 80년대에 달성됐어야 할 목표가 포함되어 있었는가 하면, 1993년에는 새로운 계획이 발표되는 대신 정

부는 무기한 계획수정을 선언했다.

경제적 시도

북한 지도자들은 종종 변화를 거부하는 것으로 묘사되어 왔는데, 중요
한 측면들에서 이것은 사실이다. 경제상황이 악화되고 있음에도 불구
하고, 그들은 국가의 기본적 경제 구조와 기구를 바꾸기를 거부했다.
하지만 이와 동시에 그들은 계획 우선순위를 조정하고 무역 상대국을
다변화하고 노동자를 동원하고 외국자본을 유치하는 것을 포함하여
좀더 온건한 정책을 추진하려는 의지를 보였다. 북한에서는 모든 계획
이 자립경제 구축을 목표로 해서 세워지고 있었다. 그 결과, 1961~76
년 총산업투자의 약 80%가 중공업에 집중되었다.[29] 그후 이 정책이
경제불균형을 낳는다고 인식한 지도층은 70년대 중반 들어서 경공업
의 생산책임을 지방으로 이전시킴으로써 경공업의 질과 양을 향상시
키려고 시도했다. 그러나 이 변화는 경제활동에 별 영향을 주지 못했
는데, 책임소재를 따라 자원이 이전되지 않았기 때문이다.

　또 국가는 자본주의 세계와 새로운 관계를 맺어 국가경제를 활성
화시키려고 모색했다. 주로 일본과 스위스 · 서독 · 프랑스로부터 차
관을 들여와서 서방의 기술과 자본재를 구입했다. 이에 대해 니콜라
스 에버슈타트는 이렇게 쓰고 있다. "현행 달러 가치로 환산해 볼 때
1970~74년에 서방으로부터의 수입품은 13배의 산출을 가져다 주었
다. 그리고 1974년에는 자본주의 국가들로부터의 수입이 공산국가들
로부터 수입의 2배가 넘었을 것이다."[30] 그러나 애초에 북한은 이 수
입대금을 수출소득으로 충당할 계획이었지만, 1974년에 국제 자본주
의 체제가 불황에 빠지면서 이것이 불가능해졌다. 광물이 주를 이루
는 북한의 수출품 가격이 크게 떨어졌던 것이다. 다른 여러 나라와

마찬가지로 북한도 외채상환이 불가능해졌다. 하지만 대부분의 다른 나라들과 달리 북한은 국제통화기금(IMF)의 구조조정 정책을 받아들이지 않고, 대신 차관 공여자들에게 이자지급을 중단하는 쪽을 선택했다. 이번에는 서방 은행들이 신규대출을 거부했다. 새로운 자금 투입이 중단되면서 1974~76년 북한의 총무역량은 1/3로 곤두박질쳤다. 이 시기부터 지금까지 북한은 과중한 외채를 짊어지고 있다.

국가는 또 노동대중을 동원하여 노동 강도를 높이고 질을 향상시키고자 했다. 이것은 새로운 전략은 아니었다. 김일성은 1956년 12월에 처음으로 노동자의 노력을 진작시키기 위해 대중 캠페인을 도입했다. 강선제철소를 방문하여 노동자들에게 연설하는 자리에서, 김일성은 소련 사람들뿐 아니라 일부 북조선 사람들도 이 나라에 기계제작 공작소를 건설하는 것을 원치 않지만 조선의 독립을 보장하기 위해서는 이런 공작소들이 반드시 필요하다고 역설하면서 노동자들에게 할당량을 초과생산하고 더 효율적인 생산방법들을 고안해 낼 것을 촉구했다. 노동자들은 이에 호응해 (민간에 전승되는 전설에 나오는, 하늘을 나는 말의 이름을 본떠서) 천리마운동을 펼쳤으며, 할당량을 크게 초과하고 생산에 특별히 기여한 노동자들에게는 '천리마 노동자'라는 칭호가 붙여졌다.

60년대에 김일성은 많은 공장과 탄광을 방문해 '현장'지도를 하고 사회주의 건설을 위해 열심히 일하라고 노동자들을 독려했다. 1960년 청산리협동농장을 방문한 뒤에는, 그가 청산리 방식이라고 이름 붙인 새로운 조직체계를 전국적으로 농업에 도입할 것을 권고했으며, 1961년에 태안전기기계공작소를 방문하고 와서는 역시 그가 명명한 태안 노동방식을 전국에 도입하도록 촉구했다. 이와 같은 접근은 모두 당 간부의 책임성, 즉 당 간부들은 노동자들이 어려움을 극

복할 수 있도록 이들이 부딪히는 어려움을 더 잘 인식할 수 있어야
한다는 것을 강조했다. 이것은 하향식 문제해결 방식이지만, 생산 측
면에서 '하부'의 생산증대 노력을 북돋우고 지원하기 위한 '상부'의
직접적인 참여를 요구하는 것이기도 했다.

70년대 들어서 경제가 새로운 난관에 부닥치자, 당 지도부는 일련
의 새로운 대중 캠페인을 시작했다. 1973년에 김정일은 3대 혁명소
조운동을 전개했는데, 12~15명으로 구성된 각 소조는 노동현장의
이념적·기술적·문화적 변화를 자극함으로써 생산성을 높이는 것
을 그 임무로 하고 있었다. 또 80년대에는 역시 김정일의 주도 아래,
노동자들의 생산성을 더욱 독려하기 위해 이전의 천리마운동과 비슷
한 속도전운동이 펼쳐졌다. 이런 식의 속도전 캠페인은 90년대 들어
와서도 사용되었는데, 200일 동안 계속되는 경우도 종종 있었다. 서
방과 남한의 분석가들은 이런 동원 캠페인이 실패했다고 주장하지
만, 외부세계 사람들 가운데 그 효율성을 실제로 아는 사람은 아무도
없다. 하지만 이런 동원 캠페인만으로 국가경제의 하락추세를 반전
시킬 수 없다는 것은 거의 확실한 것 같다.

정부가 이런저런 시도를 계속하는 동안에도 90년대의 핵심적인 개
혁시도는 수출 지향적인 외국자본을 유치하는 데 맞춰진 것 같다.
1991년 북한은 동북부에 있는 나진-선봉지역에 특별 자유무역지구
를 설치했다. 그리고 UN개발계획(UNDP)의 지원을 받아 일본과 남
한의 자본 및 기술을 중국·러시아·북한의 노동력 및 자원과 결합
시켜 '동북아의 홍콩'을 건설한다는 두만강개발계획도 열렬히 지지
하게 되었다.

외국자본을 끌어들이려는 북한의 노력은 아직까지 별 효과를 낳지
못하고 있다. 남한 기업들이 북한을 방문했고 투자의욕을 보이고는

있지만, 남한 정부는 기업들의 투자계획을 대부분 막았다. 주한 유럽연합상공회의소와 미국상공회의소도 나진-선봉지역에 관심 있는 기업들을 위해 설명회와 시찰을 실시해 오고 있다. 또 미국의 주요 기업 가운데 모토롤라와 제너럴 모터스, AT&T, 시티은행이 북한에 투자할 의사를 표명했지만, 미국 기업이 북한에 투자하는 것은 여전히 불법이다. 현재 북한에 대한 주요 외국투자는 재일동포의 투자이다. 북한 관리들에 따르면, 1996년 5월 현재 130개 합작기업이 활동하고 있는데 그중 70개는 재일동포와의 합작이고, 40개는 중국인과의 합작이다. 그리고 총 외국인 투자는 1억 3천만 달러에 불과하다.

북한이 적극적으로 외국인 투자를 끌어들이기로 한 것은 여러 면에서 지금까지 국가가 공표해 온 주체사상에 역행하는 것인데, 상당 부분이 소비에트 블록의 붕괴에 대한 대응책이라고 할 수 있다. 80년대 말까지 북한 무역량의 약 60%가 동유럽의 사회주의 국가들과 (더 중요하게는) 소련과의 물물교환 형태로 이루어진 것이었다. 북한은 비철금속 · 철강 · 마그네슘 · 벽돌 · 기계도구 · 석탄 · 견직물 · 시멘트를 수출하고, 석유 · 화학제품 · 곡물 · 코크스 · 기계 · 자본재를 수입했다. 그러나 1989년 들어서면서부터 동유럽 국가 정부들이 하나하나 자본주의를 받아들였고, 1991년에는 소련이 무너졌다. 이 경제 블록의 종말은 북한의 물물교환 무역의 종말을 의미했다. 최소한의 경화만 보유하고 있는 북한으로서는 수입을 대폭 줄일 수밖에 없었는데, 북한과 (소련을 포함한) 과거 소비에트 블록의 무역량이 1991년에 약 67%나 떨어졌다.[31] 이 여파는 가혹했다. 남한과 미국 정보기관은 북한의 GNP가 1989년에 2% 성장하고는 그후 6년 동안 계속 하락한 것 ─ 1990년 3.7%, 91년 5.2%, 92년 7.6%, 93년 4.3%, 94년 1.7%, 95년에는 4.6% 하락 ─ 으로 추정하고 있다.

1993년 나진-선봉지구 총책임자 김정우는 "사회주의 시장이 사라지고 자본주의 세계 시장만 남았다"고 말하면서, 그 결과 북한은 수입대금의 충당에 필요한 수출을 발생시키기 위해서 나진-선봉지구 설립 같은 외국의 생산자본을 유치하는 조치 외에 달리 선택의 여지가 없어졌다고 설명했다. 그러면서 "이 계획은 시장경제와 우리 경제를 연결시켜 주는 가교(假橋)"라고 덧붙였다.[32]

대부분의 한국 전문가들은, 국가경제의 후퇴를 역전시키는 데 이미 실패한 북한 정권이 1994년 7월의 김일성 사망 이후 오래가지 못할 것이라고 전망했다. 이어 1995년 여름에 대홍수가 나, 8월의 단 며칠 동안에 800밀리 가까운 폭우가 쏟아졌다. 댐이 무너지고 다리가 끊기고 그러잖아도 부족한 식량이 떠내려갔다. 약 50만 명이 집을 잃었고 전체 농토의 거의 절반이 폐허가 되었다. 탈북자들은 많은 지역에서 주민들이 하루 한 끼도 근근히 먹어 굶주림에 시달리고 있다고 주장했다.

이런 재난이 있었는데도 전문가들의 전망은 크게 빗나갔다. 김일성의 아들 김정일은 어느 모로 보나 성공적으로 권력을 장악했다. 그는 홍수피해 복구를 하기 위한 국제적인 원조를 적극적으로 요청함으로써 이들 전문가들을 놀라게 했다. 또 그는 국제기구와 비정부조직(NGO) 대표들이 피해가 가장 심한 지역을 자유롭게 돌아다니고 원조물자 분배를 감독하는 것도 허용했다. 이 단체들은 주민들의 심각한 영양실조 상태가 널리 퍼져 있고 날로 심각해지고 있으며, 북한 당국은 피해주민 지원을 위해 최대한 신속하고 효과적으로 자원을 동원하고 있을 뿐 아니라 규율붕괴, 부정부패나 원조물자의 유용 같은 징후도 없었다고 전하고 있다.[33]

북한의 정책결정자들은 현재의 위기를 '극복'하는 데 온 힘을 기울이는 듯하다. 그들은 과거 소비에트 블록의 전례를 따르고 시장세력을 받아들이라는 서방의 권고에 대해, 지난날 소련(현재의 러시아)이 서방으로부터 엄청난 재정적 지원을 받았음에도 불구하고 북한보다 훨씬 더 심각한 경제붕괴를 겪어야 했다는 점을 지적하면서 거부하고 있다. 예를 들어 IMF에 따르면, 소련 경제규모는 1989년 12.9%, 90년 18.5%, 91년 13%나 감소했으며 러시아 국내총생산(GDP)은 1992년 19%, 93년 12%, 94년 15%, 95년 4%(추정치) 하락했다.[34] 1996년에 북한의 언론매체들은 시장세력을 도입한 결과 러시아 사람들이 겪고 있는 심각한 경제적 어려움과 경제적 불평등, 사회적 부패를 부각시킨, 러시아 상황을 담은 TV 프로를 방영하기 시작했다.

과도하게 중앙집중적이고 정치논리에 따른 계획수립과 관리 같은 내부의 구조적인 문제가 경제후퇴를 불렀다는 사실을 인정하고 싶어하지 않는 것을 포함하여 몇 가지 부당한 이유 때문에, 북한의 정책결정자들이 실질적인 경제개혁을 수행하지 않았던 것도 사실이다. 주요한 정책변화를 시도하지 않았던 또 한 가지 이유는, 이들이 경제회복 전략의 성공 여부는 경제보다 정치적 요인에 달려 있으며 그중에서도 가장 중요한 것은 미국과의 관계라고 믿고 있다는 데 있다. 이들은 미국과의 관계 정상화가 전세계 자본주의 체제와 북한을 잇는 '다리' 건설을 가능하게 하고, 이를 통해 경제안정 회복에 필요한 여건을 확보할 수 있을 것이라고 확신하고 있다.

북한이 미국과의 관계를 중요하게 여긴다고 한다면, 이런 의문이 제기된다. 정상화 가능성이 어느 정도인가? 대답은 북한의 의도에도 달려 있지만, 미국 대외정책의 목표에 훨씬 더 많이 좌우된다. 그래서 필요한 것이 1953년 이후 미국의 대북한 정책에 대한 간략한 고찰이다.

미국의 대북한 정책

한국전쟁 후에 열린 제네바회의는 미국이 여전히 북한고립 정책을 고수하고 있다는 것을 보여주며 끝났다. 휴전협정에 따라 설립된 군사정전위원회는 1988년까지 미국과 북한의 유일한 의사교환 통로였는데, 양측 각각의 군장교 5명으로 구성된 군사정전위원회는 휴전협정 이행 감시와 협상을 통한 분쟁해결을 담당하고 있다.

또 휴전협정에 따라 미국과 북한의 관계를 감독하는 기구들도 설치되었는데, 그중 가장 중요한 기구가 체코 · 폴란드 · 스웨덴 · 스위스 대표로 구성된 중립국감독위원회이다. 중립국감독위원회는 비무장지대(DMZ) 밖의 휴전협정 위반사항을 감시 · 조사 · 심사하는 임무를 맡고 있으며, 남북한에 각각 5개의 이동감시반을 두고 위반을 적발하면 곧바로 군사정전위원회에 보고한다. 이 기구의 가장 중요한 책임 하나는 휴전협정이 허용하는 범위 이상으로 군사력을 증강하지 못하게 하는 것이다. 이것은 결코 수행하기 쉬운 일도 아니거니와, 양측은 주기적으로 상대방(그리고 가끔은 중립국감독위원회의 구성국가 가운데 적대적이라고 생각되는 국가)이 규칙을 위반했다고 비난한다.

1955년에 시드니 베일리는 "미국과 남한은… 중립국감독위원회의 감독체계를 완전히 폐지하는 쪽을 선호하게 되었다. 위원회가 만족스럽게 운영되지 않는다는 점도 부분적인 이유였지만 휴전협정이 허용하는 범위 이상으로 군대를 현대화하기를 원했다는 점도 분명히 작용했다"[35]고 썼다. 하지만 미국은 1957년이 되어서야 휴전협정 규정에 얽매이지 않을 것이라고 선언하고, 그해 하반기에 핵미사일과 핵폭탄을 남한으로 들여왔다. 1958년 2월에 한 군사잡지는 이 핵무기 배치를 대대적으로 보도했는데,[36] 이런 공개화의 저의는 워싱턴이 핵무기로 공격할 준비가 되어 있고 기꺼이 그렇게 할 의사도 있다는 메시지를 북한에 명확히 전달하는 데 있었다.

60년대 내내 미국은 파괴용 핵무기와 핵탄두를 장착한 나이키 허큘리스 미사일을 남한 핵무기 저장고에 추가했는데, 이 무기는 비무장지대 근처에 전진 배치되었다. 이와 같은 배치는, 이 무기들이 전투 초기부터 사용될 수 있음을 의미했다. 이 핵무기 증강은 소련이 북한에 대한 군사적·경제적 원조를 줄이고 있는 시기에 이루어졌기 때문에, 김일성이 방위역량을 강화시키는 데 그토록 압박감을 가졌던 이유를 쉽게 이해할 수 있다. 그러나 미국의 핵무기 도입에 대한 북한의 대응은 단순히 방어적이지만은 않았다. 남한 내에서 박정희에 반대하는 분위기가 고조되고 있던 1968년에 북한은 박정희를 암살하기 위해 특수부대를 남파했으나 계획은 실패로 끝났다. 또 미국의 간첩선 푸에블로호를 나포하고 미국의 공격위협 속에서도 1년 가까이 승무원들을 돌려보내지 않았으며 이듬해에는 미국 정찰기 한 대를 격추시켰는데, 북한은 이것이 낙하산부대를 미국에서 남한으로 수송하는 군사훈련인 미국 포커스 레티나 작전의 일부라고 주장했다.

70년대에도 새로운 우여곡절이 많았지만 북한과 미국의 관계는 근본적으로 바뀌지 않았다. 1971년 미국은 남한에서 미군 일부를 철수시켰지만, 대신 닉슨 대통령은 한국 군수산업의 지원과 핵무기를 통한 지속적인 보호를 약속했으며 박정희 정권에게 수십억 달러의 원조를 제공했다. 또 1976년에는 팀스피리트 전쟁예행 연습을 시작했으며, 1983년에 이 전쟁예행 연습은 미국이 동맹국과 실시하는 현장 훈련으로는 최대 규모가 되었다. 미군 7만 5천 명을 포함한 약 20만 명의 병력이 이 팀스피리트 훈련에 참가했다.

이 전쟁예행 연습은 잘 훈련된 군인 이상의 것을 가져다 주었다. 새로운 한국전쟁 가능성을 크게 높인 것이다. 그 한 가지 예가 1976년 8월에 비무장지대에서 나무 가지치기를 하던 미군 두 명이 북한군에게 맞아 죽은 사건이다. 사흘 뒤 미국은 핵무기 비상대기를 포함한 대규모 군사동원으로 대응했고, 미군과 남한군이 대거 비무장지대에 들어가 나무를 잘라냈다. 명백히 이 비극은, 북한이 미국을 도발하기 위해서 벌인 것이 아니라 첫번째 팀스피리트 훈련으로 예민해진 최전방의 북한 군인들이 독자적으로 취한 행동에서 비롯된 것이었다.[37] 김일성은 이 사고에 대해 사과했다. 하지만 미국이 전혀 비난받을 소지가 없었던 것은 아니다. 한국 전문가 피터 헤이스는 이렇게 말했다. "미국측 설명은 이 사건에서의 미군의 과오를 주도면밀하게 부인하고 있지만, 미군 장교들은 사적인 자리에서는 가지치기를 하던 군인들이 통상적인 권고규정을 지키지 않고 상대에게 적의를 드러내는 말을 해 싸움으로 이어졌다는 것을 인정한다."[38]

1979년에 카터 대통령이 1980년까지 주한미군을 모두 철수하겠다던 이전의 결정을 뒤집음으로써, 미국은 북한과 긴장을 완화할 기회를 잃었다. 당시 미군과 정보기관들은, 남한이 미국 군사력과 핵무기 기지로 중요하다는 점을 들어 미군철수를 강하게 반대했다. 더구나 한반도의 '전쟁상태'는 미군에게 실전과 같은 조건에서 훈련할 기회를 제공했다. 군부와 국무부의 일부까지 가담한 정보계통 관료집단은 카터의 계획을 고의로 방해하기 시작했다.

미국 국방정보국과 CIA는 제멋대로 북한 군사력을 훨씬 높게 평가한 새로운 보고서를 내어놓았다. 분석가 스티븐 구스는 "미국은 하룻밤 사이에 북한 병력 추정치를 (특수부대 10만 명을 포함해) 16만~26만 명이나 부풀렸으며 탱크는 650대, 장갑차는 250대, 야전포대는

500~1000문, 대공무기는 2500~3500기나 부풀렸다"고 썼다.[39] 그런 다음 군부는 이렇게 부풀려진 추정치를 이용해 카터의 미군철수 제안에 대해 심각하게 문제제기를 했다. 카터는 자신이 정치적으로 덫에 걸렸다는 것을 알았다. "공산주의에 유화적인" 인물로 비치기를 원치 않았던 그는 미군철수 안을 다시 평가하는 데 동의했으며, 이것은 철수계획 철회로 이어졌다.

1980년 로널드 레이건이 대통령에 당선되면서, 미군은 더 공격적인 외교정책의 핵심 요소가 되었다. 그 결과 미국은, 소련이 전세계 어느 지역에서든 공격을 하면 소련의 이해가 걸려 있는 다른 지역을 '치는' 식으로 대응하는, 일명 '수평적 확대'라는 새로운 군사전략을 채택했다. 이제 미국의 전략수립은 북한을 주요 타깃으로 하는 데 초점이 맞추어졌다. 또 이 새 전략은 공중지상전이라고 부르는 새로운 군사노선의 개발을 부추겼다. 그 동안 미국은 북한의 공격을 비무장지대에서 막는 군사전략을 구사해 왔으나, 이 노선은 핵무기 사용을 특별히 강조하면서 즉각적으로 북한에 반격하는 것이었다. 북한도 잘 알고 있듯이, 이 전략들은 선제공격 전략과 양립하는 것이기도 했다.

북한은 미국의 훨씬 더 공세적인 군사적 태도에 테러로 대응했다. 1980년 남한에서 군사쿠데타가 일어난 후, 이 새 정권을 파괴하려는 북한 첩보원들은 1983년에 남한의 새 군사독재자 전두환과 정부관리 몇 명이 버마를 방문했을 때 폭탄테러를 자행했다. 이 폭발로 4명의 장관과 13명의 남한인, 4명의 버마인이 숨졌다. 1987년에는 88년 서울올림픽을 방해하기 위해 대한항공기에 폭탄을 설치했다. 비행기가 폭발하면서 타고 있던 115명 전원이 숨졌다.

조금은 일관되지 못하게 또 북한은 80년대 내내 휴전협정을 평화협정으로 대체하기 위해 미국과의 직접 협상을 수없이 시도했다. 그러나 미국은 남북한간의 평화회담이 먼저 이루어져야 한다며 이 협상제의를 거부했다. 마침내 남한 노태우 대통령의 권유를 받아들여 미국은 1988년 베이징에서 북한과 실무급 외교협상을 시작했다.

북한의 관계개선 제의를 무시한 채, 미국은 협상의제를 북한의 핵개발 단 한 가지로 대폭 축소했다. 1980년에 북한은 5메가와트 규모의 실험용 원자로 건설을 시작했는데, 이 원자로는 1987년부터 가동되었다. 소련의 압력으로 북한은 1985년에 핵확산금지조약(NPT)에 서명했지만, 예방협정 비준과 핵시설에 대한 국제적 감시를 거부했다. 북한이 내세운 이유는 남한에 미국의 핵무기가 있다는 점이었다. 미국은 1989년에 북한에 무기 수준의 플루토늄을 만들어낼 수 있는 핵연료 재처리 공장이 있음을 보여주는 위성사진이 있다고 밝힐 때까지는 북한의 협정 비준문제를 거론하지 않았다. 이듬해에 미국은 북한이 실제로 핵무기 개발을 시도하고 있다고 주장했고, 북한은 이를 부인했다.

두 나라간의 긴장이 높아졌는데, 특히 1991년 미국이 이라크와 걸프전쟁을 벌이던 시기에 더욱 심했다. 미군이 이라크에 공격을 퍼붓던 바로 그 순간에도 미군은 팀스피리트를 준비했다. 4월에 팀스피리트가 시작되기 직전 남한 국방장관은 북한의 핵시설 파괴를 위한 특수부대 공격을 요구했다. 걸프전이 끝나자, 미국 언론에 북한을 '다음 번 배교국가'라고 지목하고 김일성을 '미치광이'이며 '사악한 독재자'라고 주장하는 기사들이 꾸준히 등장하기 시작했다. 북한의 핵무기 개발 의혹이 세계평화에 가장 심각한 위협이라는 주장도 나왔다.

걸프전 성공으로 대담해진 미국은 북한에 대한 전쟁을 끝장내려는 듯했다. 하지만 남북한 총리급의 고위급회담이 몇 차례 이루어진 뒤, 뜻밖에도 미국은 한반도에 평화를 정착시키려는 중요한 시도를 했다. 1991년 말 부시 대통령이 남한을 포함한 해외 미군기지에서 전술 핵무기를 철수시키겠다고 선언한 것이다. 이에 대해 북한은 핵무기 예방협정 비준으로 대응했다. 1992년 5월부터 1993년 1월까지 국제 원자력기구 사찰단이 북한 핵시설을 6차례 사찰했으며, 팀스피리트 훈련이 사상 처음으로 취소됐다.

그러나 미국과 북한의 관계개선은 오래가지 않았다. 1993년 2월에 미국 정부는 새로운 위성사진으로 북한이 공개하지 않은 핵시설을 밝혀냈다고 선언했다. 미국 정보관련 관리들은 이것이 핵폐기물 저장시설이라고 믿었고, CIA는 한걸음 더 나아가 북한이 이미 핵폭탄 1~2기를 보유하고 있는 것 같다고 주장했다. 국제원자력기구는 미국의 이런 우려에 호응해 북한에 두 지역에 대한 '특별 사찰'을 요구했다. 북한은 핵시설이 아니라며 요구를 거부했다. 1993년 3월 미국은 팀스피리트 훈련을 다시 시작하는 것으로 대응했다. 북한은 전군에 비상령을 내리고 핵확산금지조약 탈퇴를 선언했다. 조약 규정에 따라 3개월 전에 이를 통보했다. 미국은 국제연합이 부과하는 경제제재 조치로 북한을 위협했다.

미국 언론에는 약간의 기미조차 내비친 적이 없었지만, 이렇게 위기가 고조되기까지는 북한에 대한 미국의 적대행위가 근본적인 원인이었다. 미국은 핵무기를 보유한 것으로 공공연하게 알려져 있는 이스라엘·인도·파키스탄이 핵확산금지조약에 가입하지도, 그렇다고 국제원자력기구의 사찰을 허용하지도 않았다는 점에 대한 일말의 우려도 표한 적이 없다. 게다가 국제원자력기구의 예방협정에 서명한 어느 나라에도 '특별 사찰'이 요구된 적이 없다. 언론들은, 미국이 팀

스피리트 훈련기간에 핵무기를 보유하지 않은 북한에 핵공격 위협을 주기적으로 함으로써 핵확산금지조약을 위반했다는 사실도 싣지 않았다.

이 위기가 북·미간 위기라는 것을 잘 알고 있는 북한은 미국이 북한의 관계개선 노력에 동참하기만 하면 사태는 쉽게 해결된다는 태도를 계속 견지했다. 북한의 전략은 미국을 관계 정상화를 위한 협상에 끌어들이기 위해 자국의 핵무기 개발상황을 전세계에 확인시키지 않는 것이었다. 또 북한은 관계 정상화가 군사적 긴장 완화와 북한의 경제회복으로 이어지기를 기대했다. 아이러니컬하게도, 미국은 북한에 대해 국제적인 경제제재를 가하겠다고 위협하면서 스스로가 궁지에 몰렸다. 북한과 전쟁하는 것을 꺼렸지만 북한이 핵확산금지조약에서 탈퇴하여 선례를 남기는 것도 불만이었던 미국은 마지못해 북한의 직접협상 제안을 받아들였다. 이에 호응해 북한은 핵확산금지조약 '탈퇴 유보'에 동의했다.

마침내 성사되었지만, 협상은 돌파구를 찾지 못했다. 가장 큰 원인은 북한이 팀스피리트 문제와 핵사찰 문제, 관계 정상화 문제를 동시에 처리하려고 한 반면, 미국은 북한의 사찰 수용을 강제하는 데만 초점을 맞추었다는 데 있었다. 해결 실마리를 찾지 못하자, 미국은 다시 북한에 경제제재와 선제공격의 위협을 가했다. 마침내 1994년 3월 북한은 국제원자력기구가 원래 신고했던 핵시설 7곳에 대한 사찰을 재개하는 데 동의했다. 그러나 사찰범위를 둘러싸고 북한과 국제원자력기구 간에 의견대립이 발생했다.

이번에는 대결을 피할 길이 없어 보였다. 미국은 북한에 대한 국제적 제재를 위한 국제연합의 지지를 얻으려는 시도를 재개했다. 북한은 제재를 전쟁선포로 간주하겠다고 선언했다. 이에 미군은 패트리

엇 대공방어미사일을 남한에 배치하고 미군 병력을 증가시키는 것으로 맞섰다. 미군과 정보부서 지도층은 실제로 전쟁을 벌이고 싶어하는 듯했다. 1994년 4월, 윌리엄 페리 국방장관은 "북한에 대한 선제공격"을 배제하지는 않지만 북한이 군사공격으로 대응할 "위기를 증가시킬 상당한 압력을 넣는 쪽"을 선호한다고 말했다.[40] 다시 말해 미국의 전면적인 공격을 정당화해 주는 행위를 북한이 취하도록 밀어붙이고 싶다는 것이었다. 『유에스 뉴스 앤드 월드 리포트』는 6월 초에 이 전쟁이 어떤 양상으로 전개될 것인지를 다룬 장문의 표지기사를 실었다. 많은 미군 기획관들이 핵전쟁이 될 거라고 확신했다고 이 기사는 밝혔다.[41]

1994년 6월 말 전쟁이 임박한 듯하자 전직 대통령 지미 카터가 중재를 위해 평양을 방문해 달라는 김일성의 초청을 수락했다. 카터는, 북한이 핵개발 사업을 중단하고 대신 미국은 제재 움직임을 중단하고 양자협상을 재개한다는 합의를 이끌어낼 수 있었다. 위기의 평화적 해결 가능성에 실망한 듯한 언론인과 정치·군사 지도자 상당수가 합의를 비난하고 나섰으며, 카터가 "감언이설에 넘어갔고" 협상재개는 북한에 추가적인 무기생산을 위한 시간여유만 줄 뿐이라고 주장했다.

7월에 김일성이 숨졌지만 협상은 계속되었고 마침내 10월에 합의가 이루어졌다. 북한은 기존 핵시설에 대한 지속적인 전면사찰에 동의하는 한편, (무기에 해당하는 플루토늄을 만들어낼 수 있는) 흑연을 감속재로 쓰는 원자로의 가동을 중단하고 추후 해체하기로 했으며 또 핵폐기물을 국외로 반출하기로 했다. 미국은 북한에 중유를 공급하고 위험성이 덜한 경수로 개발을 위한 국제 컨소시엄을 구성하며 무역, 투자, 외교적 접촉에 대한 제한을 차츰 완화하여 전면적 외교관계 구축으로 나아가기로 했다. 단계별로 진행되는 방식을 취하고 있는 이 합의는, 비록 제한적이긴 하지만 북·미관계의 긍정적인 진전으로 기록될 수 있다.

이와 거의 동시에 작지만 실질적인 경제적 개선이 나타났다. 1995년 1월, 북한은 미국 상품의 수입 규제를 폐지하였으며 미국 선박의 입항을 허용했다. 이에 대해 미국은 경제제재를 부분적으로 풀었으며, 또 두 나라간 통신망 연결과 미국 기업의 북한산 마그네사이트 수입을 허용하고, 미국인이 북한에서 개인 신용카드를 쓸 수 있고 북한인은 미국 은행거래 시스템을 사용할 수 있게 했다.

북한은 더 큰 변화를 계속 시도했다. 북한은 아연과 섬유 같은 재화를 정규적으로 수출하고 미국의 직접투자와 융자를 받을 수 있도록 미국이 모든 경제제재를 풀기를 희망한다고 밝혔다. 미국 정부는 여전히 경제제재의 완전 해제를 꺼리긴 했지만 1996년 7월에 북한이 95년의 홍수로 인한 극심한 식량부족을 극복할 수 있게 수백만 달러 상당의 긴급 식량원조를 제공했다. 이 조처는 남한 정부가 반대했음에도 이루어졌다는 점에서 중요하다.

또 북한은 미국에 평화협정 조인과 이에 따른 한국전쟁의 정식 종료를 줄기차게 촉구하고 있다. 지금까지 미국은 이 문제에 관한 한 북한과 직접 논의하는 것 자체를 거부해 왔으나, 가장 근접한 것은 1996년 4월에 미국과 남한이 공동으로 북한에 (중국을 포함시켜) 4자회담을 제안한 것이었다. 하지만 미국과 남한 신문들은, 미국이 북한과 평화협정 문제를 직접 논의하지 않기로 남한에 약속했다고 보도했다. 북한이 미국과 완전한 관계 정상화를 원하는 것은 분명한 데 비해, 미국의 대북정책에 나타나는 제한적이긴 하나 실질적인 변화의 의미를 해석하는 것은 훨씬 더 어렵다. 사실 미국 정책에 있어서의 서로 연관되어 있는 두 가지 변화—1991년에 시작된 급속한 군사대결 움직임과 마찬가지로 갑작스런 1994년의 협상과 타협 분위기—에 대해서는 설명이 필요하다.

북한과의 전쟁을 향한 질주는 소련의 붕괴에 자극받았던 것으로 보인다. 미군은 새로운 적이 절실히 필요했다. 당시 합참의장이었던 콜린 파월 장군의 다음과 같은 말은 이 점을 잘 드러내주고 있다. "악마가 다 떨어져 간다. 악당이 부족해지고 있다. …나는 카스트로와 김일성에게 달려간다."[42] 냉전 수준의 군사비 지출을 확보하기 위해 군과 정보기관 고위층은 핵 측면을 특히 강조함으로써 미국의 이익에 대한 북한의 위협을 과장하려고 한 것이다. 『월 스트리트 저널』은 이렇게 보도했다.

서울의 외교관들은 그와 같은〔북한의 핵 위협〕보도들이 CIA와 국방부의 아주 무시무시한 브리핑에 자극받은 게 아닌가 의심한다고 말한다. 그들은 그런 평가가 미국의 축소된 국방예산이 더 삭감되는 것을 막으려는 기대에서 나왔거나 남한 정부가 북한을 억제할 군사력을 유지하도록 강제하기 위해 나온 것이라고 관측한다.[43]

예를 들어 북한이 적어도 핵폭탄 1기는 보유하고 있다는 CIA의 주장을 국무부는 지지하지 않았다. 국무부는 북한이 발화장치를 개발했다고는 보지 않는다면서, 이미 개발했다 하더라도 폭탄의 작동시험 시설이 없으며 또 시험시설이 있고 비밀리에 시험을 했다 하더라도 (미사일 등) 폭탄이 장착될 장치가 없다고 주장했다. 그러나 군부뿐 아니라 군사비 지출규모와 직접적으로 이해관계가 있는 대규모 기업들까지 가세해 우려를 고조시킴에 따라, 북한의 핵 위협 우려는

계속 증폭되어 갔다.[44]

　북한의 핵 위협 분위기로 몰고 가는 이러한 시도는 자기증식을 하여 순식간에 위기상황을 유발했다. 소련과 달리 북한은 미국을 파괴할 역량을 보유하고 있지 않았기 때문에, 북한에 군사행동을 취하라는 압력을 내부적으로 견제할 장치가 없었던 것이다. 북한이 미국의 요구를 받아들이기를 거부했을 때, 오랫동안 대한정책 수립을 위계구조의 군 및 정보 계통에 일임해 왔던 정치권은 이 상황을 장악할 능력이 없다는 것이 드러났다.

　대부분의 미국 정책결정자들은 북한과의 전쟁을 원하지 않았다. 이 전쟁은 남한을 폐허로 만들고 미국인의 목숨을 앗아가며, 어쩌면 일본의 불안정을 촉발하고 분명히 중국과의 관계를 악화시킬 것이었다. 그렇다고 북한을 악마로 만드는 데 지금까지 동참해 오다가, 갑자기 북한의 핵정책이 수용할 만한 것이라고 선언하는 것도 쉽지 않았다. 사태를 복잡하게 만드는 중요한 요인은 핵확산금지조약 갱신을 위해 예정되어 있던 표결이었다. 만약 북한이 조약을 탈퇴하고 국제원자력기구의 감시를 계속 거부하면, 다른 나라들이 이 조약의 영구적 확장에 반대표를 던질 가능성이 높아질 것을 미국 관리들은 우려했다. 이렇게 되면 많은 나라들이 공개적으로 자체 핵무기 개발계획을 강하게 추진할 가능성이 커지고, 미국으로서는 더 복잡하고 위험한 국제상황이 조성될 것이다. 이런 이해관계의 상충이 빚어내는 결과가, 바로 북한과 전쟁을 벌이자는 사람들이 국가정책 토론을 주도하게 만드는 일종의 정책 무기력 상태였다.

　카터의 방북은 논쟁의 용어를 변화시켰다. 카터는 미국 정책결정자들이 북한과의 관계 정상화라는 상대적으로 적은 비용으로 원하던 핵실험 문제를 평화적으로 해결할 수 있게 해주었다. 10월합의는 또

한 미국이 몇몇 제3세계 국가의 반대를 무릅쓰고 핵확산금지조약의 영구적 연장을 확보할 수 있게 해주었다. 이 결과, 현재 미국의 대북정책이 대결보다 화해 쪽으로 기울어지게 된다. 하지만 이와 동시에 미국 정부 내에 경제제재 해제나 평화협정 조인 같은 중대한 관계개선 시도를 지지하는 일치된 합의가 있는 것도 아니다. 더구나 오히려 미국이 북한에 대해 공공연히 적대감을 드러내는 과거 상황으로 되돌아갔다고 보는 소수파가 여전히 존재한다. 이런 시각을 가장 강하게 조장하는 세력 중에는 군부의 관료집단과 보수적인 두뇌집단이 있다. 따라서 북한 정부는 대부분의 분석가들이 핵대결이라는 모험에서 가능하다고 생각했던 것보다 훨씬 많은 것을 얻었지만, 미국과의 관계 정상화라는 목표를 달성할 수 있을지 여부는 불투명하다.

북한 사회주의의 왜곡된 본질

북한 사회가 폐쇄적이기 때문에 일반 북한 주민들의 생활을 직접 조사해서 북한 사회주의의 본질을 알아보기란 불가능하지만, 김일성의 사회주의 전망과 사회주의 건설전략을 세밀하게 살펴봄으로써 상당히 많은 것을 얻어낼 수 있다. 북한 사회주의는 세계 다른 지역에서 실천되었던 사회주의와 유사점을 거의 가지고 있지 않다. 북한 사회주의는 분단과 미국의 적대적 행위 속에서 전개되어 오면서, 이 과정에서 사회주의의 민주적인 내용과 해방의 잠재력 역시 상당 부분 퇴색되었으며 북한 인민들을 경제적으로는 물론 정치적으로도 기로에 서게 했다.

김일성의 정치철학과 실천의 핵심은 자립 혹은 주체 개념이다. 김일성은 1955년 12월에 노동자 당원들을 향해 연설하면서 이 말을 공개적으로 처음 사용했다. 이 자리에서 그는 문화에서부터 정치에 이르기까지 아무 생각 없이 무조건 소련을 모방하는 것을 강하게 비판하였으며, 그리고 문제를 해결하기 위해 자신들의 역사와 경험을 고무적으로 바라볼 것을 촉구하면서 개개인의 주체성을 진작시켰다. 하지만 그의 자립 옹호는 점차로 뜻이 달라졌다. 조선인들은 자국의 지도자와 자원에 의존해 문제를 해결해야 한다는 국가적 자립의 중요성을 강조하기 시작했다. 당연히 이 자립에 대한 이해는 소련·중국 모두를 의지할 수 없었던 시기인 1960년대를 지배하게 됐다. 중요한 것은 자립에 대한 2차적 이해가 1차적 이해를 희생하면서 등장했다는 사실이다.

김일성은 의사결정의 위계적 개념에 열의를 보였다. 그가 청산리 방식을 옹호한 것이 좋은 예다. 이 하향식 관리법은 1990년 청산리 방식 30주년을 기념해 박성철 부주석이 한 연설에 잘 나타나 있다. 그는 이 방식을 "효율적 사회관리와 사회주의 건설을 촉진하는 최고의 방법"이라고 부르면서 이렇게 표현했다.

최상층이 아래쪽을 돕는다. … 최고지도자는 그 아랫사람들을 돕고 언제나 각각의 조건을 잘 이해하고 문제해결책을 찾기 위해 노동현장으로 내려가야 한다. 또 정치활동에 우선순위를 두고, 모든 사업분야 인민들과 함께 일해야 하며, 그리고 의식적 열성과 대중의 자발성을 얻어 혁명과업을 달성해야 한다.[45]

당은 이런 위계적 의사결정과 자립 간의 명백한 모순을 다음 같은 논리로 해결했다. 주체에 따르면 인민들은 올바른 조건 아래서라면 무슨 문제든지 극복할 수 있다는 것이다. 여기서 올바른 조건은 인민들이 문제의 본성을 바르게 이해하고 문제해결을 위해 협동할 수 있는 상황이다. 그러나 인민들 스스로 상황의 진정한 본질을 명확히 이해하기 어렵고 또 그러한 이해를 바탕으로 올바르게 대응하기 위해 조직화를 할 가능성은 더욱 낮기 때문에, 문제해결을 돕는 당의 지도가 필요하다. 집단조직인 당은 문제를 분석해 해결책을 제시할 수 있을 뿐 아니라 해결을 시도하도록 사람들을 조직할 수도 있다. 당은 또 당 중앙의 지혜에 의존할 때만 임무를 완수할 수 있다. 이와 같은 식으로 위계구조와 자립은, 김일성의 당지배와 당의 사회지배를 강화하는 쪽으로 합치되었다.

주체의 이런 이해는 청산리 방법을 시행한 방식과 분명히 일관성을 가진다. 김일성은 노동현장을 많이 방문해 인민들의 문제를 파악한 뒤 현지지도로 해결책을 제시했고 당 지도자들에 대해서도 직접 노동활동에 기여하도록 지도했다. 이런 방식이 북한의 미해결 문제들에 대한 해답을 제시할 것이라고 믿은 김일성은, 주체 아래서 "인간은 모든 것의 주인이며 모든 것을 결정한다"고 서슴없이 주장했다.

70년대 초부터 북한의 경제적 어려움과 국제적 위협이 날로 커지자, 김일성은 다시 한 번 주체사상을 수정했다. 1972년에 북한은, 조선민주주의인민공화국은 계급대립과 착취와 억압이 없는 사회주의국가라고 선언하는 새로운 헌법을 통과시켰다. 헌법 제4조는 "조선민주주의인민공화국은 마르크스-레닌주의를 이 나라에 맞게 창조적으로 적용한 조선노동당의 주체사상의 지도를 받는다"고 밝히고 있다. 새 헌법 시행 직후 당은 북한을 '김일성의 유일사상'을 실천하는 '단일사회'로 만드는 새로운 캠페인을 벌였다.

이 캠페인의 바탕에 깔린 사고는 새로운 것이 아니었다. 당은 나라의 어려움을 극복하기 위해 인민들의 창조적 가능성을 열어줘야 했다. 우리가 이미 보았듯이, 이는 주체 또는 김일성의 지시 아래 당에 의해 지도되는 집단적 노력을 통해서만 달성될 수 있었다. 주체사상 수정은, 김일성의 사상을 전달하기 위해 당에 의존하기보다는 오히려 김일성과 인민의 직접적인 관계설정의 보장에 대한 새로운 강조의 산물이었다. 김일성은 새로운 사회를 어떻게 건설해야 하는지를 정확히 이해하고 있는 인물로 여겨졌다. 그 결과, 사람들에게 김일성의 이 같은 이해를 재창조하도록 권장할 수 있으면 인민들은 지도자와 하나가 될 것이고, 그리하여 '단일사회'를 창조할 수 있다는 것이다. 다시 말해 '김일성의 유일사상'으로 무장하면 인민들이 빠르게 낡은 사상에서 해방되어 새 사회를 창조적으로 건설할 수 있을 거라는 이야기다.

이 사고방식은 모든 문제를 적절한 지도력만 있으면 해결되는 정치적 문제로 바라본다. 물론 이것은 매우 주의적(主意的)이고 전체주의적이다. 또 이 같은 사고는 사태를 정치적 막다른 골목으로 몰아간다. 모든 문제가, 특히 경제문제가 기존 조직구조 아래서 당의 지시에 따라 열심히 일한다고 해결될 수 있는 것이 아니기 때문에, 이런 사고방식은 좌절과 실패로 이어지기 십상이다. 가령 현재의 어려움은 인민들이 지도자의 사상을 진정으로 받아들이지 못해서이거나 혹은 지도력이 무능해서 생겨난 것이라고 생각할 수밖에 없게 된다. 하지만 뒤엣것을 인정할 수 없기 때문에, 당은 앞엣것을 선택하는 것 외에 달리 길이 없다. 어떤 시점에서 이런 설명은 필연적으로 대중적 호소력을 잃게 된다.

1972년 헌법은 북한이 사회주의 국가라고 선언했다. 만약 사회주의를 가장 유력한 당이 완전고용, 상대적으로 공평한 소득분배, 합당하고 보편적인 의료보건·교육·주택을 보장하는 식으로 경제활동을 조직하는 강력한 국가를 이끄는 체제라고 정의한다면, 북한은 사회주의라고 할 수 있다. 동시에 북한은 지배자·국가·인민이 유기적 단일체로 간주되는 조합주의적 국가와 매우 닮았다. 확실히 이 전망은 단일사회를 구성하려는 당의 시도 배후에 있는 동인(動因)이었다. 커밍스는 이렇게 설명한다. "마르크스-레닌주의라는 보편적 진리의 한국이라는 구체적 현실의 적용은 전형적인 조합주의의 장광설과 이미지 —그러나 이것은 한국 정치사로부터 생겨난 것이다—와 마르크스-레닌주의의 진보적 수사 및 실천이 혼합된, 사회주의적 조합주의의 특수하고도 매력적인 형태로 나타났다."[46]

북한의 사회주의적 조합주의는 부분적으로는 아주 조직적인 북조선 사회의 본질에 의해 규정된다. 더 나은 북조선을 건설하자는 공통된 목표에 헌신하는 대중조직들이 인민의 삶을 형성하고 인민의 삶에 의미를 부여하기 위해 구성되었다. 심지어 조선노동당도 처음에는 '새로운 형태의 대중정당'을 목표로 했다. 김일성은 국가와 혁명을 최우선에 두는 사람은 누구나 애국자이고 이런 사람이 당에 들어올 수 있어야 한다고 주장했다. 그래서 북한은 어느 공산국가보다 당원의 비율이 높았다. 실제로 당원이 아닌 사람들도 모두 당의 지도를 받는 대중조직에 소속되어 있다.

북한의 사회주의적 조합주의 본질은 당과 나라에 방향을 제시하는 김일성의 역할에 의해 규정되기도 한다. 김일성은 단순히 당의 지도자가 아니라 국가의 아버지였다. 이런 가족이라는 수사(修辭)의 사용은 온 국민을 하나로 묶기만 하는 것이 아니라 효도를 바탕으로 한 김일성과 주민의 직접적 연관을 가능하게 한다. 1981년의 "인민의 어버이"라는 기사는 이런 부자관계가 북한에서 무엇을 뜻하는지 잘 보여준다.

김일성… 위대한 인민의 어버이는… 인민을 더없이 사랑하신다. '어버이'라는 말은 오랜 역사 동안 사랑과 존경을 뜻하는 말로 쓰였다. …인민과 지도자의 끊을 수 없는 혈연을 표현하는 말로 쓰였다. 이 친숙한 말은 우리 인민의 끝없는 존경과 충성의 일치된 마음을 표현한다. …위대한 지도자가 보여주신 인민에 대한 사랑은 혈연의 사랑이시다. …우리의 존경받고 사랑받는 지도자는 모든 인민의 다정한 어버이이시다.[47]

따라서 김일성은 주석이고 당 총비서이기 때문만이 아니라 나라의 어버이로서 인민과 하나이며 인민의 지고의 이익을 가슴 깊이 생각하기 때문에 인민의 충성을 받아야 하는 것이다. 이런 관계는 주체를 세우는 데 있어서 김일성의 중심적 역할을 지지하는 또 하나의 결과를 낳았다.

김일성을 국가의 아버지로 추앙하는 이 과정은 나라가 외세의 위협에 맞서 강하게 단결하도록 만드는 유용한 방법임에 틀림없었다. 이런 과정은 합리화 절차가 필요했으며, 김일성이 누구보다도 국가 이익을 지키기 위해 헌신한다는 것을 보여줄 수 있을 때만 비로소 가능한 것이었다. 이를 위해서는 김일성의 업적을 높이기 위해 역사를 다시 써야 했다.

북한 역사는 김일성이 조선 혁명운동의 창시자, 조선 인민군의 설립자, 일본으로부터 조선을 해방시킨 영웅이라고 주장한다. 이를 뒷받침하기 위해 북한 역사는 김일성이 14세이던 1926년에 조선 사상 최초의 마르크스-레닌주의 혁명조직을 결성했다고 주장한다. 그리고 또 1932년에 항일 빨치산조직을 결성하고 일본과 전투를 벌인 것으로 되어 있으며, 2년 뒤 이 조직은 조선인민혁명군으로 확대된 것으로 기록되어 있다. 김일성은 이 조직을 이끌어 1945년까지 일본과 싸웠다는 것이다. 또 1940년부터 전쟁이 끝날 때까지 백두산 근처 동북쪽에 근거지를 두고 그곳에서 투쟁한 것으로 되어 있으며, 김정일은 1942년에 이 백두산 밀영에서 태어났다고 한다.

불행하게도 이상의 것은 모두 사실이 아닌 듯하다. 북한 외부에서 이에 관한 역사자료를 연구한 사람들은, 김일성이 14세에 혁명조직을 시작했다는 주장을 뒷받침할 근거가 없다고 결론짓고 있다. 그는 1931년에 공산당에 입당했으며 신임받고 존경받는 전사였다. 하지만 1941년까지 중국공산당 당원으로서 싸웠으며 그 이후에 그와 그의 동지들은 소련으로 후퇴해야 했다. 그는 전쟁이 끝날 때까지 소련에서 머물렀고, 김정일은 소련 극동 하바로프스크에서 태어났다.

김일성을 과대평가하는 거짓들은 국내외에서 활동한 조선 혁명주의자들의 중요한 공헌을 무시하게 된다. 또 오직 한 사람의 행위만 의미가 있는 역사의식을 만들어낸다. 공산당운동의 기초와 조선 해방의 공을 김일성에게 돌림으로써, 북한 국가 역시 통일의 과업을 훨씬 복잡하게 만든다. 한국인들은 일본 제국주의에서 나라를 해방시키고 새로운 사회를 건설하려는 투쟁에 각계각층의 수많은 사람이 참여했음을 보여주는 남북한 공통의 정확한 역사를 요구할 수 있어야 한다. 이런 관점에서, 중국과 러시아가 자국의 문서보관소를 외국 역사학자들에게 공개하는 상황에서 북한 역사가들이 공식 역사를 유지하도록 압력받고 있는 것은 주목할 만하다.

역사왜곡의 한 가지 결과는, 의도된 결과이기도 한데, 김일성을 중심으로 한 개인숭배다. 이 개인숭배는 천천히 그리고 꾸준히 자라서 70년대 북한의 정치생활을 지배하게 되었다. 숭배가 김일성 일가로 확대된 것도 70년대이다. 그래서 북한 역사는 이제 김일성의 증조할

아버지가 셔먼호 격퇴에 참여했고 그의 할아버지와 부모는 항일영웅이라고 주장한다.

북한 정권이 김일성 일가가 조선 혁명투쟁에 기여한 것을 과장하기로 한 데는 두 가지 이유가 있어 보인다. 첫째, 이렇게 함으로써 김일성의 지위를 거의 신에 가까운 위치까지 올릴 근거가 생긴다는 것이다. 둘째로는, 이것이 더 중요할 텐데, 김일성 후계 문제를 결정하는 데 도움이 된다는 것이다. 북한은 특정 개인의 지도력을 중심으로 정치체계를 구성했다. 논리적으로 보면, 정권유지를 보장하는 유일하고 안전한 길은 또 다른 특별한 개인을 찾아내는 것이다. 북한 상황으로는, 그 사람이 김일성 가족구성원이어야 했다. 70년대 초부터 김일성은 자신의 맏아들 김정일의 승계를 준비하기 시작했다. 개인숭배를 일가로 확대함으로써, 정권은 김정일이 자신과 한국 역사 간에 특별한 관계가 있다고 주장할 근거를 확보해 주었다. 실질적으로 김정일은 김일성 일가의 개인숭배를 촉진할 책임을 맡고 있었다. 70년대에 시작되어 80년대까지 이어지면서, 그는 전국에 "5만 개로 추정되는, 대리석이나 화강암으로 된 〔김일성과 그의 가족을 칭송하는〕 기념비를 흩뿌리는"[48] 대규모 건축 캠페인을 조직했다.

김정일의 당내 역할은 처음에는 대중들에게 비밀에 부쳐져, 그의 결정이나 글은 '당 중앙'이라는 명의로 발표되었다. 1980년 10월의 제6차 당대회에서 처음으로 그의 과거 실적이 공개적으로 알려졌으며, 여기서 김정일은 정치국 최고회의 간부회와 국방위원회 일원으로 선출됐다. 그는 지도자 동지라는 칭호도 얻었다. 그리고 1984년 8월에 그가 후계자로 뽑힌 것이 공식 확정되었다.

1994년 7월에 김일성이 숨졌고, 미국과 남한의 분석가들은 김정일이 정치적 능력이 없으며 자신의 아버지를 대신할 당과 정부의 지도자로 지지를 얻지도 못할 것이라고 예측했다. 공식적으로는 지도자 자리가 아직 공석으로 남아 있지만, 입수 가능한 모든 증거로 볼 때 김정일이 전권을 확보한 듯하다. 확실히 당은 그의 명성을 높이려고 열심히 노력하고 있다. 예컨대 1995년 말에 김정일이 "군사와 외교 관계를 포함한 우리 당과 국가의 모든 일을 30년 이상 열정적으로 지도해 오고 있다"[49]고 주장했다.

북한 주민들이 개인숭배와 왜곡된 역사를 적극 수용하고 있는지를 알기는 어렵다. 정권은 무엇도 당연한 것으로 받아들이지 않았다. 정권은 국내외를 오가는 모든 정보를 세심하게 통제했으며, 도전하는 것으로 보이는 사람들을 거칠게 다루었다. 탈북자들의 말에 따르면, 정치범은 공정한 재판을 받지 못하며 정기적으로 구타를 당하고 굶주리며 저임노동력으로 사용된다. 이 과정에서 상당수가 목숨을 잃는다고 한다. 국제사면위원회는 현재 북한에는 12개의 수용소가 있고 여기에서 10만 명 정도가 극도로 궁핍한 생활을 하고 있는 것으로 보고 있다. 남한 정부도 비슷하게 추정하고 있다. 하지만 우리가 가지고 있는 정보는 모두 수용소에서 탈출해 남한으로 온 사람들이 전한 것이기 때문이, 이들의 말이 진정으로 자신들의 경험을 이야기한 것인지 아니면 남한 정보기관이 듣고 싶어하는 말을 한 것인지 알기 어렵다. 더구나 『뉴욕 타임스』는 이렇게 보도하고 있다. "탈북자들과 이야기해 보면, 그들은 자신들이 표현한 공포 때문에 북한이 불만으로 들끓고 있다고 주장하지는 않는다는 점에 충격을 받게 된다. 반대로 많은 탈북자들이 북한 주민들은 자신들의 지도자들을 믿고 있음을 내비친다."[50]

요약하면, 북한 지도층이 바람직한 것과는 거리가 먼 이념과 사회 체계를 형성했다는 데는 의심의 여지가 있을 수 없다. 하지만 북한 사회주의의 본질과 변천을 이해하려면 론과 매코맥의 말을 기억하는 것이 중요하다. "궁극적으로 이 통치체제의 특이성은 모두, 군사적 대치상태가 계속되고 있는 분단 그리고 초강대국 미국과 장기적으로 지속된 적대적 대결 등의 비정상적인 환경에 그 뿌리를 두고 있다."[51] 나라가 분단되어 있고 미국의 위협을 계속 받는 한, 북한 정권은 현재의 지도자 개인숭배를 강화하지는 않더라도 계속 유지하려 할 가능성이 높다. 단기적으로는 이런 정책이 현 체제의 존속을 보장하는 데 도움이 될 것이다. 하지만 장기적으로는 민주적인 사회주의 한국의 전망을 불투명하게 할 뿐이다. 북한이 외부자본 유입과 경제회복의 계기가 될 것으로 기대하는 미국과의 관계 정상화조차 이런 전망에 새 생명을 불어넣기를 기대하기 어려울 것이다.

북한 사람들은 어려운 시기를 눈앞에 두고 있다. 이들이 역사를 다시 회복하고 자신들의 목소리를 내고 민주적이고 평등한 사회를 만들려는 노력을 새로이 할 수 있도록 북돋워주어야 한다. 이들의 노력이 성공할 수 있으려면, 이들은 이른바 '가상의 선'에 얽매여 있지 않아야 한다. 이들은 남쪽의 사회변화를 추구하는 사람들과 대화를 하고 통일한국 건설과정을 시작해야 한다.

주

1. Dae-Sook Suh, *Kim Il Sung, The North Korean Leader*, New York: Columbia University Press, 1988, pp. 83~89.
2. 같은 책, p. 125.
3. Barry Gills, "North Korea and the Crisis of Socialism: the Historical Ironies of National Division," *Third World Quarterly* 13: 1, 1992, p. 112.

4. 같은 책, p. 112.

5. Aidan Foster-Carter, "North Korea, Development and Self-Reliance: A Critical Appraisal," *Korea North and South, The Deepening Crisis*, Gavan McCormack and Mark Selden, eds., New York: Monthly Review Press, 1978, pp. 147~48.

6. Young Whan Kihl, Politics and *Policies in Divided Korea: Regimes in Contest*, Boulder: Westview Press, 1984, p. 38.

7. Stewart Lone and Gavan McCormack, *Korea Since 1850*, New York: St. Martins Press, 1993, p. 184.

8. 같은 곳.

9. Kihl, 앞의 책, p. 47에서 재인용.

10. Lone and McCormack, 앞의 책, p. 185.

11. Kihl, 앞의 책, p. 46에서 재인용.

12. Lone and McCormack, 앞의 책, p. 185.

13. Erik van Rhee, "The Limits of juche: North Korea's Dependence on Soviet Industrial Aid, 1953-76," *The Journal of Communist Studies* 5: 1, 1989, p. 57.

14. Joseph Sang-heon Chung, *The North Korean Economy: Structure and Development*, Stanford: Hoover Institution Press, 1974, pp. 146~47.

15. Van Rhee, 앞의 책, p. 57.

16. 같은 책, p. 57.

17. Joan Robinson, "Korean Miracle," *Monthly Review* 16, 1965 Jan., pp. 541~49.

18. Lone and McCormack, 앞의 책, p. 187.

19. Kihl, 앞의 책, p. 142.

20. Van Rhee, 앞의 책, pp. 57~58.

21. 같은 책, pp. 60~61.

22. Gordon White, "North Korean Chuch'e: The Political Economy of Independence," *Bulletin of Concerned Asian Scholars* No. 2, Vol. 7, 1975, p. 48.

23. Dae-Sook Suh, 앞의 책, Chap. 10 "passim".

24. Gavan McCormack, "Kim Country: Hard Times in North Korea," *New Left Review* No. 198, 1993 Mar./Apr., p. 35.

25. Kihl, 앞의 책, p. 146.

26. Nicholas Eberstadt, *Korea Approaches Reunification*, Armonk, NY: M. E.

Sharpe, 1995, p. 22.

27. Stephen Goose, "The Military Situation on the Korean Peninsula," *Two Koreas-One Future?*, John Sullivan and Roberta Foss, eds., Lanham: University Press of America, 1987, p. 59.

28. Kihl, 앞의 책, pp. 154~55.

29. Van Rhee, 앞의 책, p. 61.

30. Eberstadt, 앞의 책, p. 21.

31. 같은 책, p. 134.

32. Mark Clifford, "Send Money"(*Far Eastern Economic Review*, 1993. 9. 30, p. 72)에서 재인용.

33. Teresa Watanabe, "Lawmaker Finds Face of Famine in North Korea," *Oregonian*, 1997. 4. 9.

34. International Monetary Fund, *World Economic Outlook, May 1996*, Washington, DC, p. 125.

35. Sydney D. Bailey, *The Korean Armistice*, New York: St. Martin's Press, 1992, p. 177.

36. 같은 책, p. 178.

37. Peter Hayes, *Pacific Powderkeg: American Nuclear Dilemmas in Korea*, Lexington: Lexington Books, 1991, p. 132.

38. 같은 책, p. 132.

39. Goose, 앞의 책, pp. 72~73.

40. John M. Swomley, "Carter's Diplomacy May Thwart Pentagon's Plans"(*Facts for Action* No. 164, 1994 Jun./Jul., p. 1)에서 재인용.

41. U.S News and World Report, "Korea the Next War?," 1994. 6. 20, pp. 40~56.

42. "North Korea: Creation of a Demon"(*The Defense Monitor* 23:1, 1994, p. 4)에서 재인용.

43. Steve Glain, "U.S. Envoy to Seoul Aims to Meet Needs of Security Without Provoking the North," *Wall Street Journal*, 1994. 8. 8.

44. Any Borrus with Eric Schine, "The Pentagon's Real Readiness Crisis," *Business Week*, 1994. 12. 19; Stan Crock, "Why the G. O. P. Has Star Wars in its Eyes-Again," *Business Week*, 1995. 10. 7.

45. Gills, 앞의 책, p. 114에서 재인용.

46. Bruce Cumings, "The Corporate State in North Korea," *State and Society in Contemporary Korea*, Hagen Koo, ed., Ithaca: Cornell University Press, 1993, p. 204.

47. 같은 책, p. 221에서 재인용.

48. McCormack, "Kim Country," p. 35.

49. Samuel Kim, "North Korea in 1995"(*Asian Survey* 36:1, 1996 January, p. 63)에서 재인용.

50. Nicholas D. Kristof, "Survivors Report Torture in North Korea Labor Camps," *New York Times*, 1996. 7. 14, p. 6.

51. Lone and McCormack, 앞의 책, p. 199.

7

분단한국 : 남한의 경험

학자들과 언론의 해설자들은 종종 미국 최고의 외교정책 성공사례로 남한을 제시한다. 미국의 지도와 도움으로 남한이 한국전쟁의 잿더미에서 불사조처럼 일어나 경제를 재건했다고 이들은 말한다. 이제는 국제적으로도 자유시장 자본주의 발전의 성공적인 모델로 높이 평가되고 있다. 미국은 인내심을 가지고 적절한 시점에 남한 지도자들을 자극해서 느리지만 꾸준한 민주화 실현에 공헌했다고도 말한다. 이 모든 진보를 뒷받침하는 것이 북한의 공격에 대한 미국의 감시와 견제라고 외교정책 전문가들은 주장한다. 한국전쟁에서 패했음에도 불구하고 북한은 한반도 전체를 '공산화'하겠다는 결의를 버리지 않고 있지만, 다행히 미군의 군사력이 이를 막고 있다는 것이 그들의 주장이다.

남한의 경험과 미국의 외교정책을 이렇게 분석하는 것은 심각하게 잘못된 것이다. 한국전쟁은 남한과 미국이 촉진한 분단에 대한 대중적 반대를 많이 약화시키지 못했고 그 결과 남한 청권은 미국의 지원을 받는 군사독재에 의해서만 유지되었다. 이런 지배는 1961년부터 1987년까지 지속되었다. 남한 자유에 대한 북한의 위협이라는 것이 이런 지배를 정당화하는 데 이용되곤 했다. 미국은 남한의 '경제기적'과 정치적 진전에 근거해 자국의 정책이 성공했다고 주장해 왔다. 그러나 1965년 이후 남한의 성장은, 억압과 착취에 기초해 얻어진 것이기 때문에 남한인들에게는 기적이 아니었다. 마침내 1987년 이후에 나타난 진정하지만 강요된 민주화는, 자본주의 발전이 성공한 자연스런 결과가 아니라 좌파가 이끄는 민주화운동의 결과였다.

현재 남한이 북한보다 강력한 경제와 더 자유로운 정치체제를 유지하고 있는 것은 사실이지만, 남한 역시 심각한 문제에 직면하고 있기는 마찬가지다. 남한 경제는 1997년 말 심각한 위기에 휘말렸다. 경기침체와 IMF가 요구한 구조조정 프로그램은 기록적인 실업과 소득감소를 낳을 것을 예고한다. 게다가 정치활동도 정부가 선언한 '국가안보'에 대한 고려 때문에 여전히 심각하게 제한받고 있다. 그래서 많은 남한인들은 경제·정치 제도의 실질적인 변혁을 추구하고 있다. 하지만 '가상의 선'이 한국을 나누고 있는 한, 그들의 목표가 달성될지는 의문이다.

군사독재로 가는 길

미국 정부는 남한의 민주화 진전과정에 자신이 상당한 역할을 했다고 추켜세우지만, 외교정책 목표를 달성하고자 하는 미국의 의지는 남한을 군사독재로 몰아가는 촉매제 역할을 했다. 트루먼의 특별대사 에드윈 폴리는 1946년 6월 한국을 방문한 뒤 대통령에게 제출한 보고서에서 한국이 "아시아에서 우리의 성공 여부가 달려 있는 이데올로기 전쟁터"[1]라고 썼다. 따라서 미국의 문제는 "한국 내 공산주의 가 전세계 어디서보다 성공적인 출발을 할 수 있다"[2]는 것이라고 설명했다. 한국인이 공산주의를 끌어안을 거라는 폴리의 걱정은 근거가 확실한 것이었다. 미 국무부 의뢰로 한국 내 미국 정책사를 쓴 도널드 맥도널드에 따르면, "미군정이 실시한 초기 여론조사는 한국인 대다수가 사회주의 경제체제를 선호한다는 것을 입증했다. 그러나 당시 역사단계에서 사회주의를 지지할 수 있는 공식 미국기관은 없었다."[3]

한국인이 원하는 것과 상관없이 사회주의에 반대하기로 결정한 미군정은 사회주의에 반대하는 한국인들과 힘을 합치는 것말고 별다른 선택의 여지가 없었다. 소련의 보호 아래 좌파 정치활동이 활발한 북쪽에서 미국이 어떤 일을 도모할 수 있는 상황이 아니었기 때문에, 미국은 분단을 추구할 수밖에 없었다. 미국은 1948년 초대 대통령이 된 이승만의 노력 덕분에 분단과 반공정권 구성이라는 목표를 달성할 수 있었다. 미국의 정치 프로젝트가 한국인들 사이에서 인기를 얻지 못했던 것을 생각해 보면, 이승만의 정치행태가 거의 민주적이지 않았다는 것은 놀랄 일이 아니다.

이승만은 대중운동을 무찌르고 자신의 정치적 입지를 강화할 기회를 결코 놓치지 않고 이용했다. 첫번째 기회는 1948년 10월의 여순반란 때 찾아왔다. 그는 모호한 이름의 국가보안법을 통과시키도록 국회를 압박했다. 이승만은 국가보안법을 남한에 남아 있는 좌파에 대응하는 데 이용했지만, 이것이 유일한 목적은 아니었다. 그는 권력분할을 기대하고서 자신을 대통령으로 지지한 상당수의 보수적인 의원들에게도 이 법을 써먹었다. 의원들이 자신의 권력을 약화시키는 법률제정을 추진하자, 이승만은 거부권을 행사하고 16명을 국가안보를 "위태롭게 했다"는 이유로 구속했다. 1950년 현재 6만 명 정도가 감옥에 있었는데, 그중 50~80%가 국가보안법 위반 혐의를 받고 있었다.[4]

이승만의 행동은 너무 인기가 없어 재선이 위험할 정도였다. 헌법은 국회에 대통령 선출권한을 부여했는데, 이승만은 1950년 5월 총선거에서 자신의 지지자들이 대부분 낙선할 것을 우려했다. 미국은 그의 선거연기 시도를 저지시켰으며, 결과는 그가 우려한 대로였다. 하지만 6월 한국전쟁 발발이 그를 구해 줬다.

전쟁을 이용해 이승만은 1952년 7월 국회에 대통령 직선을 위한 헌법개정 압력을 넣었다. 그는 이를 위해 전쟁 당시 수도였던 부산에서 일단의 젊은이(땃벌떼)를 동원해 폭력시위를 벌이게 했고, 이 시위는 그에게 계엄령을 내릴 핑곗거리를 주었다. 의원들이 계엄령 철회를 위한 표결을 할 때, 그는 국회건물을 헌병으로 에워쌌다. 결국 의원들은 헌법개정에 동의했고, 선거일자 또한 8월 초로 정해 다른 후보들이 선거운동을 준비할 시간을 주지 않았다. 이승만은 손쉽게 재선되었다.

미국 정부가 이승만의 권력장악을 배후에서 막강하게 지지하긴 했지만, 언제나 이승만의 정책에 동의한 것은 아니었다. 미국 정책결정자들은 개인투자자들에게 인플레이션 걱정 없는 경제환경을 보장하기 위해 이승만이 긴축재정을 택해야 한다고 생각했다. 하지만 이승만은 이를 거부했고, 미국 정부는 주기적으로 원조계획을 삭감하겠다고 위협했다. 또 미국과 이승만은 군사정책에서도 큰 견해차이를 보였다. 가장 중요한 것은 미국이 이승만의 반복적인 휴전협정 체결 방해시도에 반대한 점이다. 심지어 이승만은 미국이 휴전을 못하게 하려고 독자적인 군사작전을 벌이겠다고 협박했다. 미국 정부는 그를 쫓아내는 것을 심각하게 고려했다.

중요한 것은, 이승만의 경제·군사 정책에 대한 미국의 우려가 인권문제까지 확대되지 않았다는 점이다. 미국 정부는 이승만 정권의 비민주적 본질을 잘 알고 있었는데, (당시에는) 비밀로 분류된 공식 문건에서, 미국은 이승만 정권을 종종 "경찰국가"라고 언급했다.[5] 그러나 이승만이 정책을 바꾸도록 압력을 넣은 경우는 거의 없었다. 미국 정책입안자들은 자신들의 목표가 민주적인 남한 정권이 들어서면 위협받을 것을 명백히 깨닫고 있었던 것이다.

미국 정부가 이승만의 억압정책을 묵인하는 데 동의하지 않는 남한 사람들이 갈수록 늘어났다. 이승만은 매수와 협박을 통해 3선개헌을 한 뒤 1956년에 세번째 임기에 들어갔다. 하지만 부통령은 야당후보인 장면이 되었다. 좌익 정치활동도 살아났다. 진보당 대통령후보 조봉암이 1956년 선거에서 사민주의·경제계획·통일을 공약으로 내세워 30% 가까운 득표를 했다.[6] 이승만은 반대파를 그냥 두지 않았다. 1958년에 조봉암을 북한 간첩 혐의로 체포해 이듬해 처형했다. 그후 1960년 대통령선거에서 경쟁상대가 없이 출마한 이승만은 선거 부정을 저질러 장면의 부통령 재선을 막았다.

이승만의 1960년 선거 부정은 그의 몰락으로 이어졌다. 장면이 낙선했다는 소식이 전해지자, 학생들은 즉각 시위에 들어갔다. 4월 마산 앞바다에서 경찰이 살해한 학생의 주검이 발견된 뒤 학생들은 다시 시위를 벌였다. 약 3만 명의 학생들이 이승만의 퇴진을 요구하기 위해 대통령 관저로 행진하자, 경찰이 시위대를 공격해 많은 사람을 죽였다. 이승만은 계엄을 선포했지만, 미국의 지원을 받는 군은 이를 거부했다. 이승만이 쓸모가 없어졌다고 확신한 미국은 막후에서 그의 제거를 위해 움직였다. 4월 26일, 이승만은 퇴진해 미국으로 망명했다.

이승만이 물러나자, 의회가 힘을 발휘하기 시작했다. 무엇보다도 총리를 신설하여 대통령의 권한을 축소하는 헌법개정을 했다. 1960년 7월에 새로운 선거가 실시되었고 장면이 첫 총리로 선출되었다.

장면은 자신이 어려운 상황에 놓여 있다는 것을 깨달았다. 미국은 1957년 한국에 인플레이션 억제정책을 쓰도록 강요했고 1958년에는 원조계획을 축소했다. 결과는 경제후퇴로 나타났다. 게다가 장면이 학생운동의 혜택을 보기는 했지만 학생운동의 동기는 그의 당선이 아니었다. 당시 내건 표어는 "정치민주화와 경제적 평등"이었고, 학생들은 직접적인 정치행동을 통해 계속 목표를 추구해 나갔다. 일례로 10월에 학생들은 국회를 급습해 이승만 집권시기에 부패를 통해 부를 챙긴 사람들을 처벌하는 법의 통과를 요구했다.

'4월혁명'은 남한 사람들이 자신들의 정치적 방향을 다시 생각할 기회를 열어주었다. 지난 15년 동안 엄청난 변화가 일어났고 당면 정치적 논의의 조건과 참여자들도 40년대 말 이후에 아주 많이 바뀌었다. 가장 중요한 것은, 대안의 전망을 제시할 조직된 좌파가 더는 남한에 존재하지 않는다는 점이었다. 그럼에도 급진적 변화와 통일을 바라는 대중적 열망은 여전히 강했다. 통일문제는, 남한 사람들이 북한의 1950년 '침공' 때문에 북한을 적으로 보고 있다는 미국과 남한 정부의 판단에서 볼 때 특히 의미가 있는 것이다.

남한의 많은 사람들은 '가상의 선' 다른 쪽에서 일어나고 있는 사회적·경제적·정치적 변화를 잘 알고 있었고 그래서 북한과 긴밀한 유대관계를 맺는 것뿐 아니라 남한에서 유사한 정치경제적 구조변화를 추진하려는 열망이 강했다. 남한의 조건에 대한 불만이 어느 정도였는지는, 장면이 집권한 10개월 동안 연인원 100만 명이 참여한 시위가 약 2천 회가 발생했다는 데서 잘 드러나고 있다.[7] 새로운 환경에서 좌파는 다시 한 번 조직력을 갖추어나갔다. 과거의 진보당원들이 사회대중당을 결성하고 미군철수를 주장했다. 사회대중당은 학생조직, 노조, 기타 새로 결성된 진보단체들과 함께 '민족자주통일협의회'를 결성했는데, 이 단체는 남북간의 교역과 문화·교육 교류를 시작하고 이어 통일을 위한 총투표를 실시하는 통일과정을 주장했다.

개인적으로 현실적인 전망을 전혀 가지고 있지 못했던 장면은 이런 대중운동과 좌파로 기우는 정치분위기에 어떻게 대응해야 할지 확신이 없었다. 그는 미국의 지지와 방향제시에 거의 전적으로 의존하는 힘없는 지도자였다. 장면의 정치적 딜레마의 본질은 쉽게 표현될 수 있다. 미국은 급진적 경제구조 개편과 북한과의 관계 강화에 반대하지만 갈수록 많은 국민들이 바로 그것을 요구하는 상황이었던 것이다. 미국의 압력으로 장면은 우경화하기 시작했다. 장면 정권은 정치·경제적 변화를 요구하는 사람들을 공산주의자라고 낙인찍고 국가보안법을 더 엄격하게 개정하기까지 했다. 이에 굴하지 않고 1961년 5월 5일, '민족통일전국학생연맹' 소속 학생들은 5월 20일 판문점에서 남북학생회담을 열자는 결의안을 통과시켰다. 북한은 이 제안을 환영했고 북한 학생들은 회담 참석의사를 전했다. 하지만 회담은 결코 열리지 않았다.

1961년 5월 16일 장면 정부는 박정희 소장이 이끄는 군사쿠데타로 전복되었다. 16명의 군사혁명위원회는 계엄령을 선포하고 국회를 해산하며 모든 정치활동을 금지시켰다. 또 시위를 불법화하고 언론검열을 실시했다. "반공이 정부의 첫째 목표"라고 선언함으로써 미국의 지지를 얻으려고 애썼다.[8] 미국 정부는 처음에 군사정권에 반대했으나 오래 가지는 않았다. 미국 대통령자문 한국특별조사단은 국가안

전보장회의에 낸 보고서에서 "장면 정부는 지도력과 국가문제 해결
능력에 대한 국민의 신뢰를 얻지 못했다"고 지적했다.[9] 이 지적은 정
확하지만, 국민의 신뢰를 얻는 데 필요했던 정치변화를 미국이 반대
했다는 사실은 편의대로 간과했다. 정말 진정한 의미에서, 군사독재
는 미국의 요구에 정치적으로 민감하게 반응하는 자본주의 국가 남
한을 건설한다는 미국 계획의 논리적 결과였다.

군사독재와 '경제기적'

쿠데타 지도자들의 목표는 남한 사람들이 사회주의 국가를 건설하기
위해 북한과 힘을 합치지 못하도록 하는 것이었다. 박정희를 비롯한
쿠데타 지도자들은 얼마 전에 반공 남한을 지키기 위해 북한에 맞서
싸웠으며, 진보적인 통일의 결과를 두려워할 충분한 이유가 있었다.
그와 같은 통일은 결코 일어나지 않아야 한다고 굳게 결심한 박정희
의 임무는 군사쿠데타 이후 딱 하나 남아 있는 길, 곧 경제성장을 통
해 정권의 정당성을 확보하는 것이었다. 박정희 독재기간, 곧 1961~
79년은 종종 '황금기'라고 일컬어지는데, 정부의 지도 아래 온 국민
이 소매를 걷어붙이고 경제기적을 일으킨 때라는 것이다. 우리가 곧
보겠지만, 사실은 상당히 달랐다. 전국 방방곡곡에 스며들어 있는 정
부구조를 이용해 박정희는 국민들을 급속한 경제성장을 위한 경주로
몰아붙였다. 하지만 이 성장은 고도의 억압과 모순적인 경제전략의
결과였기 때문에, 정치적 합법성도 그렇다고 독재정권의 안정도 달
성되지 않았다.[10]

　박정희의 경제 접근방식은 전혀 미국식 자유시장 이론에 근거한
것이 아니었다. 경험을 통해 그는 국가통제와 경제활동 지시의 미덕
을 배웠다. 그를 비롯한 쿠데타 지도자들은 모두 북한 동향을 감시하

는 정보기관에 몸담고 있던 사람들이었기 때문에, 북한이 국영기업
과 계획경제를 성공적으로 활용하는 것을 잘 알고 있었다. 게다가 박
정희는 30년대 만주국에 있던 일본의 군관학교를 다녔고 일본과 일
본의 조선총독부가 이룬 경제성과를 아주 존경했는데, 이 또한 자유
시장 정책에 근거한 것이 아니었다. 이런 경험에서 박정희는 남한 경
제활동에 대한 국가통제를 확고히 하려고 발빠르게 움직였다. 그는
경제기획원을 설치해서 국가예산을 편성하고 외국 차관과 투자를 규
제했으며, 상공부를 통해 경제활동을 허가하고 대외무역을 규제했
다. 또 은행을 국유화해 정부가 여신을 좌우하고 이자율을 결정할 수
있게 했다. 국영기업과 공업단지 조성도 허용했는데, 이 둘은 사기업
활동을 지도하는 데도 활용되었다. 마지막으로, 박정희는 국내의 모
든 기업을 62개의 산업별 협회에 가입하도록 했다. 이 협회를 통해
경제기획원과 상공부는 개별 기업의 투자·가격·무역활동을 감독
하고 규제할 수 있었다.

이 새로운 체계가 하나로 뭉쳐 제대로 작동하게 한 것은 군사력이
었다. 군부 지도자들은 주례회의 체계를 갖추어놓고, 이 회의에서 고
위 경제계획 담당자들이 경제상황에 대해 보고하도록 했다. 그들은
또 모든 부처에 기획 및 통제 부서를 도입했는데, 이 부서는 담당 부
처의 계획절차에 대한 보고서를 분기마다 제출했다. 군부는 공무원
모집과 인사배치를 중앙집중화함으로써 전체 관료에 대한 감독과 통
제력을 강화하는 일련의 개혁도 실시했다. 나아가 조지 오글이 기술
했듯이, 박정희는 직접명령 계통을 구성하기도 했다.

명령이 말단까지 전달되어 준수되도록 하려고 박정희는 군 출신
인사를 기업의 사장 또는 부사장, 이사, 인사부 등 핵심 부서의 장

으로 임명했다. 산업계에 군 출신을 앉히는 것과 함께, 정부의 비경제부서의 38% 정도도 군 출신에게 돌아갔다. 이를 통해 박정희는 전체 산업·정치 복합체에 대한 직접적이고 개인적인 감독을 할 수 있었다.[11]

박정희의 중앙집중적 경제접근이 과거 미국이 이승만과 장면에게 권고했던 것과는 직접적으로 모순되기는 하지만, 미국 정부가 이런 방식에 적극 반대하지 않았다는 것은 주목할 만하다. 명백하게 미국은 '붉은' 북한에 대한 '자유' 남한의 승리를 보장하는 데 필요한 것이라면 뭐든지 받아들일 용의가 있었다. 따라서 냉전 경쟁이 어정쩡한 상태를 유지하고 남한의 성장이 지속되는 한, 극히 일부 지도자에게만 허용했던 정책결정의 상당한 자유를 박정희에게 줄 준비가 되어 있었던 것이다.

성장과 모순, 1961~79년

수입대체 산업화를 통해 '자립'경제를 확립하려던 초기 시도가 실패한 뒤, 박정희는 생산과 수출에 바탕을 둔 성장전략을 채택했다. 정부와 함께 일했던 남한 경제학자 송병락은 이렇게 설명한다.

정부의 수출촉진 전략 아래서 경쟁하는 기업 가운데 "가장 잘 적응하는 기업의 생존"은 시장에서 결정되는 것이 아니라 정부의 자의적인 행동에 의해 결정되었다. '적합성'은 수익성에 기초하기보다 수출확대 능력으로 평가되었다. '적합하지 않다'고 결정되면 파산을 맞게 됐다. 그런 기업은 세무조사나 다른 규제의 위협을 지속적으로 받았다. 한편 정부가 보증하는 융자를 수출확대에 효과적

으로 활용하는 기업은 암묵적으로 적합하다고 여겨졌으며 추가적
인 지원 혜택을 받았다.[12]

이런 전략의 결과는 극적이었다. 실질 수출성장률은 1963년 약 9%
에서 65년 35% 이상으로 늘어났으며 그 이후 4년 동안에도 30% 이
상을 유지했다. 1965~75년 국민총생산(GNP)에서 수출의 비중이 3
배 이상 증가했을 뿐 아니라, 수출의 구성도 크게 바뀌었다. 1961년
현재 달러 기준으로 상위 6대 수출상품이 금광석 · 철광 · 수산물 · 생
사 · 채소 · 돼지인 데 비해 71년에는 의류, 합판, (가발과 장난감 등)
기타 공산품, 전기기계, 생사, 금광석 그리고 76년에는 의류 · 신발 ·
섬유 · 전기기계 · 합판 · 통신장비였다. 이와 같이 공산품 생산과 수
출의 급격한 증가에 힘입어, 연평균 경제성장률이 1962~67년 8.3%
였으며 1967~71년에는 12.6%에 이르렀다.

하지만 경제조건은 안정과 거리가 멀었다. 경제팽창이 낳은 가장
심각한 문제는 날로 늘어나는 무역적자였다. 급속한 수출팽창에 따
른 경제성장은 수지균형 문제를 해결할 것으로 예상되었지만, 남한
의 경우에는 문제가 더 심각해졌다. 무역적자가 1965년 2억 4천만 달
러에서 71년 10억 달러 이상으로 늘어났는데, 그 주된 이유 하나는
새로 형성된 남한의 제조업이 구조적으로 일본의 기술 · 장비 · 부품
수입에 의존한 데 있었다.

박정희가 이런 무역 불균형에도 재원충당을 하고 성장을 유지할
수 있었던 것은 일본과 미국의 자금지원을 받을 수 있었기 때문이다.
1965년 한 · 일 국교정상화 협정의 일환으로 일본은 남한에 2억 달러
의 차관과 3억 달러의 무상원조 그리고 최소한 3억 달러의 상업차관
을 제공한다는 데 동의했다. 또 박정희는 남한 군대를 베트남에 파견

하기로 함으로써 미국으로부터도 돈을 받았다. 베트남전쟁에는 약 30만 명이 파병되었는데, 비밀합의 조항에 따르면 미국은 파월군인 1명당 달러로 보너스를 지급했다. 그리고 또 남한의 전쟁물자를 구입하고, 남한 기업을 베트남의 건설 및 용역 하도급업체로 쓰며, 남한 군대를 현대화해 주기로 했다. 이렇게 해서 남한은 1965~73년에 베트남 내 군사 · 민간 활동으로 총 10억 달러 가까이를 벌었으며, 주한미군의 활동이 가져다 준 수입도 11억 달러에 이르렀다. 이 21억 달러는 1966~69년 남한 외화 가득액의 30%에 이르는 액수다.[13]

남한의 수출전략은 정치적 긴장도 조성했다. 남한 경공업의 수출경쟁력을 확보하기 위해 박정희는 저임금노동력을 창출하기 위한 농업정책을 실시했다. 60년대 중반에 곡물가격을 낮추고, 농민들이 농업 근대화를 위해 융자를 받을 길을 막았다. 그 결과 심각한 소득감소가 발생했고 이는 정부가 바란 대로 대규모 이농현상으로 이어졌다. 그러나 도시, 특히 서울로 온 숫자는 도시의 기반시설이 감당할 수 없는 규모였던 터라, 엄청난 수의 도시빈민이 날로 생겨났고 때때로 이들은 주거와 사회복지를 요구하며 폭력시위를 벌이기도 했다.

농촌을 떠난 사람의 절대 다수가 도시의 공장에 취직하려는 젊은 여성들이었으며, 이들 대부분은 남한의 핵심 수출산업인 섬유 · 의류 · 고무 · 전기 분야에서 금방 일자리를 얻었다. 그러나 여성노동자들은 위험한 조건에서 장시간 노동하고 최저생계비에도 못 미치는 임금을 받았다. 예컨대 제조업 노동자 평균임금이 월 40달러였는데, 섬유업종의 젊은 여성노동자들은 이보다 훨씬 적은 월 25달러를 벌었다. 당시 한국은행이 계산한 도시 4인가족의 한 달 기초생계비가 90달러였던 것을 보면,[14] 여성노동자들의 임금수준을 짐작할 수 있다. 고용보호 장치가 없었음에도 불구하고 여성노동자들은 노동조건

개선을 위해 싸웠다. 첫번째의 중요한 노동쟁의는 1968년 미국 소유의 전자업체에서 발생했으며, 그 다음해에는 외국 및 내국인 소유의 기업들에서 더 많은 파업이 발생했다. 차관의존도를 줄이기 위해 외국자본 유치에 열을 올리던 박정희는 파업을 크게 우려했다.

한편 박정희의 정치적 문제는 국제적 상황변화로 더욱더 복잡해졌다. 1969년 닉슨이 미국 군사전략의 큰 변화 ─ 이 변화는 베트남전쟁이 대중의 지지를 얻지 못함으로 해서 나온 것이었다 ─ 를 선언했다. '닉슨 독트린'은 아시아 지역 미군 지상군의 철수를 요구하는 것이었고 남한에서도 1971년에 2만 명이 철수했다. 게다가 1970년의 전세계적 경제침체가 특히 미국에 보호무역 정서를 증가시켰는데, 1971년에 미국은 남한에 섬유수출을 제한하는 무역합의에 서명하도록 강요했다. 1970년 현재 섬유는 남한 수출의 38%를 차지하고 있었으며, 대미 섬유수출만 해도 남한 총수출액의 15%에 달했다.[15]

도시혼란과 노동불안의 증가, 미국 군사지원의 상실, 핵심 수출시장 폐쇄에 직면한 박정희는 1971년 대통령선거에서 김대중후보를 이길 수 있을지 우려할 만한 이유가 충분했다. 1963년과 67년 선거에서 박정희는 주로 거액의 돈을 동원해 사람들을 매수하거나 매수가 효과가 없으면 남한 중앙정보부와 경찰을 동원해 정적을 위협하는 식으로 해서 대통령에 당선될 수 있었다. 하지만 1971년 선거에서는 이것만으로 불충분했다. 그는 선거부정도 저질러야 했다.

권력 장악력이 약화되고 있는 것을 인식한 박정희는 1971년 12월에 국가비상사태를 선포했다. 그리고는 대중시위를 금지하고 임금을 동결하며 "국가적 목적을 위해 인적·물적 자원을 동원할" 권한을 대통령에게 주는 법을 통과시켰다. 박정희는 북한의 공격위협에 대응하기 위해 이런 법이 필요하다며 자신의 행동을 합법화했으나, 실제

로는 위협이 존재하지 않았다. 박정희의 국가비상사태 선포는 전적
으로 국내문제 때문이었다. 사실 미국의 군사정책 변화의 결과를 두
려워한 박정희는 중앙정보부장을 시켜 북한과 비밀회담을 벌이기까
지 했다. 1972년 7월 4일 남북한 정부는 세 가지 통일원칙을 포함하
는 남북공동성명을 동시에 발표했다.

첫째, 통일은 외세에 의존하거나 외세의 간섭을 받음이 없이 자
주적으로 해결하여야 한다. 둘째, 통일은 서로 상대방을 반대하는
무력행사에 의거하지 않고 평화적 방법으로 실현하여야 한다. 셋
째, 사상과 이념·제도의 차이를 초월하여 우선 하나의 민족으로
서 민족 대단결을 도모하여야 한다.

이 합의에 대해 남한에서 혼란이 일어났다. 우선 사상과 이념을 초
월한다는 것이 무슨 뜻인지 누구도 확신하지 못했다. 몇몇 국회의원
들은 이 원칙에 충실하려면 반공법과 국가보안법을 폐기해야 한다고
주장했으며, 1961년 쿠데타 주역의 한 사람인 김종필 국무총리는 "정
부는 이 법을 더 효율적으로 이행해야 한다"며 반대했다. "외세에 의
존하거나 외세의 간섭을 받음이 없이"가 의미하는 바에 대해서도 혼
란이 빚어졌다. 북한은 미군의 완전한 철수를 뜻한다고 주장했지만,
한편 김종필은 "UN군의 주둔은 '외세'로 볼 수 없다"[16]고 말했다.
10월 17일, 박정희는 헌법개정을 위한 계엄령을 선포해 온 나라를
다시 깜짝 놀라게 했다. 박정희는 서구식 민주주의가 남한에 적합하
지 않은 것으로 드러났기 때문에 새 헌법이 필요하다고 주장했다. 그
의 해결책은 유신헌법이었다. 유신헌법은, 국회의원 1/3을 지명할 권
리, 국회를 해산할 권리, 모든 판사를 임명할 권리 등을 포함하여 박

정희에게 엄청난 권한을 부여했다. 더 일반적으로 새 헌법은 박정희에게 "국가안보나 공공의 안녕과 질서가 심각하게 위협받거나 위협받을 것으로 예상되면" 아무 때나 긴급조치를 취할 수 있는 권한도 부여했다. 또 새 헌법은 대통령을 새로 구성되는 통일주체국민회의가 뽑는 선거절차 변경도 담고 있었는데, 이 회의 구성원은 대통령이 지명하는 일정한 사람들이 뽑게 되어 있었다.

박정희가 1971년 12월의 행동을 합리화하기 위해 북한의 '적대행위'를 이용했다면, 이번에는 이 헌법통과를 합리화하기 위해 남북대화를 이용했다. 박정희는 강력한 위치에서 북한과 협상을 벌이려면 새로운 힘이 필요하다고 주장하면서, 국민투표에서 이 헌법에 반대표를 던지는 것은 곧 남북화해에 대한 반대가 될 것이라고 말했다. 만전을 기하기 위하여 그는 군사계엄 아래서 투표를 실시했으며, 나중에 정부는 91.5%의 국민이 새 헌법에 찬성했다고 선언했다. 놀랄 것도 없이 이 투표결과는, 곧 끝나버린 남북대화에 아무런 영향도 주지 못했다.

박정희의 독재는 학생과 종교지도자를 중심으로 한 분노와 반대를 불러일으켰다. 그의 대응은 일련의 긴급조치 발령이었는데, 그중 9호가 가장 가혹한 것이었다. 1975년 5월에 발효된 긴급조치 9호는 박정희 또는 정부에 대한 '비방'이나 공개적인 유신헌법 비판을 금지시켰으며, 또 학생들의 정치활동과 이 긴급조치 9호를 위반하는 행동에 대한 공표나 표현 · 토론도 엄금했다. 국내에 있는 외국인에게나 해외에서 남한의 '복지'를 비난하거나 해롭게 하는 행동이나 발언도 금지되었다. 한마디로 정부 정책이나 시책에 대한 어떤 반대도 불법이라는 것이다. 감옥은 학생 · 종교지도자 · 노동자로 가득 찼으며, 그중 상당수는 고문을 당했고 적어도 8명이 긴급조치 위반으로 사형에 처해졌다. 그리고 박정희 정권은 유지되었다.

유신을 둘러싼 어떤 사건에 대해서도 미국은 개의치 않았다. 예컨대 미국은 박정희의 유신헌법 제정을 반대하지 않고 침묵으로 맞이했다. 한·미관계에 대한 한 하원보고서는 이를 '불간섭'이라고 표현했다.

유신이 선포되었을 때, 미국은 재빨리 정책을 결정했어야 했다. 당시 워싱턴은 경제성과와 남북대화 때문에 서울에 대해 상당히 우호적인 분위기였다. 그래서 채택된 정책이 불간섭이었다. 1973년 1월에 닉슨 대통령은 김종필 총리에게 "다른 대통령과 달리 나는 당신 나라의 내정에 간섭할 생각이 없다"고 말함으로써 이런 정책을 재확인했다.[17]

미국 언론들이 (워터게이트 사건에 대한 존경의 표시로) 코리아게이트라고 부른, 미국 여론과 정부 행동에 영향을 주기 위한 박정권의 비밀계획이 드러났을 때도 미국 정책결정자들 사이에서 그의 입지가 크게 약화되지는 않았다. 70년대 중반에 의회에서 공개된 이 비밀계획은 (상당 경우 협박을 통해) 미국 내 한인들의 유신헌법 지지를 이끌어내고 미국 의원과 주요 대학의 지지를 받기 위해 불법행위까지 벌이는 것이었다.[18]

유신을 중심으로 한 박정희의 정치공세는 경제정책의 상당한 변화와 병행되었다. 노동불안과 경공업 시장축소로 야기된 무역문제를 해결하기 위해 박정희는 융자금 보조, 보호무역, 노동탄압 정책을 자본집약적인 중화학공업(여기에는 철강·석유화학·전자·기계·조선·운송장비 등이 포함된다) 육성정책으로 전환했다. 이 정책의 성공을 보여주는 잣대는, 중화학공업의 수출비중이 1971년 전체 수출의 14%에서 84년 60%로 올라간 것이다.[19]

이런 경제개편의 주요 수혜자는 소수의 재벌이었다. 상위 10대 재벌의 순매출 총액이 1974년 GNP의 15.1%에서 78년 30%, 81년 56%로 증가했으며,[20] 1988년 현재 상위 4대 재벌 ─삼성·현대·럭키금성·대우─의 총매출은 GNP의 절반에 육박했다.[21] 『파 이스턴 이코노믹 리뷰(*Far Eastern Economic Review*)』는 이렇게 설명했다. "실질적으로 전체 경제가 재벌의… 지배를 받게 되었다. …재벌들은 국내 산업과 시장을 확대하고 장악하면서 문자 그대로 어디 한구석도 그대로 두지 않았다."[22]

남한의 정부지시 및 재벌지배 경제모델이 전통적인 자유시장주의에 도전하는 것이었지만, 남한의 경제성공 주장에 도전하는 미국 경제학자는 거의 없었다. 1973~79년 남한의 GNP 증가율은 연평균 11%였으며, 또 남한은 철강·조선·전자 부문의 주요 생산국으로 부상했으며, 1978년에는 제3세계권에서 선진 자본주의 국가에 대한 공산품 수출 1위 국가가 되었다. 그러나 남한의 산업노동자들이 억압적인 조건에서 극도의 저임금으로 세계에서 최장시간의 노동에 시달리고 있다는 사실은 거의 언급되지 않았다. 1978년 현재 정부통계에 따르면, 전체 산업노동자의 약 2/3가 전국 평균에 미달하는 월급을 받고 있으며, 약 40%가 정부가 제시하는 최저생계비에 미달하는 임금을 받았다.[23]

박정희는 정치·경제 발전을 확고히 통제하고 있는 듯했으나, 이런 겉모습은 진실을 호도할 뿐이었다. 대체로 경제가 성장전략에 의해 작동됨으로 해서, 남한 경제는 위기로 치닫고 있었다. 박정희는 누적되는 엄청난 외채로 새로운 중공업 육성정책을 지원했는데, 이 정책은 실질적 인플레이션을 유발할 뿐 아니라 경공업 부문의 자금 부족을 야기했다. 이 궁극적인 결과는 수출의 둔화였다. 이 문제를 더 복잡하게 만든 것은 새로 육성된 대부분의 중공업이 일본 부품 · 기계 · 기술에 의존한 사실이었다. 남한은 세계 최대 규모의 조선소를 세웠으나, 껍데기만 남한에서 생산되었고 모든 기계와 엔진 · 도구는 일본에서 수입된 것이 그 한 가지 예이다.

이렇게 해서 박정희의 중공업 정책은, 환영받았던 성장확대뿐 아니라 별로 언급되지 않았던 무역수지 적자확대와 외채누적도 가져왔다. 1974년에 60억 달러 미만이던 외채규모는 1979년에 200억 달러를 웃돌았다. 새로운 외채위기를 우려한 박정희는 1979년 중반에 경제성장 둔화를 시도할 수밖에 없었다.

남한의 경제성장 둔화는 새로운 급진적 반대운동이 힘을 얻는 때와 거의 비슷한 시기에 이루어졌다. 60년대와 70년대 초의 반정부운동은 주로 민주주의 — 여기서 의미하는 민주주의는 기존 선거절차와 기본권 보장이었다 — 를 요구하는 학생과 교회 지도자들이 주도했다. 많은 사람들이 단지 유신헌법 개정요구 운동에 서명했다는 것만으로도 체포되어 고문당하고 투옥되었다. 이들은 자신들의 행동이 박정권에 대한 국제적 비난과 고립을 불러일으켜 마침내 그가 사퇴하는 것으로 이어지기를 기대했다. 그러나 그들이 깨닫게 되었듯이, 소수의 시민 불복종으로는 외국에서 경제업적을 칭찬받는 경찰국가를 무너뜨릴 수 없었다. 이런 경험을 통해 깨달음을 얻고 여성노동자들의 투쟁에 고무된 일부 학생과 종교활동가들은 민주주의에 대한 자신들의 입장과 이를 달성하기 위한 전략을 재검토하기 시작했다. 이런 사고의 결과는, 민주주의의 외연을 결정하는 것은 형식적 투표권이 아니라 노동현장 등 각 분야의 힘관계라는 인식이었다. 이러한 자각은 훨씬 더 효과적인 노동운동 발전에 기여하는 재능있고 헌신적인 노동운동가들을 많이 배출해 냈다.

1979년 들어와서는 박정권이 강력히 대응할 필요성을 절실하게 느낄 정도로 파업과 시위가 일반화되었다. 8월에 YH무역에서 해고된 데 항의하기 위해 야당당사에서 농성하고 있던 여성노동자들을 경찰이 공격해, 한 명이 숨지는 사건이 발생했다. 당시 야당당수 김영삼이 『뉴욕 타임스』와의 인터뷰에서 박정희의 이 같은 행동을 비난하자, 박정희는 그를 국회에서 제명하는 공작을 폈다. 박정희에 대한 대중의 분노는 폭발지점에 이르렀다. 부산과 마산에서 학생 수천 명이 그의 퇴진을 요구하며 거리로 나왔고, 곧 이어서 노동자들도 합류했다. 박정희는 북한 간첩들의 소행이라고 비난하는 성명을 발표했고 공수부대를 동원했다. 하지만 공수부대는 행동에 들어가지 못했다. 10월 26일에 박정희가 중앙정보부장에게 암살당한 것이다. 학생들은 박정희가 숨지자 유신종식과 통일을 주장하는 시위를 벌였다. 노동자들도 시위에 참여했으며, 임금인상과 노동조건 개선을 요구하는 파업을 조직했다.

긴 행진은 마침내 남한에 어렵지만 흥분되는 자신들의 미래에 대한 논의와 결정을 남겨둔 채 끝이 났다. 과거 결정의 순간 ─1940년 말과 1960년 ─에 대다수 국민은 사회주의 지향의 전망과 통일을 지지했지만, 군사행동에 의해 '기각'됐었다. 1979년에는 국민들이 원하는 방향이 어느 쪽인지 불투명했다. 박정권하의 탄압기는 남한 사람들을 사회주의와 북한에서 멀어지게 했지만, 동시에 이 탄압은 국가안보 상황과 재벌, 수출 제일의 성장정책에 대한 대중적 반대를 불러일으켰다. 한마디로 국민들은 대안의 사회를 논하고 따져볼 시간이 필요했다. 비극적이게도 그들은 이 시간을 얻지 못했다. 하지만 군부는 대중처럼 불확실해하지 않았다. 기존 정치·경제 조직을 유지하기로 마음먹은 군부는 1년도 채 안 되어 다시 나라를 지배했다. 그리고 이것은 미국의 강력한 지지 속에 이루어졌다.

남한 성장모델의 회복

박정희가 숨지자, 공식적으로 정부권력은 최규하 국무총리에게 넘어갔다. 대다수 국민은 유신헌법을 즉각 폐지하고 직접선거로 새 대통령을 선출하기를 원했지만, 최규하는 자신이 남은 임기를 채워야 한다고 주장했다. 12월 6일 그는 유신헌법의 절차에 따라 대통령에 선출됐다.

대중의 관심이 헌법개정에 집중되었지만 군부세력은 민주적 가능성을 봉쇄하는 행위에 즉각 돌입했다. 박 대통령과 가까웠던 전두환 군보안사령관이 암살사건 조사책임을 맡았다. 박정희와 친하기도 했지만 정치관도 같았던 그는 지위를 이용해 힘을 확장해 나갔다. 1979년 12월 12일 그는 노태우 소장의 도움을 받아 육군참모총장을 암살 불법개입 혐의로 체포했으며, 다른 장교들도 체포되었다. 이렇게 해서 전두환은 군을 장악하고 유신에 대한 도전을 막을 위치를 확고히 했다.

민주주의적 진보가 없는 데 실망한 노동자와 학생들이 유신에 직접 도전하기 시작했다. 1980년 초 특히 의류공장 노동자, 제약회사 노동자, 기계공구 노동자, 나일론공장 노동자를 비롯하여 광부들이 임금인상과 노동조건 개선, 민주노조를 요구하며 파업을 벌였다. 그외 수만의 노동자들은 파업에 들어가지 않고도 회사로부터 노조를 인정받았다. 학생데모도 점점 규모가 커지고 과격해졌는데, 특히 5월에 더 그랬다. 5월 15일 서울에서 10만여 학생들이 새 헌법과 계엄령

철폐를 요구하며 행진했다.

압력에 굴복해 국회는 5월 22일 회의소집을 공고했으며, 많은 사람이 이 회의에서 계엄령 철폐를 위한 투표가 진행될 것으로 기대했다. 하지만 전두환이 한 발 앞섰다. 5월 17일에 전두환은 최규하 대통령에게 계엄령을 확대하라고 압력을 넣었으며, 또 그는 정부를 대변해 의회해산과 모든 정치 · 노조 활동 금지 명령을 내렸다. 모든 주요 도시와 대학에 군대가 배치되었으며, 주요 야당정치인들이 체포되었다. 전두환은 이 조처가 질서를 유지하고 북한의 침략 가능성에서 나라를 지키기 위해 필요하다고 주장했다.

노동자와 학생들은 남서부의 도시 광주를 비롯하여 전국에서 항의시위를 조직하는 것으로 맞섰다. 5월 18일에 반(反)전두환 시위를 진압하기 위해 광주에 파견된 특수부대가 시민들, 특히 학생 같아 보이는 사람들을 무차별적으로 공격하는 만행을 저질렀다. 군대의 야만성에 치를 떤 시위대가 다음날 더 크게 불어나 거리로 나왔다. 아시아 워치(Asia Watch)의 보고서는 특수부대의 대응을 이렇게 표현하고 있다.

그들은 전날과 똑같이 아이들과 어린 소녀, 할머니 들을 포함해 무장하지 않은 시민들을 두들겨패고 칼로 찌르고 몸을 베어냈다. 남자 여자 할 것 없이 옷을 발가벗겼으며, 어떤 사람들은 바닥에 눕혀놓고 발길질을 해댔다. 몇몇 정보원(情報源)은 군대가 발가벗긴 소녀들의 가슴을 칼로 찌르고 도려냈다고 말한다. 살해된 학생 한 명은 내장이 튀어나온 상태로 발견되었으며, 또 한 학생은 등에 X자가 새겨져 있었다고 한다. 중앙여고 학생 약 20명이 살해되었다는 이야기도 있었다. 공수부대가 외곽도로를 수색하고 군중에게 마구 발포하고 주검을 트럭으로 옮겨 버스터미널에 쌓아놓았다. 심지어 부상자를 병원에서 끌어내기도 했다.[24]

광주시민들은 자신들이 목격한 것에 분노로 대응했다. 도시 전체가 나섰다. 이 사태를 보도하지 않은 방송국에 불을 지르고 학생들이 학교에서 총을 지급했고 무장시민들이 주요 건물을 점령했다. 치열한 전투가 벌어졌고 5월 22일 군대는 철수했다. 광주 밖의 언론들은, 정부가 북한 간첩을 지칭할 때 쓰는 용어인 '불순분자' 때문에 광주에 소요가 일어났다고 나머지 지역에 전했다.

군대가 철수한 뒤 광주시민위원회가 유혈사태 종식을 위해 결성되었다. 위원회는 미국 대사관을 접촉해 도움을 요청했으나, 미국 관리들은 남한 내정에 개입하고 싶지 않다며 거절했다. 그러나 1978년의 협정에 따라 남한 육군의 지휘권도 가지고 있던 미군사령관은 사태를 다르게 보았다. 존 위컴 미 육군장군은 전두환에게 광주를 '회복'하기 위해 남한 군대를 동원하는 것을 허락했다. 1980년 5월 27일 수만 명의 군대가 광주를 공격해 더 많은 사람을 죽이고 저항을 진압했다. 정부는 행쟁중에 191명만 죽었다고 주장하지만, 다른 사람들은 이 수치를 수천으로 잡는다. 박정희가 암살 전에 준비했던 것과 유사한 학살을 벌임으로써 전두환은 남한에 새로운 군사독재를 여는 데 성공했다.

당시 많은 남한 사람들은 아마 미국이 전두환의 행동을 부추기는 데 모종의 역할을 했을 것이라고 의심했다. 5월 30일에 전두환은 미국의 전적인 지지를 받았다는 취지의 말을 공개적으로 했다. 한편 미국 정부는 공개적으로 전두환의 발언과 거리를 두려고 했다. 당시도 그렇게 말했고, 1989년 국무부 백서도 미국 정부는 특전사가 광주에 파견되는 것을 사전에 몰랐으며 그후 폭력에 크게 충격을 받았다고 주장했다. 하지만 1996년에 공개된 몇몇 정부 비밀문서는, 미국 정부가 1980년 전두환의 계획을 이미 알고 있었고 실제로 그의 행동을 승인했다는 것을 밝히고 있다.[25] 미국 정책결정자들은 남한 정부가 평화적인 수단을 통해 질서를 유지하는 쪽을 선호했다 하더라도, 그들의 주요 목표는 기존 정치·경제 체제의 유지였던 것으로 보인다. 이 문서는 미국 정책결정자들이 당시 남한의 상황전개를, 1979년에 국왕을 쫓아내고 미국의 이익에 적대적인 정부가 들어선 이란이라는 안경을 통해 봤음을 분명히 보여준다. 미국은 기존 남한 정권을 약화시킬 수 있는 행동을 두려워했다. 이것이, 전두환의 12·12 군대장악을 공개적으로 비판하지 않은 이유다.

불안에 대한 미국의 우려는 실제로 남한의 민주화운동을 '문제'로 간주하는 것으로 귀결되었다. 예컨대 동아시아 및 태평양 담당 국무차관 리처드 홀브룩은 민주화운동에 개입한 사람들을 "한줌의 기독교 극단주의 반대파"로 치부했다. 1979년 12월에 그는 주한 미국대사 윌리엄 글라이스틴에게 민주화운동 활동가들이 정부를 너무 심하게 몰아붙인다고 전하도록 지시했다.[26] 또 학생들이 거의 매일 시위를 하던 때인 1980년 5월 9일에 글라이스틴은 전두환과 최규하에게 질서유지에 꼭 필요하다면 미국은 시위대에 대한 군대사용을 반대하지 않을 것이라고 말했다. 그는 전두환이 이미 남한 특수부대에 대기명령을 내린 것을 알면서도 이런 말을 했던 것이다.[27] 미국의 전두환 지지는, 관료들이 5월 18, 19일 광주에서 자행된 군대의 야만행위를 알게 된 뒤에도 지속되었다. 이 적절한 사례가 바로 1980년 5월 22일에 카터 행정부가 광주시 탈환을 위한 남한 군대의 추가사용을 승인한 사실이다. 글라이스틴은 실제로 남한 외무장관에게 필요하면 미군이 직접 남한 "군대의 광주시 탈환시도와 다른 곳의 문제 억제시도"[28]를 도울 수도 있다고 말했다.

새 독재정권에 대한 미국의 직접 지원은 예정되어 있었지만, 그것은 군사지원이 아니라 재정지원이었다. 권력을 장악한 전두환은 남한 성장모델에 다시 활력을 불어넣는 어려운 임무에 직면해 있었다. 1980년 현재 남한의 GNP는 4.8%나 하락했으며, 1979년에 급증했던 남한의 무역적자는 80년에도 여전히 높았다. 그 결과 외채는 눈덩이처럼 불어났을 뿐 아니라 그 상당 부분이 단기채무였다. 전두환은 경제가 하향곡선을 그리는 것을 막기 위해 새로운 국제금융 지원을 절실히 요구했다. 그렇지 않으면 남한은 80년대 라틴아메리카 대부분 나라를 휩쓸었던 극심한 외채위기로 치달을 상황이었다. 미국이 차관을 제공했다. 광주항쟁 뒤 2주도 채 안 되어 카터 대통령은 미국 수출입은행장 존 무어가 남한을 방문해 6억 달러의 수입차관을 제공하는 것을 승인했다. 무어에 이어 체이스맨해튼 은행장 데이비드 록펠러와 퍼스트내셔널 은행장 윌리엄 스펜서가 남한을 방문하여, 미국의 지속적인 재정지원을 보장했다.

이런 지원에 용기를 얻은 전두환은 남한 사회 전부문에 대해 강력한 정치적 탄압을 하기 시작했다. 4만여 명이 비밀군사캠프(삼청교육대)에 보내졌으며 많은 사람이 여기서 고문을 당했다. 남한 경제상황이 불안한 상태였기 때문에 전두환은 노동을 특별한 목표로 삼았다. 노동운동 및 노동운동과 다른 사회운동의 연대를 깨기 위한 일련의 노동법을 개정했는데, 새로운 노동법의 한 조항은 모든 노조활동을 개별 사업장에 제한한다는 것이었다. 이로써 산업별 또는 지역별 협상이 금지되었다. 또 한 조항은 노사합의가 '공공의 이해'에 반한다고 판단되면 정부가 이를 바꿀 수 있게 했다. 아마 새 노동법에서 가장 중요한 조항은 노조활동에 '제3자' 개입 금지 조항일 것이다. 이 조항에 따르면 특정 사업장에 고용되지 않은 사람이 그 사업장에서 일하는 사람들에게 노동법 자문을 하거나 노동쟁의를 직접 지원하는 것은 불법이었기 때문에, 이 조항은 학생들과 교회활동가는 물론이고 노동자들로부터도 다른 노동자를 완전히 합법적으로 고립시킬 수 있게 해주는 것이었다. 해고노동자조차 해고당한 기업의 현재 노조활동과 관계를 유지하지 못하도록 했다.

미국의 재정지원과 전두환의 반(反)노동공세가 합쳐지면서 마술이 일어났다. 1983년에 남한 재벌들은 전세계적인 경제성장을 이용할 좋은 조건에 있었다. 그해 재벌이 생산한 수출품이 GNP를 11% 이상 끌어올렸다. 노동의 전투성과 박정희 시대 이후 커진 급진주의에 겁먹은 외국자본도 다시 확신을 가졌다. 1982년에 한 미국 기업의 중역은 이렇게 말했다. "바로 우리의 이기적 이익을 위해 〔남한에〕 강력한 정부가 존재하면서 학생운동과 노동운동을 통제해 모든 것이 꽃피고 자라, 우리가 계속 이익을 낼 수 있기를 바랐다."[29]

성장과 성장의 모순, 1980~92년

아무것도 변한 것이 없어 보였다. 박정희는 독재자였고 20년 동안 기록적 성장을 이룩했다. 겉모습만 보면 전두환이 박정희의 성장모델을 성공적으로 복원한 듯했다. 1986~88년에 남한은 GNP 성장률이 12%를 웃도는 최고의 전성기를 누렸다. 아마 더 주목할 만한 것은, 1986년에 42억 달러의 사상 첫 무역수지 흑자를 냈다는 사실일 것이다. 이 흑자는 자동차·컴퓨터·전자레인지·가전제품을 대규모로 수출해 달성됐는데, 이 대부분이 미국으로 수출되었다.

이런 겉보기와는 대조적으로, 정치·경제적 조건은 안정과 거리가 멀었다. 성장 자체는 국가와 재벌 관계, 국제경제 관계, 남한의 노동 관계에 근본적인 변화를 가져왔으며, 이 변화는 곧 남한 성장모델의 생존을 심각하게 위협했다.

재벌의 활동에 대한 국가통제는 남한 성장모델을 규정하는 특징이었다. 정부는 금융과 시장 장악능력을 이용해 재벌에 정부계획에 따라 투자하고 생산하도록 지시해 왔다. 하지만 그 결과 재벌이 경제를 지배하게 되면서, 정부는 더는 재벌의 욕구를 무시할 수 없게 되었다. 독점적 지위 덕분에 재벌은 정부정책에 대한 상당한 거부권을 집단적으로 확보하게 되었던 것이다. 권력균형의 변화는 80년대 초, 대재벌들이 전두환의 산업구조 개편시도에 저항해 계획을 바꾸도록 했을 때 나타났다. 그후 상대적인 힘의 이동은, 1986~88년에 계속된 수출소득 증대로 재벌들이 재정부분에서 정부로부터 거의 완벽하게 독립할 수 있게 되면서 가속화되었다. 남한 경제에 불행하게도, 재벌이 생산투자 대신 땅투기와 주식투기에 돈을 쏟아부음으로써 주택가격이 폭등하고 만성 인플레이션에 시달려야 했다. 1990년과 91년에 정부는 국제경쟁력 확보를 위해 재벌의 부동산 매각과 업종 전문화를 꾀했지만 결국 실패하고 만다.

남한의 수출주도 경제의 성공은 미국과의 긴장을 야기하면서 다른 면에서도 불안을 조장했다. 무역적자를 줄이기로 결심한 미국 정부는 남한에 대미 무역흑자를 줄이는 조처를 요구했고, 남한 정부는 결국 동의해 1988년에 달러 대비 원화를 약 16% 평가절상했다. 또 미국 상품에 대한 남한 시장 추가개방 압력에도 굴복했다.

일본도 남한의 경제성장으로 위협을 받았다. 미국의 압력으로 1985~87년 중반에 달러 대비 엔화가 70%나 평가절상된 이후 일본은 미국의 자동차와 가전 시장을 남한 업체들에 빼앗기기 시작했다.

이에 대응해 일본 기업들은 남한 업체에 기술이전과 부품공급을 하지 않거나 늦추기 시작했다. 이런 조처의 중요성은, 1986년에 남한이 처음으로 42억 달러의 무역흑자를 기록했지만 일본에 대해서는 54억 달러의 무역손실을 보였다는 사실에서 극명하게 드러난다. 남한이 일본에서 수입한 것의 90% 가량이 해외수출을 위한 것이었다.[30]

아마도 남한 성장모델을 위협하는 가장 중요한 변화는 투쟁적인 노동운동의 등장이었을 것이다. 남한의 중화학공업 경제정책에는 대규모 산업단지 조성이 포함되어 있었는데, 이 단지조성은 대규모 노동자집단의 형성을 촉진했다. 이렇게 해서 형성된 노동자집단은 1987년 6월 말부터 행동에 들어가기 시작했다. 6월 말부터 9월 중순까지 하루 평균 44건의 파업이 새로 발생했으며, 울산·마산·창원·부산 등지 공단의 대기업 노동자들 사이에서 처음 시작된 파업은 곧 전국의 중소기업과 의료·금융·연구소·교육·운송·여행 부문의 사무직 노동자들로 확산되었다. 노동자들은 노동조건 개선과 노조인정을 요구했다. 또 한 차례의 대파업 물결은 1988년 상반기에 불어닥쳤는데, 모든 주요 재벌들에게 영향을 끼쳤다.

파업 건수보다 더 주목할 만한 것은 노동자들의 조직화 정도와 단결력이었다. 노동자들은 지역노조협의회를 새로 결성해 뭉쳤는데, 1988년 7월까지 8개 협의회가 결성되었으며 8개 협의회는 다시 전국노동운동단체협의회(이하 전노운협)를 결성했다. 중소기업 노조가 중심이었던 전노운협은 1990년 1월에 전국노동조합협의회(이하 전노협)로 다시 꾸려, "민주주의, 자주, 평화통일"을 목표로 싸우기 위해 "모든 민주운동 세력"과 연대할 것을 선언했다.[31] 전노협은 1990년 12월 16개 대기업 노조로 구성된 대공장노조협의회의 결성을 자극했으며, 이 협의회는 모든 민주노조의 단결투쟁과 "물가, 주택, 세금,

우루과이라운드 등과 관련한 민중의 이익을 위한 연대활동" 지지를
선언했다.[32] 같은 해 인쇄 · 병원 · 학교 · 언론 · 금융기관 노조도 업
종노련협의회의를 결성했다. 이런 조직화 결과, 노동자들의 임금은
1988년 약 20%, 89년 25%나 상승했다.

정부-재벌관계, 국제경제 환경, 노동관계의 이와 같은 변화는 경
제적 결과로 나타나지 않을 수 없었다. 수출증가율이 1988년 28.4%
에서 89년 5.7%로 낮아지고, 다시 90년에는 3%에 머물렀다. 당연히
1990년에는 무역적자가 발생했다. 정부의 건설투자 정책과 재벌의
땅투기에 힘입어 경제성장률은 1990, 91년까지 여전히 높은 수치를
기록했지만, 이듬해 들어서는 크게 떨어졌고 재벌의 수익과 국제경
쟁력도 지속적으로 하락하자 정부 내에 경고의 종이 울렸다.

좌파의 부활

이런 경제동향에 대한 정부의 대응을 어렵게 한 것은 다름아니라 좌
파 재야운동의 부활이었다. 광주를 둘러싸고 일어난 사건들은, 지금
까지 미국의 지지와 격려를 기대해 오던 반정부 활동가들 사이에서
정치적 재평가를 불러일으켰다. 이들은 미국 정부가 전두환의 쿠데
타를 지지한 이유를 파악하는 과정에서 워싱턴의 분단 및 박정희 독
재 지지를 포함한 미국 외교정책에 의문을 제기하기 시작했다. 많은
이들에게 일관성을 가지는 답으로 미국의 대한정책의 바탕에 깔린
의지, 곧 지역패권의 유지가 지목됐다. 지역패권은 분단과 독재에 의
해 강화되기 때문에 미국은 민주주의 지지라는 수사에도 불구하고
분단과 독재를 적극 지지해 왔던 것이다. 미국 정책에 대한 이와 같
은 인식은 운동가들 사이에 반제국주의 의식을 광범하게 확산시켰
다. 또 미국과 '자유시장' 자본주의를 여전히 강조하고 있는 유명한

반정부 지도자 김영삼·김대중과 거리를 두는 활동가들이 많아지면서 반독재 운동권 내에 정치적인 분화현상도 나타났다.

1984년 들어서부터 사회주의 지향의 운동을 통해 남한의 문제를 해결하려는 움직임이 갈수록 활발해졌으며, 80년대 초에 블랙리스트에 올랐던 노동자들이 노동운동 재건을 지원하기 위해 한국노동자복지협의회(이하 노복협)를 결성했다. 노복협 지도부는 자신들의 운동이 40년대 조선노동조합전국평의회의 활동을 계승하는 것이라고 설명했다. 역시 같은 해 23개의 여성, (노복협을 포함한) 노동, 농민, 학생, 문인, 종교 단체가 모여 민중헌법 채택과 남한 정치경제의 구조적 변혁에 대한 지원을 목표로 하는 민주통일민중운동연합(이하 민통련)을 결성했다. 민통련은 또 한국의 통일과 민주주의 달성에 중요한 걸림돌로 미국과 일본을 지목했다. 그로부터 2년 뒤, 학생들도 제국주의와 자본주의에 대한 급진적 인식과 비판을 바탕으로 한 조직(전국대학생대표자협의회—옮긴이)을 결성했다.

이들 조직의 활동가들은 노동계급 속에서 자신들의 정치운동의 뿌리를 내리고자 했다. 이런 이유로, 활동가들은 노동자들의 조직화를 강력하게 지원했으며, 1985년부터 시작된 노동운동의 부활에 핵심적인 역할을 했다. 그해 가장 중요한 파업으로는 대우자동차와 대우어패럴 파업을 들 수 있는데, 대우자동차 파업은 재벌에 맞선 최초의 대파업이었다. 그리고 대우어패럴 파업은 같은 지역 내 다른 노동자들의 연대파업을 불러일으키고 학생과 민통련의 공개적이고도 직접적인 지원을 받았다는 점에서 주목할 만하다.

또 학생들과 민통련 활동가들은 대통령선거를 이슈로 해서 전두환 정권에 도전하여 성공을 거두었다. 전두환의 임기가 끝나가면서 대부분의 사람들은 직선제를 원했지만, 군 동료인 노태우에게 대권을 넘겨주기로 결심한 전두환은 이를 반대했다. 여당이 대통령후보로 노태우를 지명하자, 활동가들은 대통령을 꿈꾸고 있던 김대중·김영삼과 연대하여 19일 동안 연속 시위를 벌였다. 최대 규모 시위는 34개 도시에서 200여만 명이 참가해 정치범 전원석방과 최루탄 사용 중단, 집회의 자유 보장, 직선제를 요구한 시위였다. 또다시 군대를 동원하여 진압할 것이라는 소문이 나도는 가운데 마침내 노태우는 대중의 압력에 굴복해 1987년 6월 29일에 유화적인 선언을 발표했다. 정권은 수세에 몰렸다.

곧 선거가 온 나라의 최대 관심사가 되었다. 독자후보를 내지 않은 채 좌파는 옆으로 밀려나 대권에 도전하는 자유주의 성향의 두 사람, 김대중과 김영삼의 정치공작을 지켜보고만 있는 처지가 되었다. 두 사람은 서로 상대방이 대권을 포기를 요구했지만 결국 둘 다 출마함으로써 야권이 분열되는 바람에, 그해 12월에 노태우는 불과 37%의 득표율로 대통령에 당선되었다.

노태우의 당선은 당시 대중이 급진적 변화를 거부한 표시로 받아들여졌음에도 불구하고, 되살아나고 있는 좌파의 기세에는 거의 영향력을 행사하지 못했다. 1987년에 앞에서 설명한 노동조직 외에도 25개 여성단체가 한국여성단체연합을 조직했으며, 2년 뒤에는 도시빈민 노동자들도 자체 조직인 전국도시빈민연합을 꾸렸으며, 그 이듬해 농민들이 전국농민조직연맹을 조직했다. 그리고 환경운동단체들도 80년대 후반에 나타나기 시작했다. 1989년 1월에는 이들 단체와 (전국노운협을 포함한) 다른 조직들의 대표들이 모여 포괄조직인 전국민족민주운동연합(이하 전민련)을 결성했고 조직의 목표를 다양한 사회운동단체를 통합하고 사회변화를 위한 정치투쟁에 더 힘을 결집하는 데 두었다. 전민련의 한 활동가는 새로운 조직구성은 "40년대 남한 민중운동의 연속성을 계승하는 것"[33]이라고 설명했다. 1991년에 더 책임있고 통합된 지도부 구성을 위해 전민련은 스스로 해산해 민주주의민족통일전국연합(이하 전국연합)이란 새 단체를 만든다.

사회변화를 위한 통합된 운동에 참여한 이들 대부분은 민주주의 달성은 이에 상응하는 통일의 진전이 없이는 불가능하다고 믿었다. 그리고 나라가 분단되어 있는 한, 정부는 국민들이 자본주의의 대안에 대해 접할 기회를 봉쇄하고 반정부조직을 탄압하는 핑계로 언제든지 국가안보를 내세울 수 있다고 판단했다. 남북한간의 접촉을 금지하는 정부정책에 대한 정면도전으로 전민련 고문인 문익환 목사가 1989년 3월에 북한을 방문해 김일성을 만났다. 그는 돌아오자마자 체포되었다. 학생운동도 통일문제를 최우선 순위에 두기 시작했다. 1989년 7월에 임수경이 북한에서 열린 제13차 세계청년학생축전에 참석하기 위해 파견되었다. 축전이 끝난 뒤 천주교정의구현전국사제단이 파견해 북한에 간 문규현 신부와 임수경은, 비무장지대를 넘어 남한으로 오려고 시도했다. 이들의 첫번째 시도는 UN사령부에 의해 저지당했지만, 8월 15일 마침내 이들은 판문점을 넘어왔으며 미군은 즉각 이들을 체포해 남한 당국에 넘겼다. 관련된 사람들은 상당한 대가를 치렀으나, 이들의 방북은 통일문제를 남한의 정치적 의제로 부상시키는 데 성공했다.

재벌에 대한 지배력을 회복하지도, 그렇다고 국제경제 조건을 과거처럼 바꾸지도 못한 정부는 남한 성장모델을 유지하기 위해 노동운동과 좌파 파괴에 온 힘을 기울였다. 노태우는 힘으로 대응했다. 예를 들어 1989년 3월에 그는 서울지하철노조 파업을 깨기 위해 2천 명의 전투경찰을 투입했으며, 울산 현대중공업에도 1만 4천 명의 전투경찰을 동원해 109일 동안 계속된 파업을 진압했다. 1990년 4월에도 현대중공업 파업 진압을 위해 다시 1만 명을 투입했고, 얼마 후 서울의 한국방송공사 본사에도 2400명의 전투경찰이 들이닥쳐, 정부가 전두환 시절 관료를 사장으로 임명한 것에 항의해 19일째 계속되던 파업을 진압했다. 전노협의 한 지도자에 따르면, "전노협 탄압은 20년대 일제의 노동자조직 탄압과 비교될 수 있다."[34] 노태우가 반(反)노동공세를 계속할 수 있었던 것은, 노동운동이 경제위기의 주요인이라는 그의 주장이 갈수록 중요성을 더해 가던 중간계층에게 먹혀들었기 때문이다.

노태우는 좌파의 통일촉진 노력을 자신에게 유리하게 이용함으로써 좌파를 약화시켰다. 1989년 7월에 노태우는 통일을 환영한다는 연설을 하며, 이어 각종 중요한 대북 조처를 취하는데 이는 남북 고위급회담과 두 가지 주요 합의 ── 화해와 불가침, 교류·협력에 관한 협정 그리고 한반도 비핵화 공동선언 ──로 결실 맺는다. 노태우는 이 성과를 중산층에게, 통일을 달성하는 데 가장 적합한 주체는 좌파가 아니라 정부라는 것을 보여주기 위해 이용했다. 그리고 미국이 북한의 핵개발 의혹을 제기했을 때, 그는 북한과 직접 접촉하려는 좌파의 시도를 남한 안보를 위협하는 행위로 몰아붙였다. 이 통일선전은 좌파조직에 대한 광범한 탄압을 은폐시켜 주는 하나의 가리개 역할을 했다. 전두환 집권 8년 동안 정치활동을 이유로 구속된 사람이 총 4700명인 데 비해, 1988~90년 노태우 집권 초기 3년 동안 약 4300명이 정치활동 때문에 구속되었다. 또 구속자의 대략 40%가 국가보안법 위반 혐의였다.[35] 정부의 선전공세와 탄압을 극복하지 못한 좌파는 급속도로 고립되어, 1992년 들어서는 더 이상 주요 정치세력이 아니었다.

1986~87년의 민주화투쟁을 강력하게 지지했던 중산층은 이 시기

동안에 대부분 좌파를 버렸다. 중산층은 산업혼란이 경제적 전망을 위협하며 남북간 협상은 정부 차원에서 이루어질 때 가장 바람직하다는 정부의 주장을 수용했던 것이다. 게다가 노태우 정권은 전두환과 달리 주도면밀하게 정치적 공격대상을 설정했다. 좌파에 대한 공격은 직접적인 언론검열의 폐지 등 사회 다른 분야에 대한 꾸준한 규제완화와 함께 이루어졌다. 그 결과 중산층의 다수는 자신들이 바라는 정치 · 경제적 변화를 위해서 필요한 것은 더 이상 급진적인 행동이 아니라고 믿게 되었다.

그러나 노태우는 중산층의 이 같은 좌파 거부를 결코 정권에 대한 광범한 지지로 바꿀 수는 없었다. 사실 중산층은 곧 시민운동의 성장 ─ 개혁 지향적인 풀뿌리조직의 광범한 연대 ─ 을 통해 자신들의 정치적 목소리를 높여갔다. 경제문제와 관련하여, 시민운동은 정부의 재벌 지배적이고 수출 지향적인 성장전략뿐 아니라 좌파의 노동자지배와 민주적 계획에 대한 전망도 거부했다. 경제정의실천시민연합으로 대표되는 이들의 경제문제 해법은 시장경쟁 확대와 정부개입 축소였다.

이와 마찬가지로 정치문제와 관련해서도 시민운동은 사회적 관계의 급진적 개편을 요구하는 좌파와 기존 정치체제를 안정시키려는 노태우 정권의 시도 모두를 거부했다. 노태우의 시도를 상징적으로 보여주는 것이 바로 국회를 장악하기 위해 여당과 (한때 야당지도자였던 김영삼이 이끄는 당을 포함한) 두 야당의 합당이었다. 3당합당으로 거대정당이 된 민자당은 1990년에 창당하고 얼마 안 되어, 세력이 약화된 야당의 반대를 무시하고 불과 30초 만에 26개 법안을 국회에서 날치기 통과시켰으며, 이와 똑같은 일이 1991년 5월에도 벌어졌다. 여당은 다수의 사람들이 싫어하는 국가보안법의 알맹이 없는 개정안을 단 35초 만에 국회에서 처리했던 것이다. 이런 일종의 권력 갈라먹기에 대한 시민운동의 대응은, 1961년부터 폐지된 지방자치단체장 선거권을 회복하라는 정치권력의 분권화 요구였다.

한마디로, 좌파는 정부에 대한 강력한 공세를 펴 근거를 확보했으나 결국 정부의 탄압에 압도당하고 말았다. 투쟁을 통해 가장 강해진 세력은 80년대 남한 경제성장의 산물인 중산층이었다. 과거 야당 지도자이자 집권당의 대통령후보 김영삼이 김대중과 현대그룹의 총수 정주영을 물리치고 1992년 12월 대통령에 당선된 것은 바로 이 같은 정치적 상황에서였다. 김영삼의 당선은 남한 민주화과정에서 중요한 이정표였다. 30여 년 만에 처음으로 군인 출신이 아닌 지도자가 직접 선거에서 대통령에 당선된 것이다. 이것은 또한 중산층이 선호하는 정책을 내건 그가 자신의 개혁정책의 효율성을 시험해 볼 수 있게 되었다는 점에서도 중요했다. 그러나 그 결과는 긍정적이지 않았다.

갈림길에 선 남한

김영삼은 2월에 취임하자마자 '안정 속의 개혁'을 내걸었다. 그는 군보안사령부와 국가안전기획부(전 중앙정보부)가 대통령에게 접근하는 것을 구조적으로 제한함으로써 두 기관의 정치적 지위를 약화시켰으며, 재산공개제도를 도입해 국회의원과 군부 엘리트의 세력을 꺾어 놓았다. 그 결과 집권여당 의원 6명과 상당수의 장성과 영관급 군인들이 사직할 수밖에 없었다. 그는 또 교수 등 정치적 외부자들을 정부 요직에 임명하는 한편, 정부가 아니라 시장세력이 노동시장과 투자·금융 지원을 결정하도록 함으로써 경제를 '민주화하고' 재벌독점을 약화시키겠다고 약속했다. 마지막으로, 그는 취임연설에서 "어떤 외국 우방도 북한에 있는 한민족 동포보다 더 중요할 수는 없다"고 말함으로써 급격하게 다른 외교정책에 힘을 기울이려는 듯했다.

이런 행동과 말 때문에 그의 대중적 지지도는 1993년 6월 90%까지 올라갔다. 많은 남한 사람들에게 김영삼은 기존 체제 내에서도 민주적인 국가를 건설할 수 있다는 것을 보여주고 있었다. 이런 초기 시도는 일부 좌파들까지 설득하여 김영삼 정부에 참여하게 했다.

그러나 김영삼의 개혁정책은 오래지 않아 도전을 받았다. 과거에도 자주 그랬듯이 보수 정치와 군부 지도자들은 분단이 발생시키는 긴장을 이용해 역공세를 폈다. 1993년에 북한이 핵확산금지조약에서 철수한다고 선언해 미국과의 전쟁 가능성이 고조되자, 우파는 김영삼 정부의 외교정책이 북한 모험주의를 부추겨 국가안보를 위협한다고 비난하고 나섰다. 우파는 또 경제동향을 이용해 그를 수세에 몰아넣었다. 경제적으로 불리한 상황을 물려받은 그는 1993년에 경제가 더 악화되는 상황을 맞게 되었다. GNP가 1/4분기에 연평균 불과 3.3%, 2/4분기에는 4.2% 증가했으며, 상반기 자본투자는 거의 15%나 하락했다. 재벌 총수와 이들의 우호 정치세력들은 그의 반(反)재벌 발언과 허약한 외교정책이 사업 신뢰성과 경제발전을 저해한다고 비난했다.

우파의 압력이 전쟁과 경제침체에 대한 중산층의 우려와 맞물리면서, 결국 김영삼은 보수지배층과 유대를 강화하기 위해 자신이 내건 대부분의 공약을 포기하게 된다. 그는 북한에 대한 강경 대응을 채택하고 자신의 강경한 외교정책에 도전하는 사람들에게도 강경하게 대응했다. 1994년 6월 광주에서 5만 명의 학생이 집회를 열고 북한에 대한 전쟁발언 중단을 요구하자 정부는 집회 주동세력이 북한 간첩이라고 주장했으며, 경찰병력이 시위를 진압하고 학생 지도자들을 체포했다.

또 김영삼 대통령은 7월에 김일성이 사망했을 때 그를 한국전쟁의

'전범(戰犯)'이라고 말함으로써 의도적으로 남북관계 개선의 기회를
봉쇄했다. 이어 정부는 탈북자 기자회견을 열었으며, 북한이 5기의 핵
폭탄을 보유하고 있다는 한 탈북자의 주장은 미국이 공개적으로 이의
를 제기할 때까지 널리 홍보되었다. 그리고 서강대 총장은 북한 동조
자 1만 5천 명이 정치권·대학·언론계에 침투해 있다는 근거 없는
주장을 잇따라 함으로써 '빨갱이 공포'에 불을 지르는 데 일조했다.

　김영삼 정부는 정부의 반북한 대외정책에 도전하는 학생들을 계속
강력하게 탄압했다. 1996년 4월 한총련이 연세대에서 정부가 불법으
로 규정한 대통일 축제를 3일 동안 열었을 때, 행사를 중단시키기 위
해 전투경찰이 투입되었다. 경찰이 대학을 장악하는 데 7일이 걸렸는
데 어떤 날은 1만 명의 경찰이 동원되기도 했다. 이로 인해 3천여 명
이 구금되었으며, 이 집회에 대표를 보낸 각 대학의 총학생회 간부들
을 비롯하여 수백 명이 구속되었다. 정부는 미군철수와 북·미관계
정상화 등 북한의 주장과 비슷한 요구를 했다는 것을 근거로 제시하
면서, 학생들이 북한에 이로운 일을 했다며 이 탄압을 정당화했다.

　김영삼은 대북한 관계에 대한 초기 발언에서 발을 빼면서 경제정
책에서도 방향을 선회했다. 예컨대 그는 노동분규에 정부가 개입하
지 않겠다고 약속해 놓고, 1993년 7월 현대자동차 노동자 수천 명이
파업에 들어가자 진압을 위해 전투경찰을 투입했다. 현대중공업에서
파업이 일어났을 때도 똑같이 했다. 1995년 5월에 현대자동차 노조
원들이 노동조건에 항의하며 또 작업을 중단하자 김영삼 정부는 다
시 경찰을 투입했으며, 수백 명의 노동자들이 체포되었다. 재경원장
관은 이렇게 말했다. "정부는 불법 노동쟁의에 강력 대응할 것이고
경찰력을 투입하는 것도 주저하지 않을 것이다. 불법 노동쟁의 때문
에 현재의 경제활성화를 놓쳐서는 안 된다."[36]

김영삼 정권이 정책을 바꾸면서 정부의 탄압을 받게 된 세력은 제
조업 노동자들만이 아니었다. 1995년 5월에 한국통신 노동자들이 노
동조건 개선을 요구하며 시위를 하자, 정부는 사태해결을 위한 협상
이 진행중인데도 노조 지도자들을 구속하기 시작했다. 김영삼은 정
부가 노조원들에게 '엄중 대처'하겠다고 경고했다. 파업은 '정부전
복' 의도와 다름없다고 그는 말했다.[37]

교사들도 마찬가지였다. 김영삼은 자신이 야당 지도자일 당시에는
교원노조 결성에 우호적이었으나, 대통령이 되자 과거 군사독재자의
반노조 정책을 답습했다. 1961년 박정희가 기존 교원노조를 해체하
고 교사들의 노조건설을 불법화한 이후 남한에는 교원노조가 없었
다. 교육을 사회통제의 핵심 도구로 본 박정희·전두환·노태우는
교과과정과 교사배치, 교사 평가권한을 모두 독점하고 있었을 뿐 아
니라, 교사들에게 수업중에 정부 입장을 대변하고 학생을 감시하도
록 했다. 마침내 1989년 5월 교사들이 정부에 도전해 전국교직원노
조를 결성했다. 창립대회를 저지하지 못한 노태우 정부는 관련된 교
사 전원을 해직하도록 명령했다. 첫해에 1600명 이상이 일자리를 잃
었다. 수백 명이 노조결성 권한을 주장해 감옥에 들어갔다. 이 투쟁
은 엄청난 것을 걸고 싸우는 것이었다. 교사들은 화이트칼라를 블루
칼라와 분리시키려는 정부의 정책에 도전하면서 자신들이 노동자임
을 자랑스럽게 선언하고 노동과 사회 연대를 존중하는 교과과정의
도입을 요구했다.

교원노조의 교육개혁을 지지하는 학부모들의 압력을 받아, 김영삼
정부는 1995년에 해직교사를 복직시키는 타협안을 내놓았지만, 노조
탈퇴를 선언하고 앞으로 노조활동에 개입하거나 지지하지 않는다는
각서를 쓰는 조건을 달았다. 노조는 마지못해 이 제의를 수용하고 교

사들의 복직을 권했다. 하지만 100여 명의 교사가 진정한 교육개혁을 요구하고 개혁의 구체적인 방안을 제시하는 성명에 서명하자, 정부는 이것이 노조전략의 일환이라며 상당수의 교사를 구속했다.

김영삼은 재벌의 힘을 제한하겠다는 약속도 어겼다. 시장의 효율성을 높이기 위해 필수적인 조처라고 주장하면서, 그는 재벌의 금융규제를 없애고 재벌이 민영화된 공기업의 지배주주가 되는 것도 허용했으며 재벌의 투자와 생산에 대한 정부의 감시와 규제를 완화했다. 그 결과 상위 30대 재벌의 (순매출과 대조적으로) 부가가치는 1992년 GNP의 13.5%에서 1995년 16.2%로 늘어났다.[38] 1995년의 한 정부보고서는 5대 재벌 — 현대·삼성·대우·엘지·선경 — 의 총자산이 30대 재벌 총자산의 55.7%에 달하며 매출액은 66%에 이른다고 분석했다. 또 이 보고서는 5대 재벌의 평균 자산증가율이 6~10대 재벌의 7.7%, 나머지 20개 재벌의 5.5%를 크게 상회하는 17.2%라고 밝히고 있다.[39]

김영삼의 반좌파·반노동·친재벌 전략 수용은 경제적으로 몇 가지 긍정적인 성과를 낳았지만 남한 경제문제의 장기적인 해결책은 제시하지 못했다. 수출과 GNP는 1994년에 각각 17%, 8.4% 늘었고 95년에는 32%, 9.3% 증가했다. 하지만 동시에 남한의 무역수지 적자도 1993년 20억 달러 미만에서 1994년 60억 달러를 넘어서고 다시 95년에는 100억 달러를 웃돌았다.

남한의 경제문제는 본질적으로 구조적인 문제이기 때문에, 김영삼의 과거 정책에 대한 의존은 경제문제를 해결하는 데 실패했다. 1995년 정부는 선진 자본주의 국가와의 무역에서 290억 달러의 적자를 낸 데 비해 그 밖의 국가와의 무역에서는 190억 달러의 흑자를 기록했다고 집계했다. 한 중앙은행 관리는 "남한 제조업자들이 개발도상국에서는 돈을 벌려고 열심히 일하고 있지만 부유한 선진국에서는 벌기는커녕 더 쓰는 꼴"[40]이라고 말했다. 그 이유 한 가지는 남한이 기술과 자본설비, 부품을 일본에 계속 의존하고 있기 때문이었다. 1995년에 남한은 일본과의 교역에서만 150억 달러의 적자를 냈다.

1996년 들어서 경제성장은 둔화되었지만 무역적자는 계속 확대되어 사상 최대의 200억 달러를 기록했다. 무역수지 적자가 확대된 데는 세 가지 이유가 있었다. 첫째, 김영삼 대통령은 경제협력개발기구(OECD)에 가입하기 위해 남한 무역정책을 자유화하는 데 동의함으로써 미국과 일본 기업의 한국 수출을 확대시켰다. 둘째, 아시아의 다른 국가들이 남한의 수출주도 전략을 모방한 결과 나타난 지역적 생산과잉 때문에 컴퓨터 메모리 반도체, 철강, 석유화학 제품을 포함하여 남한의 주요 수출품 가격이 급격히 떨어졌다. 셋째, 김영삼의 자유시장 정책을 이용해 재벌들이 생산설비를 제3세계 국가들로 이전하기 시작했다. 이렇게 해서 남한의 해외 직접투자는 1995년에 90년의 3배가 넘는 30억 달러에 이르렀다.[41]

경제적 · 정치적 어려움에 대한 김영삼의 해결책이 오직 과거의 방식으로 회귀하는 것임이 명확해지자, 노동운동과 좌파세력이 다시 뭉치기 시작했다. 1995년 11월에 전노협, 대공장노조협, 업종노련협의회의가 새로 결성된 공기업 노조와 결합하여 민주노동조합총연맹(이하 민주노총)을 결성했다. 민주노총의 창립 선언문은 "통일 실현과 인간의 존엄성과 평등을 보장하는 민주사회 건설"[42]을 위해 단결투쟁할 것을 선언했다. 정부는 민주노총이 불법단체라고 선언했다.

비합법기구임에도 불구하고 민주노총은 곧 정부를 궁지에 몰아넣었다. 1996년 6월에 5개 정부투자기관 노조가 임금 · 노동조건 개선,

해고노동자 200명의 복직을 내걸고 전면적인 연대파업에 들어갈 것이라고 선언했다. 정부는 협상을 거부하고 노동자들이 수용할 수 없는 직권 중재에 들어갔다. 이 시점에서 민주노총은 정부가 직권 중재를 강행하면 전국적인 총파업에 돌입할 것이라고 선언했다. 공기업 노조의 파업돌입 하루 전, 정부는 이전에 민간기업에 제시했던 임금 인상 상한선보다 두 배 이상 되는 임금인상에 합의함으로써 굴복했다. 더 중요한 것은 해고노동자 복직에 합의한 사실이었다. 민간기업들은 충격을 받았다.

기업의 신뢰회복의 중요성을 잘 인식하고 있던 김영삼은 과거 독재자들의 방식을 빌려왔다. 1996년 12월 26일, 야당이 참석하지 않은 비밀 국회 본회의가 열려 집권당만으로 두 개의 법률을 통과시킨 것이다. 하나는 국가안전기획부의 수사권한 약화 조처를 취소하는 법안이었고, 또 하나는 기업이 노동자를 쉽게 해고하고 파업을 쉽게 깰수 있게 하는 노동법 개정안이었다.

이틀 만에 민주노총은 전국적인 총파업을 선언했다. 수십만 노동자들이 두 달 이상 다양한 형태의 파업투쟁에 참여했다. 비록 노동자들은 정부를 무너뜨리지는 못했지만, 노동법 개정안 재개정을 관철시켰으며 더 중요하게는 총파업이 다양한 사회운동 세력들에게 조직적 연대를 강화하고 자신감을 얻을 수 있는 기회를 제공했다.

경제적 · 정치적 압박과 부담은 마침내 감당할 수 없는 수준에 이르러, 1997년 경제가 붕괴했다. 1996년 현재 49개 대기업의 총매출이 2740억 달러였지만 수익은 3200만 달러에 불과했다(수익률이 0.01%를 간신히 넘었다).[43] 1997년 상반기에는 (세번째로 큰 자동차 제조업체인) 기아와 (재벌 서열 제14위) 한보철강과 한보종합건설, (재벌 서열 제26위) 삼미특수강을 포함하여 수천 개의 기업이 파산했다. 이런 연쇄부도는 다시 남한 금융계의 지불능력을 위협했다.

남한 경제문제의 심각성이 알려지자, 타이·인도네시아·말레이시아에서 진행되고 있던 외환위기로 이미 위축된 외국 투자가들이 남한에서 자금을 빼내기 시작했고 만기외채의 상환연장도 거절했다. 11월에 남한 정부의 외환보유고가 바닥이 났다. 정부는 원화가치 방어를 포기했고 달러 대비 원화 가치는 순식간에 절반으로 떨어졌다. 총외채가 1600억 달러, 그중 900억 달러가 1년 미만의 단기외채인 상황에서 남한 정부는 12월 IMF로부터 550억 달러의 차관을 들여오는 조건으로 구조조정 계획을 받아들여야 했다.

IMF의 요구에 대응해 남한 정부는 즉각 정부지출을 줄이고 금리를 올려 이미 진행중이던 경제침체를 가속화시켰다. 또 금융을 포함하여 새로운 경제부문을 외국 기업에 개방하고, 무역자유화를 가속화하고, 기업이 해고를 보다 더 쉽게 하고 노조조직화를 저지할 수 있도록 노동법을 개정하기로 합의했다. IMF와 남한 정부의 관리들은 이 계획이 경제문제를 해결하는 유일한 길이라고 공개적으로 지지했지만, 수입을 촉진하고 (주로 노동자의 희생을 통해) 수출과 외국 투자에 더 의존하게 하는 정책이 과연 지속 가능하고 바람직한 경제의 미래를 확립할 수 있는지는 예측하기 힘들다.[44]

1995년 중반 들어서 30% 이하로 떨어지는 기록을 남긴 김영삼 지지율이 그후 한 번도 회복하지 못한 것은 어쩌면 당연한 일일 것이다. 그가 1979년 12·12사태와 80년 광주학살과 관련해 전두환과 노태우를 반란 및 반역 혐의로 마지못해 기소한 것조차 인기회복에 전혀 도움이 되지 않았다.[45] 어떤 측면에서 바라보더라도 김영삼 정부 임기 말의 경제·정치 상황은 임기 출발 때보다 훨씬 불안했다.

남한 사람들이 북한과 대결하는 위기형태를 맞은 것이 아닌데도,

점점 더 많은 사람들이 나름대로 합당한 이유로 기존 상황과 흐름에
불만을 느끼고 있다. 하지만 좌파도, 그렇다고 시민운동도 아직은 현
실성 있는 정치적 대안을 제시할 능력이 없는 것으로 나타나고 있다.
시장세력을 촉진해 경제를 개혁하려는 시민운동의 시도는 실패했을
뿐 아니라 오히려 더 극심한 노동과 경제의 재벌지배를 가져왔다. 좌
파는 사회적으로 규제되고 민주적으로 통제되는 경제에 관한 구체적
인 전망을 여전히 세우지 못하고 있다. 많은 남한 사람들이 자본주의
에 대한 현실성 있는 대안이 없다고 계속 믿고 있는 것이다.

노동·환경·여성·종교·좌파 운동과 그 밖의 진보적인 운동은
정치적으로 막다른 골목에 놓여 있다. 특히 점증하는 경제위기에 비
추어서 새로운 전략의 필요성을 인식한 많은 활동가들이 전략과 목
표에 대해 논의하는 방식들을 모색하고 있다. 특히 좌파조직 활동가
들과 시민운동가들은 서로에게서 배울 점이 아주 많다. 노동계급·
도시빈민·농민에 근거를 두고 있는 좌파는 남한 사회의 구조적 변
혁 필요성과 더불어 조직적 규율과 집단행동의 중요성을 이해하고
있다. 중산층에 기반을 둔 시민운동은 구체적인 사회문제에 대한 실
천적 대응방안의 개발 필요성과 민주적이고 분권적인 의사결정의 중
요성을 이해하고 있다.

하지만 이러한 대안 논의와 시도를 제한하는 가장 중요한 요소는
아마 분단일 것이다. 지금까지 우리가 살펴보았듯이 이른바 '가상의
선'은 역대 남한 정부가 정치적 조직화와 활동을 무력으로 탄압하는
것을 편리하게 합리화해 주는 도구를 제공해 왔다. 이 선은 또 역대
정권들로 하여금 남한 사람들이 자신들의 역사를 바로세우고 그로부
터 사회변화를 위한 다수파운동을 조직할 교훈을 이끌어낼 수 없게
하는 공포분위기를 조성할 수 있게 해주었다. 그러므로 (북한뿐 아니

라) 남한에서도 변화를 내다보고 실제로 변화를 일으키는 진전이 가
능하려면 남북분단에 대한 도전이 성공해야 한다.

주

1. David H. Satterwhite, "The Politics of Economic Development: Coup, State, and the Republic of Korea's First Five Year Economic Plan(1962~1966)" (Ph. D. Dissertation, University of Washington, 1994, p. 176)에서 재인용.
2. 같은 책, p. 208에서 재인용.
3. Donald S. MacDonald, *U.S.-Korean Relations from Liberation to Self-Reliance: The Twenty Year Record*, Boulder: Westview Press, 1992, p. 230.
4. Carter J. Eckert, Ki-baik Lee, Young Ick Lew, Michael Robinson, and Edward W. Wagner, *Korea Old and New: A History*, Seoul: Ilchokak Publishers for the Korean Institute and Harvard University, 1990, p. 349.
5. Satterwhite, 앞의 책, p. 30.
6. James B. Palais, "'Democracy' in South Korea, 1948-72," *Without Parallel: The American-Korean Relationship Since 1945*, Frank Baldwin, ed., New York: Pantheon Books, 1974, p. 116.
7. Alexander Joungwon Kim, *Divided Korea: The Politics of Development, 1945~1972*, Cambridge: Harvard University Press, 1976, p. 209.
8. Bong-youn Choy, *A History of the Korean Reunification Movement: Its Issues and Prospects*, Peoria: Research Committee on Korean Unification, Institute of International Studies, Bradley University, 1984, p. 86.
9. Satterwhite, 앞의 책, p. 42에서 재인용.
10. 남한 성장모델의 기원 · 구조 · 본질에 관해서는, Martin Hart-Landsberg, *The Rush to Development: Economic Change and Political Struggle in South Korea*(New York: Monthly Review Press, 1993) 참조.
11. George E. Ogle, *South Korea: Dissent within the Economic Miracle*, New Jersey: Zed Books Ltd. in association with International Labor Rights Education and Research Fund, 1990, pp. 31~32.

12. Byong-Nak Song, *The Rise of the Korean Economy*, New York: Oxford University Press, 1990, pp. 101~102.

13. James Stentzel, "Seoul's Second Bonanza," *Far Eastern Economic Review*, 1973. 7. 30, p. 43.

14. Bernie Wideman, "Korean Chauvinism," *Far Eastern Economic Review*, 1973. 3. 5, p. 5.

15. Jung-en Woo, *Race to the Swift: State and Finance in Korean Industrialization*, New York Columbia University Press, 1991, p. 105.

16. Bong-youn Choy, *A History of the Korean Reunification Movement: Its Issues and Prospects*(Peoria: Research Committee on Korean Unification, Institute of International Studies, Bradley University, 1984, p. 104)에서 재인용.

17. U. S. House of Representatives, *Investigation of Korean-American Relations*, Washington DC: U. S. Government Printing Office, 1978, p. 39.

18. Robert Boettcher with Gordon L. Freedman, *Gifts of Deceit, Sun Myung Moon, Tongsun Park and the Korean Scandal*(New York: Holt, Rinehart and Winston, 1980) 참조.

19. Alice H. Amsden, *Asia's Next Giant: South Korea and Late Industrialization*, New York: Oxford University Press, 1989, p. 55.

20. 같은 책, p. 116.

21. Walden Bello and Stephanie Rosenfeld, *Dragons in Distress: Asia's Miracle Economies in Crisis*, San Francisco: Institute for Food and Development Policy, 1990, p. 63.

22. "Industrial South Korea," *Far Eastern Economic Review*, 1984. 7. 19, p. 43.

23. Jang Jip Choi, *Labor and the Authoritarian State: Labor Unions in South Korean Manufacturing Industries, 1961~1980*, Seoul: Korea University Press, 1989, pp. 302~304.

24. Asia Watch Committee, *Human Rights in Korea*, Washington, DC: Asia Watch, 1985, p. 37.

25. 이 문건들은 정보자유화법에 따라 팀 셔록이 정보공개를 요구함으로써 빛을 보게 됐다. "Ex-Leaders Go On Trial in Seoul"(*Journal of Commerce*, 1996. 2. 27); "The U. S. Role in Korea in 1979 and 1980"(Homepage "Korea WebWeekly", www.kimsoft.com/korea.htm) 참조.

26. Shorrock, *Journal of Commerce*, 1996. 2. 27, 1A.

27. 같은 책.

28. 같은 책에서 재인용.

29. "Buying Time for Change"(*Far Eastern Economic Review*, 1984. 7. 19, p. 40)에서 재인용.

30. Paul Ensor, "Two Way Trade-off," *Far Eastern Economic Review*, 1986. 3. 6.

31. "Korea in the 80's: Decade of the Workers"(*Asian Labor Update* No. 1, 1990 Feb.~Apr., p. 9)에서 재인용.

32. "Unions of the 16 Large Plants Form Alliance"(*Korea Labor: Monthly Newsletter of the Korea Research and Information Center* No.4, 1990 Dec., Seoul, p. 6)에서 재인용.

33. Miriam Louie, "South Korean Mass Movement Mushrooms"(*Frontline*, 1989. 7. 3)에서 재인용.

34. "Korea: An Achievement That We Still Exist"(*Asian Labor Update* No. 6, 1992 Jan., p. 2)에서 재인용.

35. "1991 Korea Human Rights Situation," *Korea Update* No. 105, 1992 Jan., p. 7.

36. Human Rights Watch/Asia, *South Korea, Labor Rights Violations Under Democratic Rule*(Washington DC: Human Rights Watch, 1995 Nov., p. 19)에서 재인용.

37. 같은 책, p. 21에서 재인용.

38. Andrew Pollack, "South Korea's Growing Pains," *New York Times*, 1997. 2. 4, C8.

39. "Super Chaebol," *Korea Times*, 1995. 4. 7.

40. Sah Dong-seok, "Deficit With Advanced World Surging"(*Korea Times*. 1995. 6. 24)에서 재인용.

41. "Exodus of Local Industries," *Korea Times*, 1996. 6. 28.

42. "Income Gap Between Poor, Rich Widens in 1993~1995," *Korea Times*, 1996. 6. 18.

43. "Seoul is Still Teetering on the Edge," *Business Week*, 1997. 12. 29.

44. Martin Hart-Landsberg, "The Asian Crisis: Causes and Consequences"(*Against the Current* 73, 1998 Mar./Apr.) 참조.

45. 당시의 고난과 그 중요성에 관한 자세한 내용은, James M. West, "Martial

Lawlessness: The Legal Aftermath of Kwangju" (*Pacific Rim Law and Policy Journal* 6: 1, 1997 Jan.) 참조.

8
통일의 도전과 약속

남북한의 경험을 규정하는 요소인 분단은 수백만의 이산가족을 만들어내고 또 수백만의 민주적 권리를 부정하는 핑계를 제공했다. 여전히 분단이 유발하는 긴장은 새롭고 훨씬 더 파괴적인 한국전쟁을 불러일으킬 잠재력을 가지고 있다. 그래서 많은 이들이 통일을 지지하는 것은 너무도 당연하다. 놀라운 것은 아마 분단의 산물인 남북한 정부도 통일을 목표로 삼고 있다는 사실일 것이다. 분단의 원인이었고 또 분단을 유지시켜 온 미국 정부조차 한국의 통일을 지지한다고 선전한다.

이런 '보편적' 통일지지로부터 도출할 수 있는 유일한 결론은, 서로 다른 통일을 생각하고 있다는 것이다. 그 결과, 설령 통일을 지지한다 할지라도 통일에 대한 추상적 논의는 대부분의 한국인들이 원하는, 민주적이고 평등하고 자주적인 국가 건설과 관련되어 있는 정치적 이슈와 과제를 선명히 드러내지 못한다. 이것은 심각한 문제다.

왜냐하면 비록 분단이 사회변화 노력의 기반을 계속 약화시키고 있다 하더라도 어떤 식으로든 통일만 되면 그만인 것은 아니기 때문이다. 이 문제에 대한 유일한 답은 '통일'을 역사적으로 특수한 정치적 과제로 사고하기 시작하는 것이다.

90년대 내내 통일은 '살아 있는' 정치적 이슈로 다시 떠올랐다. 남한 학생들의 노력, 독일의 통일, 북한의 경제적 · 정치적 어려움이 이렇게 만든 것이다. 남한 정부는 경제적 · 정치적 우위를 이용해 남북관계를 주도할 수 있었으며, 그에 따라 대부분의 남한 사람들과 미국이 통일에 대해 생각하는 방식을 규정해 왔다. 그래서 우리가 통일의 도전과 약속을 살펴보려면, 먼저 남한의 통일정책을 마주 대해야 한다.

대부분의 남한 사람들과 미국 정부관리들이 주장하는 것과 반대로, 통일은 두 정부간의 제로섬게임이 아니다. 따라서 남한 정책의 거부가 곧 북한 정책의 지지를 뜻하는 것은 아니다. 여기에는 대안정책들도 존재하는데, 이 책은 한국인과 미국인들이 함께, 국민들에게 권한을 부여하며 민주적이고 평등하며 자주적인 통일국가를 건설할 잠재력을 가진 독자적인 통일과정을 추구해 나갈 수 있는 방안들을 집중 조명하는 것으로 맺음말을 대신하고 있다.

독일통일의 경험

남한의 통일에 대한 접근방식은 1990년 독일통일의 경험에서 많은 영향을 받았다. 독일통일은 동독의 급격한 경제적 · 정치적 붕괴로 촉발됐으며 동독을 서독 체제로 흡수함으로써 달성되었다. 그러나 이런 상투적인 지식이 이해하는 것처럼, 동독이 오로지 내부문제 때문에 무너진 것은 아니었다. 기존 서독 정치 · 경제 구조가 통일독일에서 지배력을 가질 수 있도록 하기 위한 하나의 시도로, 서독 지도자들은 의도적이고도 공격적으로 동독의 붕괴와 흡수를 촉진시켰다. 물론 그렇지 않다고 지금까지 주장하고 있지만, 남한 정부는 서독 정부가 이룬 것을 그대로 흉내내어 흡수통일을 이룩하겠다는 생각을 굳힌 것 같다. 이를 위한 전략도 똑같다. 먼저 북한의 붕괴를 불러일으키고 그 다음 흡수한다는 전략이다. 하지만 흡수통일은 독일인들에게 재앙이었으며, 한국인들에게도 마찬가지로 재앙이 될 터이다.

독일민주주의공화국의 붕괴와 독일연방공화국으로의 흡수에 대한 대부분의 설명은 거의가 80년대 동안의 국가사회주의의 누적된 경제 문제와 대중적 정통성 상실을 거론하면서 시작한다. 미하일 고르바초프의 소련 권력 장악은 많은 동유럽 공산국가들의 개혁의지를 부추겼다. 그러나 동독의 여당 사회주의통일당은 개혁이라는 개념에 대해서조차 적극적으로 저항했다. 정부의 강경 노선에 좌절한 많은 사람이 동독을 떠나려고 했다. 1989년 6월에 2천여 명의 동독인이 헝가리를 거쳐 서독으로 탈출했으며, 9월에는 3만여 명이 그 뒤를 이었다. 시민들의 탈출을 막을 수 없었던 사회주의통일당은 마침내 11월 9일에 서독 여행의 자유화를 허용할 수밖에 없었다. 자유화 조치가 있고 그 이튿날부터 4일 동안 500만이 넘는 동독인들이 베를린 장벽을 넘어갔다. 서방의 설명은 이 베를린 장벽 개방이 동독 종말의 시작이라는 것이다. 이 분석에 의하면, 수많은 동독인들이 개인적으로 서독의 생활을 경험하고는 대중적인 정서가 걷잡을 수 없이 서독 체제를 선호하는 쪽으로 기울어졌다는 것이다. 또 동독 사회의 붕괴를 염려한 서독 정부는 최단시일 내 통일할 수 있는 방식, 즉 흡수통일에 동의했다는 것이다.

독일통일의 경험에 대한 이런 상투적인 이해가 남한의 많은 사람들과 미국 정책결정자들의 지지를 얻고 있지만, 이것은 부정확한 인

식이다. 동독 사회에 대한 개혁요구가 80년대 내내 높아진 것은 사실
이다. 그러나 부정확하게 인식되고 있는 것은, 개중에는 변화가 불가
능하다고 판단하고 서독으로 탈출하기로 작정한 사람도 일부 있었지
만 대부분의 동독인들은 동독의 사회주의 혁신을 위한 폭넓은 투쟁
의 하나로 역동적인 시민운동을 펼쳤다는 사실이다.

이 시민운동의 주요한 뿌리로는 세 가지가 있는데, 교회의 지원을
받는 평화운동, 세속적 인권운동, 환경운동이 그것이다. 이 각각의
운동은 80년대 초에 소규모 풀뿌리운동으로 시작되었다. 그후 운동
이 확산되지 않고 답보상태에 머무르는 데 실망한, 이 세 부문운동의
활동가들은 좀더 광범한 토대를 기반으로 한 정치개혁을 촉진하기
위해 점차 결합하고 연대해 나가기 시작했다. 정부가 사람들의 동독
탈출의 근본 원인을 해소하려 하지 않자, 이들은 정부의 정치적 실천
과 전망에 직접적으로 도전할 때가 왔다고 판단했다. 이들의 시도는
새로운 많은 정치조직을 탄생시키는 밑거름이 되었다. 9월에 좌파연
합 · 새포럼 · 이제는민주주의 · 민주적자각이, 10월에는 사회민주당,
11월에는 녹색당이 탄생했다.[1] 이 새 조직들은 다양한 정치 철학과
전략을 대변하고 있었지만, 그 회원들은 대부분 활력 있는 시민사회
창조라는 목표를 공유하고 있었으며 또 자본주의와 동 · 서독 통일
반대에 대해서도 입장을 같이했다.

중요한 것은, 이 조직들이 강력한 저항운동을 일으키고 그 방향을
이끌었다는 사실이다. 이 저항운동은 1989년 9월 4일 라이프치히에
서 여행의 자유를 외치며 시위하고 있던 한 작은 단체를 경찰이 공격
함으로써 시작되었다. 이에 항의해 월요일마다 새로운 시위가 일어
났으며 그때마다 시위참가자는 늘어났다. 9월 25일에 5천 명이던 시
위대가 10월 2일에는 2만 명, 10월 9일 7만 명, 그러다가 10월 16일

에는 11만 명으로 늘었다. 뿐만 아니라 시위가 점점 전국적으로 확대되면서, 10월 23일에는 67만 5천여 동독인들이 시위에 참여했으며 10월 30일에는 100만을 넘어섰다. 여기서 중요한 것은 시위대의 요구가 여행 자유화에서 근본적인 정치개혁으로 발전했다는 점이다. 시위대의 규모에 압도당한 경찰은 마침내 거리를 저항자들에게 내어주고야 말았다. 가장 큰 규모의 시위는 11월 4일 베를린에서 일어났는데, 100만 명 가까이 참석하여 대부분이 '혁명적 쇄신'을 요구하며 슬로건을 외쳤다. 동독의 TV방송은 이 시위를 처음부터 끝까지 다 방영했다.

확실히 동독에서는 탈출보다 더 많은 것이 일어나고 있었다. 갈수록 많은 사람들이 직접민주주의 원칙에 입각한 정치체제와 노동자통제, 사회적 연대, 생태적 지속 가능성의 원칙에 바탕을 둔 경제체제 창출을 위해 기꺼이 투쟁하겠다는 의지를 보임으로써 시민의 활력이 되살아나고 있었던 것이다.

서독의 정치엘리트들은 처음에 동독 시민운동에 어떻게 대응해야 할지 확신이 서지 않았다. 이를 지지하는 것은 사회주의에 새로운 활력을 불어넣고자 하는 시도를 북돋우는 것을 의미했는데, 이것은 그들이 원하는 것이 아니었다. 하지만 이에 반대하면, 권력을 유지하기 위해 시민들과 대치하고 있는 사회주의통일당의 편을 들어주는 것을 의미했다. 그때 서독 총리 헬무트 콜이 이 곤경을 헤쳐나가는 길을 인도했다. 그는 동독의 대중적인 논쟁의 초점을 개혁에서 통일로 바꿈으로써, 시민운동과 집권당 모두를 약화시켰던 것이다. 1989년 9월 초 의회에서 동독 주민의 탈출에 대한 대응책을 논의할 때, 콜은 처음에는 통일을 지지했다. 그리고 (베를린 대규모 시위 이후, 그러나 베를린 장벽이 개방되기 전인) 11월 8일에도 대규모 대중이 운집한 연설에서 같은 주장을 했다. 그는 동독 시위대의 용기를 찬양하고는 "모든 독일인의 자유로운 결단"을 요구했다. 그의 메시지는 분명했다. 서독 정부는 동독 주민들이 혁명적 쇄신을 포기하고 통일을 통해 안정을 찾기를 바라고 있다는 것이었다.

동독 정부와 저항세력 모두 콜의 이 통일호소를 거부했다. 그러나 새로 선출된 한스 모드로프 총리는 '협력을 통한 공존'이나 '두 독립국가의 조약공동체'를 검토할 의사가 있음을 밝혔다. 11월 26일에는 시민운동이 자신들의 입장을 밝히는 성명을 발표했다. "우리는 독일민주주의공화국의 독립을 지킬 수 있으며" 또한 "평화와 사회정의, 개인의 자유, 자유로운 이동, 생태적 개조를 가능하게 하는 연대의 사회를 가꾸어나가기 위해" 노력할 수 있다. 그렇지 않으면 "우리는 우리의 물질적·도덕적 가치를 팔아넘기는… 고통을 겪어야 하며, 결국에는 독일민주주의공화국이 연방공화국에 넘어가게 될 것이다."[2] 2주일 동안 20만 명이 이 성명에 서명했다.

여기에 굴하지 않고 콜은 자신의 통일촉진 계획을 밀어붙였다. 더욱더 긴밀한 협력이 필요하다는 모드로프의 요구에 대응해, 11월 8일에 그는 '독일통일 10개항 계획'을 제안했다. 이 계획의 요지는 결국 동독 정부가 자유선거와 시장경제에 헌신할 것을 약속하면 서독 정부가 경제지원을 하겠다는 것이었다. 또 이 계획은 독일통일이 "유럽이라는 공통의 집"에 확고히 자리잡아야 한다고 주장하는데, 이에 따르면 콜에게 통일독일은 서유럽으로 통합되는 것을 의미했다. 한마디로 이것은 동독이 서독에 항복하는 계획이었다.

동독 시민운동은 서방과의 통일과 동독 국가사회주의의 현상황에 대한 대안을 찾기 위해 분투했다. '제3의 길'이라고 불리는 대안을 수립하는 시도로, 민간운동은 정부와 기존의 다른 정당들이 함께하는 원탁회의에 참여하는 데 동의했다. 하지만 주로 동독 주민들의 이주가 가져온 경제위기가 심각해지면서 이 원탁회의의 작업은 매우 복잡해졌다. 동독 정부는 1988년에 약 3만 명의 이민을 허용했으며 1989년 상반기에는 약 4만 명에게 이민이 허용되면서, 그해 말 총이민이 약 35만 명으로 늘어났다. 동독을 떠난 사람의 2/3가 숙련노동자들이었고 1/6이 대학 출신이었다. 숙련노동자가 크게 줄어듦에 따라 국가가 기초적인 사회적 서비스를 제공할 능력이 붕괴되었을 뿐 아니라 산업생산도 거의 황폐해질 정도로 격감했다.[3]

자유선거로 선출된 정부가 인구유출과 그에 따른 경제하락을 막을 정도로 충분히 대중적 지지를 얻을 것으로 기대한 모드로프는 1990년 2월에 5월로 예정되어 있던 총선거를 5월에서 3월로 앞당긴다고 발표했다. 그는 또 풀뿌리운동 지도자들에게 '국가적 책무'를 담당할 임시정부에 참여할 것을 권유했다. 이 새 정부는 곧 일련의 정치·경제 개혁을 발의하고 서독에 금융지원을 요청했다. 하지만 콜은, 돈과 관련된 모든 문제는 3월선거가 끝난 뒤에나 얘기하자며 모드로프 정부에 대한 지원을 고려할 의사가 없음을 밝혔다.

상황이 자기 쪽에 유리하게 돌아가고 있다고 확신한 콜은, 동독 주민들이 흡수통일을 지지하고 나아가 프랑스와 소련 정부를 위협할 수 있기를 희망하면서 동독붕괴라는 유령을 계속 들먹였다. 그는 자신의 성공을 굳히기 위한 한 방편으로 독일 통화연합에 대한 외국의 지지를 얻어냈는데, 이 독일 통화연합은 동독이 서독의 도이체마르크가 떠받쳐주는 시장경제로의 개혁에 합의하지 않으면 성립될 수 없는 것이었다. 이 통화연합 안은 동독 정부가 경제에 대한 통제력뿐 아니라 통일과 관련한 중요한 정치적 협상들에 참여할 능력까지 박탈당한다는 것을 뜻했다.

　콜의 제안이 가지는 정치적 중요성을 인식한 원탁회의는, 서독은
동독을 동요시키는 조처를 즉각 중단하고 경제개혁을 위한 자금을
지원해 줄 것을 요구했다. 통일에 대한 자신들의 입장도 분명히 밝혔
다. 즉 통일은 점진적인 과정을 통해 이루어져야 하며, 최종 협정에
는 동독 주민의 권리를 보장하는 사회헌장이 포함되어야 하고 새로
운 독일은 비무장 원칙에 충실해야 한다는 것이었다. 서독 정부는 당
연히 이 요구를 거절하고, 3월선거 때까지는 일체의 경제적 지원을
하지 않을 것이며 우선 통화연합이 구성되어야 한다는 기존 입장을
재확인했다.

　실제로 콜은 동독 주민들에게 간단한 선거로 선택하게 했다. 서독
이 선호하는 당에 표를 던져서 서독 돈을 받아 빨리 통일할 것인가,
아니면 서독에 반대표를 던지고 지원을 받지 않을 것인가, 양자택일
을 하게 했다. 그리고 여지를 주지 않기 위해 (녹색당을 제외한) 서독
정당들도 선거결과에 직접적인 영향을 끼치는 행동을 취했다. 각 당
은 동독 내에 자신들을 대변해 줄 세력을 지목하고서 연사·자문·
자금·장비까지 지원하면서 선거운동을 지시했다. 서독 언론조차 동
독을 겨냥한 선거용 선전을 방영하는 데 이용되곤 했다.

　콜은 자신의 도움으로 결성된 기독교민주연합 주도의 보수연합을
지원유세하기 위해 동독을 여러 차례 방문했다. 이 보수연합은 과거
독일에 속했던 주나 지방을 (서)독일에 복귀시키도록 하는 서독 기본
법 제23조에 따라 통일할 것을 지지했다. 콜은 동독 주민들에게 기민
련과 그 연합에 표를 던지는 것은 곧 '즉각적인 번영'으로 나아가는
한 표가 될 것이라고 약속했다. 그의 노력이 헛되지 않았다. 기민련
과 그 연합세력은 48% 가량의 득표율로 선거에서 이겼다. 이제 콜은
자신의 동독 쪽 세력인 로타르 드 메지에르와 통일협상을 할 수 있게

된 것이다.

7월 6일 통일조건 협상 첫 회의에서 드 메지에르는 이미 합의된 통일절차를 수정하고자 했다. 그는 동·서독 양측 대표들이 함께 새로운 통일독일의 헌법 목적과 경제계획에 관한 견해를 담은 '통일조약'을 작성하자고 제안했다. 서독측 협상자는 이렇게 대답했다. "이것은 독일연방공화국이 독일민주주의공화국을 받아들이는 과정이지, 그 반대가 아니다. 우리에게는 이미 검증된 훌륭한 기본법이 있다. 우리는 당신들을 위해 무엇이든 다 할 준비가 되어 있다. 당신들을 진심으로 환영한다. 우리는 당신들의 바람과 이해관계를 냉정하게 짓밟을 생각은 없다. 그러나 이번 일은 대등한 두 나라의 통합이 결코 아니다."[4]

독일통일은 공식적으로 10월 3일에 이루어졌다. 서독의 동독 흡수가 달성된 것이다. 이 과정은 동독인들이 좀더 민주적인 독일을 만드는 데 기여할 기회를 주지 않는 것을 의미했다. 서독인들에게도 기회가 주어지지 않기는 마찬가지였다. 흡수통일은 남녀평등, 다문화주의 그리고 노동자 권리에 대한 제도적인 보장을 더욱더 확보하기 위한 서독의 수많은 사회단체들의 시도를 사전에 차단해 버렸다.

독일통일 과정은, 동독의 붕괴로 서독은 달리 선택의 여지 없이 신속하게 흡수통일로 나아갔다는 훨씬 광범위하게 통용되고 있는 시각이 잘못되었음을 잘 보여준다. 진실은 그 반대라는 것을. 콜은 두 독일의 점진적인 통일을 추진할 기회가 얼마든지 있었다. 그는 동독 쪽에서 여러 차례 제안한 점진적 통일 요구를 거부했다. 첫번째 제안은 동독 집권당인 공산당이 했고, 두번째는 원탁회의 그리고 마지막으로 동독 기민련 대표가 제안했다. 한마디로 콜은 점진적이고 구조적인 통일과정을 불가능하게 하는 정책을 공세적으로 추진했고, 흡수통일을 통해 그 목표를 달성했다.

흡수통일의 경제적 · 사회적 비용

독일통일에 대한 모든 설명이 일치하는 지점은 대가가 컸다는 사실이다. 대부분의 분석가들은, 동독 경제가 너무나 허약해서 예상보다 훨씬 큰 지원이 필요했다고 말한다. 하지만 사실은 그 비용 대부분이 서독이 흡수통일을 고집한 결과였다.

동독 주민들의 서독 이주는 동독 정부의 경제 안정화를 어렵게 했다. 남은 사람들은 더욱더 절망의 늪에 빠졌고 서독의 번영을 더 시샘하게 되었다. 동독의 자금지원 요청을 거부한 콜은 1990년 2월에 서독이 동독 지역 주민들에게 서독마르크화를 공급해 구매력을 높여줄 용의가 있다고 밝혔다. 하지만 동독 정부가 자신의 통화연합 제안을 받아들여야 한다는 전제조건을 내걸었다. 사람들의 관심이 화폐교환에만 쏠렸지만, 사실 통화연합은 동독의 서독마르크화 도입을 규제하는 합의 이상의 더 큰 의미를 담고 있는 것이었다. 이것은 사실상 서독이 동독을 경제적으로 완전히 장악함으로써 동독이 계획경제를 포기하고 사기업을 허용하며 서독의 법체계를 받아들이도록 하겠다는 의미였다.

새로 들어선 기민련 정부는 1990년 3월에 통화연합을 받아들였고, 7월 1일부터 동독인들은 그전에 받던 동독마르크화와 똑같은 액수의 서독마르크화를 월급으로 받았다. 한편 개인의 빚은 2(동독마르크화) 대 1(서독마르크화)로 전환되었고 동독인들의 개인저축은 물가에 연동시킨 교환율에 따라 바뀌었다. 그리고 15세 미만 어린이는 2000동독마르크까지 1 대 1로 서독마르크화로 바꿀 수 있었으며, 60세 미만은 4000동독마르크까지, 60세 이상은 6000동독마르크까지 1

대 1 비율로 서독마르크화로 바꿀 수 있었다. 이 한도를 넘는 동독마르크화는 2 대 1 비율로 교환되었다.

처음에는 이 교환비율이 동독 소비자들에게 유리해 보였다. 통화 관련 합의 전에 공식환율이 4.4 대 1이었기 때문에, 이 합의는 동독 사람들에게 서독 물건을 더 많이 살 수 있게 해주었을 뿐 아니라 서독의 물가도 떨어뜨렸다. 그러나 나중에 드러나지만, 이 '이득'은 합의의 다른 측면들에 완전히 압도당해 전혀 힘을 발휘하지 못한다. 예컨대 합의에는 기초 생활용품과 서비스에 대한 정부보조금을 없애 동독의 재정적자를 줄이도록 하는 내용이 들어 있다. 이 보조금이 없어지자, 이런 생필품 가격이 2~3배나 뛰어올랐다. 합의안은 또 동독인들에게 새로운 소득세를 부과하고 보장보험과 연금보험에 가입할 것을 규정하고 있다. 이렇게 물가와 사회보장 부담금이 모두 오르면서, 동독인의 평균 실질가처분소득은 오히려 줄어들었다.[5] 대부분 동독인들의 재산도 줄었다. 동독의 개인저축률이 높았기 때문에 실질환율은 1.8(동독마르크화) 대 1(서독마르크화)이 되어야 하는 것으로 드러났다. 개인저축 가치의 거의 절반이 합의된 교환비율 때문에 사라진 셈이었다.[6]

동독인이 더 피해를 본 것은 일자리에서였다. 동독 소비자들에 대해서 서독 상품의 가격이 상대적으로 낮아지는 동시에 동독 기업들은 훨씬 현대적인 서독 기업과 경쟁하지 않을 수 없게 되었다. 엎친 데 덮친 격으로 서독 공급업자들은 동독 소매상들에게 서독 제품만 팔 것을 강요했다. 당연히 대부분의 동독 주민들은 새 서독마르크화로 서독 물건을 샀고, 이에 따라 서독의 생산은 괄목할 만큼 증가되었고 동독의 실업은 엄청나게 늘어났다.

또 동독 기업들은 화폐교환 방식이 개인과 달라 어려움을 더 겪었다. 유동자산은 2 대 1로 교환되었지만 부채는 1 대 1로 교환되었다.[7] 그 결과 재정압박이 심해지면서 많은 기업이 도산했다.

그러나 동독 경제에 훨씬 더 심각한 타격은, 서독이 동독 기업의 즉각적인 사유화를 주장한 것이었다. 그간 원탁회의는 국영기업을 주식회사로 바꾸고 주식을 (연방·주·지방) 정부와 재단, 개인에게 분배하는 것을 임무로 하는 지주회사를 설립하여 동독 경제를 재편해 오고 있었다. 그런데 7월 1일 통화합의 시행에 이어 지주회사는 최대한 빨리 자산을 민영화하라는 명령을 받았다. 서독인이 이 민영화 과정의 책임을 맡았는데, 그들은 동독을 희생해서 서독 투자가에게 혜택이 돌아가게 하는 방식으로 일을 추진했다. 예를 들어 이들은 제한입찰제를 도입해 서독 기업이 최우량 동독 기업을 아주 헐값에 살 수 있게 했다. 그러나 서독 기업들은 오직 경쟁자를 없애기 위해 사들였기 때문에 이렇게 인수된 기업들은 나중에 대부분 문을 닫았다.[8] 그리고 금방 민영화될 수 없는 기업들은 일반적으로 지주회사가 해체하게 해버렸다.

통화연합이 동독 경제에 끼친 영향을 『비즈니스 위크』는 이렇게 쓰고 있다.

동독 지역 전역에서, 공산주의 붕괴는 350만 주민들을 실업자 대열로 쓸어넣었다. 생산능력의 70%가 가동을 멈춤으로써, 과거 소비에트 블록의 대표적인 공업국가는 경제붕괴 직전에 와 있다.

…사실 1989∼91년에 50%나 격감한 동독 경제는 1992년에 9.7% 플러스 성장으로 돌아섰으며, 내년에도 7∼8%의 성장률을 유지할 전망이다. 그러나 이런 추세로 1989년 국민총생산 수준을 회복하려면 세기말까지 가야 할 것이다.[9]

콜이 서독인들에게 통일비용이 크지 않고 따라서 경제성장을 통해 충분히 그 비용을 감당할 수 있을 거라고 한 말은, 동독인들에게 한 '즉각적인 번영' 약속처럼 거짓으로 드러났다. 통화협정 완료 뒤 동독의 경제후퇴가 가속화되면서 동독 정부수입이 크게 줄었지만 그와 동시에 실업과 빈곤의 증가로 지원 필요성은 크게 늘었다. 마침내 1991년, 콜은 행동에 들어갈 수밖에 없었다. 그는 서독인에게 7.5%의 추가 소득세를 부과하여 자금을 충당하는 '동부복구계획'을 착수했다. 추가재원은 대규모 공채발행으로 충당했다.

이 전략은 서독 노동자들을 압박했다. 공채발행은 금리를 인상시켰고 급기야 1993년에는 서독 경제를 침체에 빠뜨렸다. 여기에 동독 노동자들의 절망적인 상황이 겹쳐지면서, 기업들은 과거의 노사합의를 깨고 서독 노동자들에게 저임금과 훨씬 더 '유연한' 노동규칙을 강제할 지렛대를 얻었다. 많은 기업가들은 통일의 부산물을 이용해 사회보장 체계를 완전히 허물어버릴 수 있기를 희망했다.[10]

독일 통일과정에 관한 대부분의 연구는 흡수비용을 좁은 경제적 의미에 한정하는 데 만족하고 만다. 하지만 흡수과정에는 훨씬 더 추악한 측면이 있었다. 이 과정의 핵심은 기존 서독 정치경제에 대한 그 어떤 사회적 혹은 이데올로기적 위협 가능성을 의도적으로 제거하는 것이었다. 예컨대 모든 동독 대학들은 마르크스-레닌주의 학과를 없애고 학과를 역사학·법학·철학·교육학으로 개편하라는 지시를 받았다. 마르크스-레닌주의 학과의 교수진이 모두 해고되었으며, 학과에 상관없이 모든 교수들이 종신재직권을 박탈당했다. 게다가 교수진, 연구조교, 기술관련 직원들은 빠짐없이 과거와 현재의 당 경력뿐 아니라 정치적 입장과 활동사항을 묻는 질의서에 답변할 것을 요구받았다. 그 결과 많은 이들이 쫓겨났다. 유치원 교사를 포함

한 모든 공립학교 교사들도 비슷한 '평가'과정을 거쳤고 비슷한 조처를 당해야 했다.[11]

　공무원으로 재직하던 사람들도 예외 없이 가혹한 대우를 받았다. 동베를린 법관 전원이 해고되는 등 해고된 공무원이 모두 55만 명 가량 되었다. 헌법재판소는 이와 같은 조처를 합법이라고 판결했다. "법의 지배에 따라 근대적이고 효율적인 행정부를 빨리 건설하기 위해" 필요하다는 것이었다.[12] 많은 경우 이 자리를 매일 혹은 매주 서독에서 출근하는 서독인들이 차지했다.

　(서)독일 정부는 전통적인 반공선전을 약삭빠르게 수정함으로써 이를 정당화했다. 과거 서독에서는 동독인들을 공산주의 전체주의의 희생자로 묘사되었지만, 통일 뒤에 서독 정부와 언론들은 재빨리 동독인들을 과거 공산체제의 적극적인 지지자들로 변신시켰다. 동독의 공공기관을 파괴하는 것으로도 부족해, 그곳에서 일했던 사람들까지 처벌해야 했다. 또 이런 전략은, 동독인이 통일 뒤에 겪는 것은 자업자득이라고 정부가 주장할 수 있게 해주었다.

　흡수통일 비용을 간단히 계산할 수는 없지만, 통계는 그 비용이 엄청나다는 사실을 보여준다. 1989~93년 동독 인구 1천명당 출생률이 60%나 떨어졌다. 1989~91년에 25~34세의 동독 여성 출산율도 45% 이상 낮아졌는데, 1992년 1천명당 기혼자 수가 1989년에 비해 절반 이하로 줄면서 이 비율은 더 떨어졌다. 마지막으로, 1989~91년 35~44세 남녀의 사망률이 20~30% 높아졌다. 『비즈니스 위크』는 이 통계를 보도하면서 다음과 같이 말했다. "이런 변화는 평화시기 산업국가에서 유례가 없는 것이다. 출산과 결혼의 감소율은 2차대전 말기 독일에서 나타났던 것보다 더 심했다."[13]

　이상과 같은 독일 통일과정에 대한 고찰에서 세 가지 중요한 점을 도출할 수 있다. 첫째, 동독의 붕괴는 서독 정부가 정책을 통해 의도적으로 부추긴 것이다. 동독 내 정치적 변화와 통일과정 측면에서 보면 다른 가능성이 있었다. 둘째, 서독 정부는 기존 서독의 경제적·정치적 주도권을 통일독일에서도 유지하기 위해 흡수통일을 추진했다. 셋째, 흡수통일은 서독 노동자들에게 정치적·경제적으로 큰 대가를 요구했을 뿐 아니라 동독 노동대중에게는 경제적·사회적 재앙이었다.

역사적·정치적으로 독일과 한국의 상황은 매우 다르지만, 독일통일 경험은 한국의 통일논의와도 연관된다. 적어도 한국의 통일전략을 평가하기 위한 기준을 만드는 데 유용한 출발점을 제공한다. 그러나 양자의 연관성은 이보다 훨씬 크다. 서독 지도자들과 유사한 정치적 명령에 따라 남한 지도자들 역시 흡수통일을 시도하고 있다. 남한의 통일전략은 북한의 붕괴를 기대하면서 북한에 최대의 경제적·정치적 압력을 가하는 것에 맞춰져 있다. 독일의 경험에 비추어볼 때, 이 같은 전략은 많은 한국인이 바라는 바에 상응하는 결과를 만들어낸다는 보장이 없다.

남한 통일정책의 변천

남한의 통일전략은 언제나 남북한간 상대적 힘의 균형의 영향을 받았다. 70년대 초까지 남한은 남북관계와 통일에 대한 북한의 모든 제의를 거부했다. 북한보다 덜 안정되어 있어서 협상 결과를 우려했기 때문이다. 예컨대 한국전쟁이 끝난 뒤 북한은 정치회의, 경제적·문화적 교류, 상호방문, 평화협정 체결 등을 포함한 남북한 접촉확대를 여러 차례 제안했다. 1960년에 김일성은, 남북한이 독자적인 사회경제 체제를 유지하면서 상호접촉을 늘려나가 궁극적으로 한반도 전체의 선거와 통일정부 수립을 달성한다는 연방제 통일방안을 제시했다. 그러나 1961년에 쿠데타로 집권한 박정희는 먼저 남한의 경제력과 군사력을 키울 필요가 있다며 일체의 남북협상을 반대했다.

남한은 급속한 경제성장에 힘입어 마침내 북한에 대해 경제적·군사적으로 우위에 서게 되었고, 이에 따라 박정희는 북한에 협상을 제안했다. 70년대 초에 박정희는 일련의 남북관계 '정상화' 제안을 내놓으면서 선의의 경쟁을 촉구했다. 이 제안에는 인도주의적·문화적·경제적 교류가 포함되어 있었으며, 아마 가장 중요한 것은 남북한의 UN 동시가입일 것이다. 북한은, 동시가입은 통일을 진전시키지 못할 뿐더러 오히려 남한이 한반도 분단을 고착화할 수 있게 해준다며 이 제안들을 거부했다. 그리고 미군철수, 남북한 평화협정 체결, UN공동대표단 구성을 주장했다. 이번에는 박정희가 북한이 '신뢰구축 조처'에 대해 합의하기를 꺼리는 것은, 북한이 통일을 심각하게 고려하지 않고 오로지 남한을 지배하는 데만 관심이 있음을 보여주는 것이라고 주장하면서 북한의 제안을 거부했다.

김일성의 연방제(그는 이 명칭을 고려민주연방공화국이라고 했다) 달성을 위한 1980년 제안에 대해서도 남쪽은 전혀 반응하지 않다가, 1989년에 노태우 정부가 한민족공동체 통일방안을 내어놓았다. 노태우의 제안은 먼저 신뢰구축 조처를 취하고, 남북연합 결성의 기본 원칙을 담은 민족공동체헌장을 채택하자는 것이었다. 남북연합은 통일헌법 제정과 이 헌법 통과를 위한 전국적인 선거절차에 대한 합의가 도출될 환경을 조성할 것으로 기대되었다.

김영삼이 약간 수정하여 채택한 민족공동체 통일방안은 남북한의 견해차이를 좁히기 위해 마련된 것이었다. 아주 구체적인 방안이 제시되긴 했지만, 정치·군사 문제를 해결할 협상을 시작하기 전에 문화·사회·경제 교류가 이루어져야 한다는 과거 남한 제안의 기본 틀은 여전히 유지되었다. 이 기본 틀은 북한의 접근과 반대방향이다. 예를 들어 남북연합은 정치·군사 문제를 다룰 때는 두 개의 독립국가로 작동하면서 남북한의 사회적·경제적 교류를 확대해 나가기 위한 것이다. 이와 달리, 고려연방제 방안은 각각의 사회경제 체제를 유지하면서 정치·군사 정책의 통일을 촉진하기 위한 것이다.

상대가 이미 거부한 방안을 좀더 세련된 형태로 각자 반복하고 있었기 때문에, 7, 80년대에 남북관계에 진전이 없던 것은 당연한 일이다.[14] 이런 교착상태는 남북한 모두 공개적인 통일절차를 가능하게 하는 데는 관심이 없었다는 것을 반영하고 있다. 양쪽 다 자신이 유일한 합법정부라고 생각했던 것이다. 그래서 둘 다 상대를 희생시켜서 자신의 국내외적 지위를 강화하기 위해 새로운 통일방안을 내놓곤 했다. 또 이 교착상태는 어느 쪽도 상대편에 외교적 입지를 제공할 만큼 경제적으로나 정치적으로 강력한 힘을 갖추지 못했다는 사실을 반영하고 있다.

남북한의 상대적 힘의 균형이 처음으로 크게 깨진 때는 남한의 북방정책이 성공한 80년대 말이었다. 흡수통일 정책의 기반을 조성하는 데 도움을 준 이 정책의 뿌리는 1973년 "전세계 모든 나라에 〔남한의〕 문을 열고… 우리와 이념과 사회체제가 다른 나라들도 우리처럼 문을 열도록 〔유도하는〕" 정책을 추진한 박정희 정권에서 찾을 수 있다.[15] 느슨하게나마 서독의 동방정책을 본뜬 사회주의 세계에 대한 이 새로운 접근방식은, 부분적으로는 이전까지의 북한고립 정책이 실패함으로 해서 또 부분적으로는 미국의 압력에 의해서 채택되었다.[16] 하지만 남한의 거듭된 시도에도 북방정책은 박정희와 전두환 집권시기에는 별 효과를 거두지 못했다.

북방정책의 돌파구는 마침내 1988년에 나타났다. 전통적인 시각에
서는, 과거 정권과 달리 노태우 대통령이 북한을 희생해 남한을 강화
하려는 의도가 없이 사회주의 세계에 접근하고자 했기 때문에 이 정
책이 성공했다고 본다. 7월 7일 연설에서 노태우는 남한이 "미국, 일
본 등 우리와 가까운 나라들과 북한의 관계개선에 협조할 용의가 있
다. 이와 함께 우리는 소련, 중국 등 사회주의 국가들과 관계개선을
계속 시도할 것"이라고 밝혔다.[17] 대통령 비서실장 염홍철은 노태우
정권의 통일 접근법과 과거 정권의 접근법 차이를 이렇게 설명했다.

> 과거 정권의 대북정책이 주로 안보문제 혹은 북한에 대한 우위
> 확보와 북한고립을 위한 것이었다면, 6공화국의 대북정책은 이제
> 7 · 7선언의 정신에 바탕을 두고 있었다. 이것은 북한에 대한 남한
> 의 태도가, 적대적 대결에서 민족공동체와 북한에 대한 우호로 바
> 뀌었다는 점에서 중요한 전환점이 되었다.[18]

실제로 새로운 것이라고는 효율성밖에 없었다. 80년대 하반기 동
안, 많은 사회주의 국가들이 시장에 기초한 광범위한 경제개혁 프로
그램의 일환으로 해외 무역과 투자 확대를 적극 추진하고 있었다. 남
한은 이 같은 상황변화를 이용하고 또 88올림픽 개최 덕분에 가능해
진 접촉확대를 이들 사회주의 국가들과 새로운 경제협력 관계를 맺
는 데 활용할 수 있었다. 그리고 이것은 곧 이어 전면적인 외교관계
로까지 발전했다. 1989년에 헝가리 · 폴란드 · 유고슬라비아가 남한
과 외교관계를 수립했고, 1990년에는 체코슬로바키아 · 불가리아 ·
루마니아 · 소련이 뒤를 이었다. 이 대가로 헝가리는 4억 5천만 달러
의 지원을 받았으며, 폴란드는 5억 달러, 소련은 30억 달러를 지원받

왔다. 남한과 중국의 관계진전은 훨씬 더뎠는데, 1990년에 두 나라는 상대국 수도에 무역사무소를 개설했으며 전면적인 외교관계는 1992년에 수립됐다.

남한의 외교적 성공은 공식적 발표와는 달리 북한에 대한 정부의 접근방식에 아무런 근본적인 변화를 주지 못했다. 과거와 다름없이 정부는 외교적 성과를 북한의 약화와 고립에 이용했던 것이다. 아마 UN가입 문제가 이 점 ― 그리고 남북 당국간 힘의 관계 변화 ― 을 가장 잘 보여줄 것이다. 남한은 이미 1973년에 남북한 UN 동시가입을 제안했다. 북한은 소련과 중국의 지지 속에서 이 계획을 강하게 반대했다. 그리고 1990년에 남한은 UN 단독가입을 추진할 것이며, 이 문제를 북한과 논의할 생각은 없다고 선언했다. 주로 새로운 국제적 상관관계 때문에 이번에는 소련과 중국의 지지를 얻어낼 수 있었던 것이다. 북한으로서는 선택의 여지가 없었고 1991년 5월에 북한도 UN에 가입하겠다고 선언했다. 9월에 남한은 남북한 UN 동시가입을 달성함으로써 승리를 거두었다.

흡수통일 추진

1988년에 노태우 대통령이 새로운 남북 협력관계를 주장했을 때, 남한 정부가 진정으로 북한과의 교류확대를 원하거나 기대한 것은 아니었던 것으로 보인다. 노태우의 7·7 선언은 국내의 압력을 약화시키고 북방정책에 대한 지지를 얻어내기 위한 것이었다. 북한에 대한 공공연한 적대정책은 사회주의 국가들이 남한과 관계를 확대하는 데 큰 걸림돌이 되었다. 하지만 그 뒤 2년 동안의 상황전개는 남한 정책 결정자들로 하여금 대북정책을 다시 생각하게 했다. 1988~90년에 남한이 외교성과를 얻는 동안 북한은 동유럽 사회주의권의 붕괴를

포함한 퇴보를 겪었다. 이어서 남한의 대북 대응태도가 바뀐 가장 큰
요인인 독일통일이 1990년에 발생했다. 남한의 국방대학 교수 한 사
람은 이렇게 적었다.

남한의 정치인·학자·언론인·경제인 들이 독일통일 경험을
관찰하기 위해 서둘러 독일을 방문했다. 대학과 연구기관들은 많
은 독일인을 초청해 '독일통일 경험과 이것이 남한에 주는 의미'와
같은 식의 주제로 강의와 세미나를 열었다.[19]

남한 정책결정자들은 두 가지 결론을 내렸다. 하나는 흡수통일이
한국에서도 가능하다는 것이었고 또 하나는 이를 위해서는 북한을
'개방'하게 하고 불안정하게 하는 남북한 접촉을 최대한 늘려야 한다
는 것이었다.

북한이 경제침체를 해결하기 위해 외국의 투자가 필요한 상태라는
것을 알고, 남한 정부는 북한이 인도주의적·문화적·경제적 교류에
합의하고 핵시설에 대한 외부의 사찰을 받아들이면 실질적인 경제지
원을 할 것이라고 약속했다. 이 지원제안은 노태우의 한민족공동체
통일방안 시행과는 전혀 관계가 없었다. 오히려 이것은 독일경험에
서 고무된 제안이었다. 남한의 정책결정자들은 '개입'정책이 북한 정
권을 약화시키는 기회를 만들어내고 그에 따라 남북한 모두에서 흡
수통일 지지를 이끌어낼 수 있을 것으로 기대했다.

북한은 교류 및 국제 핵사찰 제안을 거부했다. 대신 김일성은 핵심
적인 정치·군사 문제 해결을 위한 협상과 연방제 통일의 바탕을 확
립하기 위한 '대민족회의' 개최 그리고 주한미군 철수 문제를 제기했
다. 남한 정부의 의도를 잘 파악하고 있었던 그는 또 1991년 신년사

에서 남한은 독일식 통일달성의 환상을 버리라고 말했다.

1991년 말에, 그간 독일통일의 '경제적' 비용을 연구해 오던 남한의 몇몇 정책분석가들이 독일경험을 모방하는 것은 바람직하지 않다는 목소리를 내기 시작했다. 예를 들어 한국개발연구원(KDI)은 독일 같은 급작스럽고 계획되지 않은 통일에는 10년 동안 총 8천억 달러의 비용이 들며, 더구나 초기 4년 동안은 남한 1년 예산규모인 470억 달러를 추가로 부담해야 할 것이라고 평가했다. 그러면서 점진적이고 계획된 통일은 이 비용을 크게 줄여 예상되는 정부지출이 절반 이하로 낮아질 것이라고 밝혔다.[20]

1992년 중반에 노태우 정부는 이에 수긍한 것처럼 보였다. 정부관리들은 공식적으로 점진적인 흡수통일에 대한 지지의사를 표명했다. 김영삼도 북한 안정화와 경제개혁을 돕기 위해 북한과 협조할 용의가 있다고 밝히면서, 이와 비슷한 정책을 택했다. 그러나 여기서 문제는, 남한의 정치분석가들 거의 대부분이 정부의 이 말을 액면 그대로 받아들였다는 사실이다. 그 한 가지 결과가 바로 통일전략에 대한 대중적 논의가 거의 중단되어 버린 것이다. 대부분의 남한인은 북한붕괴의 잠재적 혼란과 그 비용을 두려워해 정책주도권을 정부에 넘기는 데 만족하는 듯했다. 이는 심각한 실수다.

독일통일 경험의 중요한 교훈 하나는 점진적 통일은 가능해도 점진적 흡수통일은 가능하지 않다는 것이다. 서독이 동독을 흡수할 수 있었던 것은 오직 동독 정권이 먼저 무너졌기 때문이다. 동독 정부가 존립했다면 자신을 완전히 파괴하는 데 동의하지 않았을 것이다. 대신 점진적인 통일과정의 하나로 새로운 독일체제의 구성을 요구했을 것이다. 하지만 이것이야말로 서독 지도층이 결코 원하지 않는 것이며, 또 서독이 계속 동독의 경제지원 요청을 거부하고 흡수통일의 경제적 비용을 부차적인 문제로 취급한 것도 바로 이 때문이다. (게다가 이 비용이 저임금과 노조약화를 통해 실현되는 한에서는, 이 비용을 부담하는 쪽은 서독의 정치지도자나 기업가들이 아니라 바로 '독일' 노동자들이다.)

남한 정책결정자들은 이 교훈을 잘 인식하고 있는 것 같다. 점진적 흡수통일이 불가능하다는 것을 알고 그들은 점진주의를 희생시키는 흡수통일에 여전히 힘을 기울였다. 남한 지도층에게는, 북한 정권의 붕괴에 따른 경제적·사회적 잠재비용은 그로 인한 혜택 —가장 중요하게는 남한의 기존 정치·경제 관계 및 제도의 강화와 팽창 —에 비추볼 때 아무런 문제가 되지 않았던 것이다. 『비즈니스 코리아(*Business Korea*)』는 남한 지도층이 점진주의를 두려워하는 이유 한 가지를 부각시킴으로써 이 점을 강조하고 있다.

남북한이 진정한 화해 또는 통일을 위해 서로 접근해 가면, 그만큼 정부통제나 사회규범도 덜 엄격해져 사회분위기가 느슨해질 것이고 또 이런 통제와 규범의 완화는 〔남한의〕 노동운동을 더욱 활발하게 만들 수 있다. 노조 안에 사회주의 원칙이 더 많이 스며들 것이고 이는 관리와 권위에 대한 강경한 대응으로 이어질 것이다.[21]

남한의 대북정책을 살펴보면, 북한의 붕괴와 흡수통일이 대한민국의 공식적 정책목표임을 가장 잘 확인할 수 있다.

남한의 대북 경제정책

북방정책의 하나로 남한 정부는 1988년 10월 북한과의 (간접)무역에 대한 금지를 풀었다. 그후 전체(간접 및 가공) 교역량이 1988년 100

만 달러에서 90년대 상반기 동안 연간 2억~3억 달러로 늘었다. 동시에 남한 정부는 북한 경제개혁을 도울 가능성이 있는 남북한 경제협력 ─ 남한 재벌의 대규모 투자와 기술이전 ─ 은 여전히 허용하지 않았다.

1989년 2월에 현대그룹 회장은 남한 정부의 권유를 받아 북한을 방문하여, 관광단지 개발 등을 포함한 몇 가지 계약을 협상했다. 그러나 그가 서울로 돌아온 직후에 남한 정부는 사업승인을 취소했다. 마찬가지로 1992년 1월에는 대우그룹 회장이 비슷한 과정을 거쳐 북한을 방문하였고, 남포산업단지에 경공업품 생산 합작기업을 설립하는 안 등 몇 가지 협상을 벌였다. 그러나 그가 돌아오고 한 달도 안 되어 남한 정부는 대우의 합작법인 참여 중단을 지시했고, 11월에는 한걸음 더 나아가 모든 남북한 경제협력 계획을 취소할 것을 명령했다. 공식적인 이유는 북한이 국제원자력기구의 핵사찰을 받아들이려 하지 않기 때문이라는 것이었다. 하지만 북한은 1992년에 국제원자력기구에 6차례의 사찰을 허용했으며, 또 1993년 3월까지만 해도 핵확산금지조약 탈퇴를 거론하지도 않았다. 게다가 『코리아 이코노믹 위클리(*The Korea Economic Weekly*)』에 기고한 한 경제자문의 말대로라면 "핵확산금지조약 탈퇴에 따른 위기국면에서도 북한 쪽 협력상대의 사업의욕이 꺾이지 않았다는 것을 남한 기업들은 감지했다."[22]

중요한 것은, 남북한 경제협력에 제한을 두려고 하는 쪽은 바로 남한 정부라는 점이다. 남한 정부는 간접무역과 가공무역만 허용하고 북한 정부가 원하는 실질적인 투자는 허용하지 않았다. 이 같은 제한은 명백히 남한 정부의 선언과 반대되는 것이다. 남한 정부는 정치·군사 협상에 앞서 경제교류를 주장했다. 또 북한의 경제붕괴를 막기 위해 경제개혁을 지원할 뜻이 있다고 선언했다.

　북한이 핵개발 의도를 명확히 해명하지 않으려고 해서 남북한 경제협력을 금지시켰다는 남한 정부의 주장은 1994년 10월에 북한이 기존의 핵 개발계획을 동결하고 구형 흑연감속 원자로를 군사적으로 덜 위험한 경수로로 바꾸기로 미국과 합의했을 때 시험대에 올랐다. 이 합의에 대해 김영삼 대통령은 규제완화 선언으로 대응했다. 그러나 이 정책변화로 남한 기업은 북한을 방문하여 사업 타당성 조사를 하는 것이 허용되었고 가공무역이 더욱더 촉진되었으며 또 남한 기업이 북한 노동자를 훈련시키는 것도 허용되었지만, 실질적인 투자는 여전히 까다로운 통제를 받았다.

　설령 승인이 된다 해도, 남한 기업이 북한에 투자할 수 있는 최고 한도는 사업당 대략 500만 달러였다. 1995년 5월에 첫 투자승인이 나왔다. 고합그룹이 완구와 직물 제조 등 4개 사업에 450만 달러의 투자승인을 받았고, 대우는 셔츠·가방·재킷 생산을 위한 3개 사업에 500만 달러의 투자승인을 받았다. 이와 대조적으로 거의 같은 시기에 대우는 베트남에 가전제품 공장을 세우기 위해 3억 달러를 투자한다는 계획을 발표했다. 1996년 4월에도 3개 기업이 추가로 북한 사업 승인을 받았다. 그러나 과거와 마찬가지로 사업규모와 사업분야에 제한이 가해졌다. 게다가 허가절차를 통과한 사업을 가지고 이번에는 정부가 다시 승인 여부를 검토했다.

　남한은 다른 나라들의 대북 투자도 제한하려고 시도했다. 예를 들어 남한 주재 유럽상공회의소가 북한 투자 가능성을 검토하는 데 관심을 표명했을 때, 남한 정부는 북한의 무역담당 관리가 사업설명을 위해 서울에 오는 것을 허용하지 않았다.[23] 이와 같은 행동들은 오직 한 가지 결론을 뒷받침한다. 남한은 북한 경제의 안정화에 실질적으로 관심이 없다는 것이다.

북·일관계에 대한 남한의 정책

노태우는 7·7선언에서 미국·일본과 "북한의 관계개선을 위해 북한에 협조할" 용의가 있다고 밝혔다. 일본 정부는 이 선언에 호응하여 북·일관계와 관련된 모든 문제를 북한과 협상할 준비가 되어 있다고 표명했다. 그리고 1990년 9월 평양에서 열린 북한과 일본의 비공식 회의에서는, 조만간 두 나라 정부가 만나 관계 정상화 과정의 하나로 일본이 과거 식민지 착취를 사과하고 북한 정부에 배상금을 지급하는 것을 비공식적으로 합의했다.

그러나 1991년에 북·일 간의 공식 회담이 시작되었을 때, 남한 정부는 회담 성공을 지원하기보다 회담의 중요성을 제한하는 조처를 취했다. 남한 정부는 미국의 강력한 지지를 얻어 일본 정부로부터, 두 나라의 관계가 완전히 정상화할 때까지 북한에 일체의 자금지원을 하지 않는다는 합의를 받아냈던 것이다. 이것은 북한이 국제원자력기구의 핵사찰을 받도록 압박하고, 남북관계의 '의미 있는 진전'을 위협하지 못하게 하기 위함이었다.[24] 북한과 일본의 관계 정상화를 늦추려는 남한의 시도는, 남한이 소련과 이미 국교를 맺고 중국과도 관계 정상화가 상당히 진행된 이후의 일이라는 점을 주목할 필요가 있다.

남한은 배상금 지급문제를 관계 정상화와 연계시킴으로써 북한이 일본으로부터 자금지원을 받는 시기를 상당히 늦출 수 있을 것으로 기대했다. 하지만 북한인들이 북·일간의 모든 미해결 문제들을 조속히 해결하고 가능한 한 빨리 일본과 전면적인 외교관계를 맺자는 태도를 보임으로써, 남한과 일본 모두를 놀라게 했다. 이에, 일본은 미국의 압력으로 국제원자력기구 사찰 문제를 제기했고, 북한은 1992년 1월에 핵안전협정을 승인했다. 이어 일본은 협정이행을 요구했고, 5월부터 국제원자력기구 사찰이 시작되었다. 다시 일본은 북한이 납치한 것으로 의심되는 한 일본 여성에 대한 정보를 요구했다. 일본이 협상을 의도적으로 지연시키고 있다고 확신한 북한은 1992년 11월 회담에서 철수했다.

일본이 북한 문제를 다룰 때 남한의 희망을 수용하는 듯했지만, 일본이 이를 받아들인 것은 주로 미국의 압력 때문이었다. 1994년 10월에 북한과 미국이 북한 핵문제를 둘러싼 논란을 종결시키는 협정에 서명하자마자, 일본은 북한 정부와 협상을 재개할 의사가 있다고 밝혔다. 하지만 이 회담에 대한 남한의 반대는 수그러들지 않았다.

1995년 10월에 일본이 북한에 쌀을 지원하고 북·일협상을 재개하기로 한 데 맞서 김영삼은 다음과 같이 경고했다. "만약 일본이 남한을 제쳐놓고 북한과 관계개선을 시도한다면, 〔남한 사람들에게〕 일본이 남북통일의 걸림돌이라는 인상을 주게 될 것이다. …한국을 제쳐놓고 북한과 관계를 개선하려는 일본의 움직임은 일본의 이익을 위해서도 바람직하지 않을 것이다."[25] 남한 정부는 북한과 관계를 개선하려는 일본의 시도를 계속 강하게 반대했다. 북한이 외교적 고립에서 벗어나는 데 도움을 주고자 한다는 남한의 공식 주장에 반하는 이와 같은 행위는 오직 북한을 위기상태에 두기 위한 총체적 전략의 일부로 볼 때만 이해가 되는 것이다.

북·미관계에 대한 남한의 정책

미국 정부는 노태우의 7·7선언에 대응해 미국 외교관의 북한 외교관 접촉과 학술·문화의 제한적 교류, 인도주의적 상품의 북한 수출을 허용했다. 이어 북한과 미국은 1988년 12월부터 92년 5월까지 23차례의 참사관급 회의를 열었으며, 이 회의에서는 대개 북한이 핵무기 생산을 시도하고 있다는 미국의 주장이 논의대상이 되었다.

1990년에 미국은 북한이 핵무기 개발을 추진하고 있다고 주장했다. 북한은 이 혐의를 부인하고 무조건적인 국제사찰을 거부했다. 이때부터 몇 년 동안 미국은 국제연합이 후원하는 대북 경제제재를 시도했으며 군사행동 가능성을 거론하며 위협했다. 경제제재와 전쟁은 1994년 6월에 카터가 북한을 방문하여 새로운 북·미 고위급협상 개최 합의를 끌어냄으로써 피할 수 있었다. 김일성이 7월에 숨졌지만, 이 고위급협상은 북·미 관계개선과 북한 핵 개발계획의 비군사적 용도를 보장하기 위한 10월합의로 다시 이어졌다.

남한 정부가 북한의 경제붕괴를 막고 미국과 관계개선을 하는 데 도울 의사가 있음을 이미 공공연하게 밝혔고 또 새로운 전쟁을 원하지 않았을 것이기 때문에, 남한은 이 합의가 만족스러웠어야 할 것이다. 하지만 진실은 그 반대이다. 『뉴욕 타임스(*New York Times*)』는 "남한 대통령이 미국에 맹공을 퍼붓다"라는 제목의 기사에서 김영삼 대통령에 대해 이렇게 보도했다.

그는 북한 정부가 권력을 잃을 수 있는 경제적·정치적 위기에 직면해 있다면서, 따라서 워싱턴은 평양이 핵무기 개발계획으로 의심받는 계획을 중단하도록 압력을 강화해야지 유화적으로 대응하면 안 된다고 말했다. …김 대통령은 그런 타협이 북한 정권을 연장시킬 것이라고 설명했다.[26]

런던의 『파이낸셜 타임스(*Financial Times*)』는 김영삼의 행동을 다음과 같이 묘사하고 있다.

지난해 남한의 김영삼 대통령은 종종 북한의 핵문제에 대한 국제적 논란의 해결책을 찾는 데 도움을 주기보다는 방해하는 듯했다. ···그는 어떤 면에서는 북한의 심각한 경제를, 평양의 순응 대가로서 국제원조를 통해 지원해 줄 것이 아니라 붕괴하도록 놓아두어야 한다고 암시했다.[27]

남한 정부는 미국이 북한과 협상할 의사를 보이자 날카롭게 반응했다. 북·미관계의 해빙은 남한이 북한을 고립시킨 채 위기를 지속시킬 수 없게 만들 것이기 때문이었다. 북한 정부와 마찬가지로, 남한 정부는 북한과 미국의 관계 정상화가 미국과 일본의 자금지원과 투자를 열 것이라고 믿었다. 또 이것은 북한이 막대한 예산을 국방에 쓸 필요성을 줄여줄 수도 있었다.

10월합의의 결과, 미국 정부는 북한의 요구대로 양국간의 교류를 제한했던 규제의 상당수를 폐지했다. 그러나 두 나라 관계개선을 위한 이런 초기 시도는 거의 대부분 여전히 상징적 가치밖에 없었다. 게다가 10월합의는 여러 가지 핵심 사항들을 모호하게 해놓고 있어서, 두 나라간 견해차이가 새로운 긴장을 조성할 가능성이 상존했다. 한편 남한 정부는 여지를 주지 않으려고 미국의 대북정책에 반대하기로 결심한 듯했다. 남한의 전략은 미국이 남북한 관계개선이 이루어진 뒤에 추가적인 관계개선을 추진하도록 요구하는 것이었다. 워싱턴이 이 요구에 응해야만, 남한은 북한의 붕괴와 흡수 전략을 유지할 희망이 있었던 것이다.

가장 최근 들어서 남한 정부가 우려하고 있는 것은, 북한이 휴전협정을 평화협정으로 대체해 한국전쟁을 공식 종식시키자고 공세를 펴는 것이다. 남한은 이것을 반대하기에는 상대적으로 불리한 위치에 있다. 즉 남한은 1953년에 휴전협정 서명을 거부했기 때문에, 휴전협정 개정이나 평화협정으로 대체하는 과정에 자신의 역할을 주장할 확실한 법적 근거가 없다. 그럼에도 불구하고 남한 정부는 이 문제에 관한 북·미간 논의를 확고히 반대하고 있다. 『코리아 타임스(*Korea Times*)』는 이렇게 설명하고 있다.

> 명백히 평양은 미국과의 반목관계를 청산하려 하고 있다. …모든 협상에서 남한을 배제하고 한반도 평화협정을 체결함으로써… 휴전협정을 평화협정으로 대체하는 것은 모든 한국인에게 영향을 끼치는 문제다. …남한은 휴전협정을 평화협정으로 바꾸는 협상의 유일한 주체가 되어야 한다.[28]

미국 외교정책이 북한과 화해하는 방향으로 전환하는 듯한 상황에서 자신들의 주장을 계속 유지할 수 있을지 우려한 남한 정부는 미국과 함께 대항제안을 만들어냈다. 1996년 4월에 제시된 이 대항제안은 "휴전협정을 항구적인 평화정착으로 대체하기 위한" 4자회담에 북한이 미국, 남한, 중국과 함께 참여할 것을 요구했다. 이 회담 제안은 남한이 한반도의 긴장해소를 위한 광범위한 노력의 하나로 북·미대화를 받아들일 의지를 보여주는 듯했다. 하지만 사실 이것은 현상유지를 약삭빠르게 다시 포장한 것일 뿐이었다. 남한 정부는, 한반도의 평화와 안전 관련 협상에서 북한의 유일한 협상상대는 남한이 될 것이라는 미국의 동의를 얻어냈다. 또 미국과 북한의 대화는, 북한의 미사일 수출과 한국전쟁의 미군전사자 유해 송환 등 양자문제에 국한하기로 했다.[29] 당연히 북한은 4자회담을 위한 기본 규정을 불만스러워했다.

미국이 얼마나 오랫동안 남한의 외교정책을 계속 지지할지는 불투명하다. 명백한 것은 남한이 계속 대북정책 목표를 감추고 다른 말을 할 것이라는 사실이다. 예컨대 1996년 3월 1일, 김영삼은 "우리 대한민국이 원하는 것은 북한의 붕괴가 아니라 통일의 길을 열기 위한 북한과의 협력 및 공영이다"[30]고 말했다. 그러나 남한의 정책은 그 동안 정확히 그 반대의 것, 곧 북한의 붕괴와 흡수통일에 맞추어져 왔다.

통일을 위한 대안

남한의 흡수통일 전략에 반대하는 주된 이유는 다음 두 가지이다. 첫째는, 독일의 경험이 보여주고 있듯이 흡수통일은 경제 · 정치 · 사회 개혁의 촉진을 목표로 하는 것이 아니라 기존 계급관계와 제도를 강화하는 데 초점이 맞추어져 있다는 점이다. 남한 지도층은 기존의 체제에 만족할지 모르지만, 대부분의 남한 사람들은 그렇지 않다. 의미심장하게도 통일 여론조사 역시 "통일에 대한 지지, 현재 남한 체제와 다른 체제에 대한 지지"가 아주 높고 "…상당수 시민들이 통일을 체제변화를 가져올 기회이자 방법으로 보고 있음을 나타내는 징후"가 강하다는 것을 보여주고 있다.[31] 흡수통일은 이런 체제변화를 이루기 더 어렵게 할 뿐이다.

두번째 이유는, 남한 정책이 성공할 것 같지 않다 하더라도 정부의 계속된 시도는 엄청난 대가를 치르게 한다는 점이다. 이 전략은 북한에 사는 사람들의 경제적 어려움과 국제적 고립을 훨씬 더 가중시켜 왔다. 또 남한 정부는 대북 적대관계를 계속 유지함으로써, 국가보안법을 이용하여 교육과 노동현장의 개혁 그리고 정치적 개혁을 시도하는 사람들을 억압할 수 있었다. 실제로 국가보안법 위반 구속자 수는 늘고 있다. 80년대에는 연평균 220명이 보안법 위반 혐의로 구속되었으나, 90년대 전반기에는 그 숫자가 연평균 300명을 훨씬 넘는

다.[32] 게다가 남한의 전략유지에 일조한 한반도의 계속된 긴장은 남북한 전역에 걸쳐 군국주의자들에게 합법이라는 껍질을 제공했다. 물론 새로운 전쟁의 가능성을 크게 높인 것은 말할 것도 없다.

남한 정부가 정책을 바꾸도록 강제하기 위해 할 일들이 있다. 남한 내에서 흡수통일 방식을 지지하지 않는 사람들은 독일경험을 대중들이 더 잘 이해할 수 있도록 하는 방법들을 찾아야 한다. 그리고 정부가 대외적으로 공표하는 것과는 달리 계속 흡수통일을 추구하고 있다는 것을 폭로해야 한다.

미국 내에서는 미국 정부에 (팀스피리트가 끝난 뒤에도 계속되고 있는) 전쟁연습 중단, 평화협정 조인, 주한미군 철수, 경제 및 정치 관계 정상화 등을 포함한 좀더 독자적이고 균형 잡힌 정책을 추진하도록 압력을 넣을 방법들을 찾아내야 한다. 미국 정책결정자들 사이에서 의견일치가 이루어지지 않고 있기 때문에 성공 가능성은 과거보다 훨씬 크다. 미국의 좀더 독자적인 대북정책은 일본과 북한의 관계 정상화도 촉진할 것으로 보인다. 이것이 달성되면, 북한이 정치적·경제적 안정을 이루고 남한과 좀더 대등한 조건에서 통일대화에 나서는 것이 가능할 것이다.

물론 남한의 흡수통일 전략이 포기된다 하더라도, 곧바로 남북한 정부가 적대적인 관계를 청산하고 모든 한국인의 요구와 필요에 따르는 통일과정의 이행에 대한 합의를 이끌어낼 수 있게 되는 것은 아니다. 두 정부는 여전히 자신들의 목적에 따라 통일논의를 통제하려고 할 것이고, 또 그들이 통일논의에 대한 대중의 참여를 막을 수 있는 한 민주적이고 평등하고 자주적인 한국의 건설을 향한 의미 있는 진전은 있을 것 같지 않다. 그렇기 때문에 이런 정부의 제지에 도전하고 이를 극복해야 한다.

남한에서 이 제지를 극복하려면 군부독재에게서 정치적 양보를 받아냈을 때와 같은 대중적 동원이 요구될 것이다. 그러나 이와 같은 동원은 여전히 조직되어야 할 과제로 남아 있다. 현재 대부분의 남한 사람들은 북한의 의도와 통일의 결과에 대해 혼란스러워하고 있다. 이들은 통일논의의 진척단계와 관계없이 남한의 민주주의는 전진해 나갈 수 있다고 믿기 때문에, 자신들의 힘을 민주주의적 진보를 성취하는 데 쏟음으로써 결과적으로 통일논의는 정부가 마음대로 추진할 수 있게 만들고 있다. 활동가들은 오직 민주화와 통일과정에 대한 대중적 개입이 상호 직접적이고도 강하게 연결되어 있다는 것을 보여줌으로써만이 비로소 이와 같은 상황을 변화시킬 수 있다.[33] 예컨대 교육자들은 교육개혁을 지지하는 사람들에게, 국가안보 문제가 학자들의 연구과제와 교사들의 수업내용을 제한하는 데 이용되는 한 자신들의 노력은 끊임없이 제약받을 수밖에 없다는 것을 보여주는 데 힘을 기울여야 할 것이다. 마찬가지로 노동활동가들에게는, 국가안보 문제가 노동자의 조직화와 집단행동을 제한하는 데 이용되는 한 노동현장의 민주주의가 끊임없이 좌절될 것이다.

이 과정의 하나로, 대중적 개혁노력을 통일과정과 직접 연결시키는 방법도 찾아야 한다. 남한에서는 예를 들어 환경보호 운동에 참여하는 사람이 꾸준히 늘어나고 있다. 이런 참여자들이 자신들과 비슷한 관심을 가지고 있는 북한 사람들을 만날 수 있게 격려하고 지원함으로써, 통일이 새로운 환경오염 지역을 생겨나게 하기보다는 환경을 존중하는 분위기를 강화해 주는 데 기여하는 방안을 남북이 함께 논의할 수 있게 해줘야 한다. 이런 회의가 1996년 5월에 타이에서 열린 적이 있다. 여기에서 논의된 내용들은 남과 북 모두의 환경운동을 강화시켜 주는 고리를 제공하고, 통일과정의 하나로 환경 면에서 지속 가능한 개발전략을 수립하는 방법에 대한 통찰력을 줄 수 있다.

이와 마찬가지로 남한의 교원노조 구성원들이 북한의 교원들을 만나 교육개혁 — 특히 민주주의와 사회연대에 대한 존중을 바탕으로 한 새로운 국가정체성을 신장할 수 있는 교과과정의 개발과 시행 방안 — 에 관해 함께 논의할 수 있어야 할 것이다. 여성들 역시 여성권리의 함의와, 여성의 권리를 보호하고 신장하는 통일과정을 조직하는 방안들을 논의하는 기존의 남북한 여성들의 대화를 계속할 수 있는 분위기가 조성되어야 할 것이다. 남한의 사회운동 조직과 북한의 관리 및 조직 간의 접촉이 확대되면, 그만큼 남북한 정부가 통일논의를 제약하거나 축소시키기가 어려워지는 것은 확실하다.

이런 전략을 이행하기가 쉽지는 않을 것이다. 남한 정부는 '국가안보'에 대한 두려움을 이용하여 남한 사람들이 북한에 사는 개인 혹은 집단을 접촉하는 것을 계속 제한하고 있다. 1996년 5월에 정부가 학생운동과 노동운동이 '위험수위'에 이르렀다고 밝히자, 곧 이어 『코리아 헤럴드(Korea Herald)』는 "갈수록 과격해지고 비이성적인 성향의" 학생운동에 반대한다는 사설을 실었다. 이 사설은 남북한 학생들 간의 편지와 팩시밀리의 공개적인 교환을 특별히 지적하여, "분단된 한반도의 통일은 정부간에 해결할 문제이지 개인이 할 일은 아니다"고 주장하면서 즉각적으로 접촉을 중단할 것을 요구했다.[34]

마찬가지로, 1996년 6월에 캐나다의 한 대학생이 자신이 북한을 여행하면서 얻은 자료들을 제공하는 인터넷 사이트를 열었을 때, 남한 정부는 국가안보 차원에서 그 사이트의 접속을 즉각 차단했다. 『뉴욕타임스』는 국방차관의 말을 다음과 같이 인용했다. "우리가 북한의 선전에 대해 아무런 조처를 취하지 않으면 고등학생이나 대학생들이 잘못된 정보를 얻게 될 수 있다. 보통사람들은 북한에 관한 정보와 지식이 부족하여 무슨 일이 벌어지고 있고 또 무엇이 좋은 것인지 이해하지 못한다."[35]

남한 활동가들은 통일논의에 자신들이 참여하는 것을 반대하는 정부를 극복하기 위해 구속도 불사하고 계속 노력하고 있다. 미국에 살고 있는 사람들은 남한 정부의 억압성과 국가보안법 악용에 대해 더 많이 알고 더 많이 이야기함으로써, 남한 활동가들에게 연대의 폭을 넓히게 하고 또 이들의 투쟁에 변화를 줄 수 있다. 그리고 미국 정부가 과거의 틀을 깨고 남한에 더욱 개방적인 정치환경을 조성하도록 압력을 넣을 수 있다.

지금까지 개괄적으로 언급한 전략이 북한에서는 먹히지 않을 것이다. 북한에는, 설령 자율적인 사회그룹이 있다 하더라도 아주 극소수다. 모든 조직은 정부의 엄격한 통제를 받고 있는 것 같고, 따라서 남한의 사회운동 세력처럼 독자적인 전망을 갖지 못한다. 하지만 그렇다고 앞에 제안한 남북한 접촉시도가 시간낭비로 끝나버리지는 않을 것이다.

북한 사람들이 기꺼이 대화에 응하는 한, 그 과정은 유용할 것이다. 적어도 남한 사람들이 북한 사람들의 전망을 더 잘 이해하는 데 도움이 될 것이고, 이를 바탕으로 남한 내 통일논의에 더 효과적으로 참여할 수 있을 것이다. 이런 남북간 모임은, 북한 정권이 곧 붕괴할 것이라는 남한 정책결정자들과 미군 관리들의 말이 맞는다면 더욱더 가치가 클 것이다. 그렇게 되면 오직 남한의 운동조직과 이들이 전달할 수 있는 통일 가능성에 대한 대중적 이해만이 진보적 사회변화를 제한하려는 흡수과정에 개입할 수 있을 것이기 때문이다. 북한이 곧 무너지지 않는다면(이것이 훨씬 더 설득력 있는 시나리오이다), 이런 남북한 접촉은 북한의 사회단체들이 좀더 독립적인 사고를 할 수 있게 하는 데 일조할 것이다. 북한 사람들은 생각도 감정도 없는 로봇이 결코 아니다. 남한에서 진보적 사회변화를 추구하는 사람들과 접촉할 기회가 많아질수록, 그만큼 진보적 가능성에 대한 그들의 이해는 증진될 것이다. 미국에 사는 사람들도 북한에 좀더 독자적인 사회조직의 개발과 이들의 통일논의 참여를 촉진할 수 있다. 한 가지 방법은 남한의 국가보안법 폐지를 위해 힘을 모으는 것이다. 이렇게 되면 남북한 접촉은 훨씬 더 쉬워질 것이다. 또 한 가지 방법은 (환경운동가, 교사, 여성단체 지도자, 의료 전문가, 학생, 교수를 포함한) 북한 사람들이 사회변화를 위해 일하고 있는 미국 사람들을 만날 기회를 만들어내는 것이다. 이와 같은 접촉은 남북의 의사소통 환경을 좀더 개방적이고 생산적으로 만드는 데 기여할 것이다. 미국인은 또 미국과 북한의 군사적 긴장을 줄이는 데 기여할 수 있다.

한국의 통일을 이루는 것이 결코 간단한 일은 아닐 것이다. 하지만 한국의 역사에는 더 인간적이고 민주적인 사회를 건설하기 위한 많은 영웅적인 시도를 포함해 시사하는 바가 큰 경험들이 풍부하다. 하지만 한국 사회에 대한 대안적 전망은, 비록 그것이 절대 다수의 지지를 받은 경우에도 한국을 대표한다고 주장하는 양쪽 정부 모두에 의해 혹은 그중 한쪽에 의해 종종 분쇄되어 버렸다. 더구나 이러한 경험들은 미국이 한국분단과 현재의 정치적 상황에 막중한 책임이 있다는 것을 분명하게 보여주고 있다. 마지막으로, 아마 가장 중요하게도 이러한 경험들은 지름길이 없다는 것을 가르쳐주고 있다. 진보는 국제적인 연대를 이끌어낼 수 있는 강하고 민주적인 사회운동의 건설을 요구한다.

역사의 이 순간에, 힘을 합치는 노력은 민주적이고 평등하며 자주적인 한국을 만드는 과정을 크게 촉진할 것이다. 이에 따른 이익, 특

히 아시아의 군사적 긴장완화와 성공적인 사회변화의 영감은 한국을
훨씬 넘어서 확장될 것이며 대부분의 미국인에게도 결정적인 이익이
될 것이다. 분단 50년도 넘은 지금이야말로 바로 '가상의 선'을 지울
때이다.

주

1. 시민운동의 간략한 역사와 새로 구성된 정치적 조직들간의 이념적 · 전략적 차이
   에 관해서는, Konrad H. Jarausch, *The Rush to German Unity*(New York:
   Oxford University Press, 1994, 특히 Chapter 2, "Protesting for Freedom") 참조.
2. 같은 책, p. 67에서 재인용.
3. 같은 책, p. 240.
4. 같은 책, p. 170에서 재인용.
5. 같은 책, p. 149.
6. Dorothy Rosenberg, "The Colonization of East Germany," *Monthly Review* 43:
   4, 1991 Sept., p. 17.
7. 같은 곳.
8. "Germany: Is Reunification Failing?," *Business Week*, 1993. 11. 15, pp. 48~49.
9. 같은 곳.
10. "Finally, Germany is Paring The Fat," *Business Week*, 1994. 10. 17.
11. Rosenberg, 앞의 책, pp. 25~29.
12. 같은 책, p. 27에서 재인용.
13. Gene Koretz, "The Population Plunge That's Wracking Eastern Germany,"
    Business Week, 1994. 8. 29, p. 20.
14. 최봉윤은 한국분단 때부터 1983년까지 남북한의 통일방안 제안과 이에 관한 자
    세한 논의를 제시하고 있다(*A History of the Korean Reunification Movement: Its
    Issues and Prospects*, Peoria: Research Committee on Korean Unification,
    Institute of International Studies, Bradley University, 1984).
15. 같은 책, p. 107~108.

16. Martin Hart-Landsberg, "Korean Reunification: Learning from the German Experience," *Journal of Contemporary Asia* 26: 1, 1996; Kim Hak-Joon, "The Republic of Korea's Northern Policy, Origin, Development, and Prospects," *Korea Under Roh Tae-Woo: Democratization, Northern Policy, and Inter-Korean Relations*, James Cotton, ed., Australia: Allen and Unwin, 1993.

17. Roh Tae Woo, "July 7, 1988 Special Declaration in the Interest of National Self-esteem, Unification, and Prosperity," *Korea Under Roh Tae-Woo*, p. 317.

18. Hong Chul Yum, "The Unification Dialogue Between the Two Koreas in the 1990s," *Asian Perspective* 14: 2, 1990 Fall/Winter, pp. 78~79.

19. Kang Suk Rhee, "Koreas Unification, The Applicability of the German Experience," *Asian Survey* 13: 4, 1993 Apr., p. 360.

20. 같은 책, pp. 372~73.

21. Sohn Jie-Ae, "Older, But Wiser," *Business Korea*, 1994. 7. 25.

22. Michael Breen, "Trade and its Impact on Korean Unification," *Korea Economic Weekly*, 1993. 12. 6.

23. Kim Chang-young, "Foreign Domination of N. Korean Market Worries Business Circle," *Korea Times*, 1994. 10. 21.

24. Perry Wood, "The Strategic Equilibrium on the Korean Peninsula in the 1990s," *Korea Under Roh Tae-Woo*.

25. "Kim Hits Japan's Rash Moves to Improve Ties With P'yang," *Korea Times*, 1995. 10. 11.

26. James Sterngold, "South Korea President Lashes Out at U. S.," *New York Times*, 1994. 10. 8.

27. John Burton, "On the Front Line: Kim's Balancing Act-War and Peace," *Financial Times*, 1994. 12. 31.

28. "Preconditions for Peace," *Korea Times*, 1994. 9. 16.

29. Han Dong-soo, "Seoul Will Solely Be Responsible for Setting Up New Peace Regime," *Korea Times*, 1996. 4. 16.

30. "Kim Calls for Resumption of S-N Talks," *Korea Times*, 1996. 3. 2.

31. Jin Min Chung and John D. Nagle, "Generational Dynamics and the Politics of German and Korean Unification," *Western Political Quarterly* 45: 4, 1992 Dec., p. 857.

32. Michael Baker, "N. Korea Threat Prods Seoul to Muzzle Internal Dissent,"
Christian Science Monitor, 1996. 11. 14, p. 6.

33. 민주주의와 통일의 상관관계에 관한 통찰력 있는 논의로는, Paik Nak-chung,
"South Korea: Unification and the Democratic Challenge"(*New Left Review* No.
197, 1993 Jan./Feb.) 참조.

34. "Risk in Campus Activism," *Korea Herald*, 1996. 5. 18.

35. Nicholas D. Kristof, "At Crossroads of Democracy, South Korea Hesitates,"
New York Times, 1996. 7. 10, A3.

옮긴이 후기

6월 25일은 옮긴이에게는 수많은 기념일들과 마찬가지로 별다른 감흥이나 느낌 없이 잠깐 기억하고 지나가는 날이었다. 한국전쟁 50돌이라는 숫자의 마력도 별 힘을 발휘하지 못했을 것이다. 마틴 하트-랜즈버그의 이 책을 접하지 못했다면 말이다.

구한말, 일제시대, 해방, 한국전쟁, 분단, 그 이후 지금까지를 미국 외교정책과 이에 대한 한국인의 대응을 중심으로 다룬 이 책은, 우리가 90년대 들어 완전히 머리에서 지우다시피 한 사실을 다시 기억하게 한다. 한반도의 분단과 독재정권의 암흑기는, 미국의 패권주의에 의해 발생됐고 지탱되었다는 사실을 구체적인 증거를 바탕으로 해서 설득력 있게 제시하고 있다. 남한 사람 상당수가 80년 광주항쟁을 계기로 이 점에 눈뜨고 90년대 초 사회주의권 붕괴와 함께 이 사실을 머리속 깊은 곳에 잠재우고 1997~98년 외환위기의 피로감으로 완전히 잊었다면, 저자는 19세기 제국주의 시대부터 신자유주의가 판치는 2000년까지를 한눈에 바라보며 자신의 신념을 더욱 강화시키고 있다.

저자는 한국 근현대사 100년을 사회변혁을 꿈꾸는 이 땅 민중과 한반도를 전세계적 패권 확보의 희생양으로 삼는 미국의 투쟁으로 이

야기하고 있다. 그 모순이 가장 파괴적으로 폭발한 때는 저자가 민족 통일을 위한 내전으로 규정하는 한국전쟁이다. 미국이 편의에 따라 지도 위에 설정한 38선이라는 '가상의 선'을 지우려던 그 피비린내 나는 시도는 50년이 지난 지금까지도 성공하지 못하고 있다.

이 책의 가장 큰 장점은 일본의 조선합병, 미국의 한반도 분단, 한국전쟁, 남한 독재정권의 탄압과 광주항쟁, 외환위기를 부른 경제구조적 문제, 북한 사회주의의 변질과 고립을 미국 외교정책 분석을 통해 일관되게 설명한다는 점일 것이다. 2차 세계대전 이후 독일과 일본의 경험을 통해 미국의 외교정책이 결코 남한에만 국한된 것이 아니라는 점도 보여준다. 미국인이라는 제3자의 눈을 통해 보는 한국 근현대사는 남북한의 경험을 객관적으로 볼 수 있는 좋은 기회를 제공한다.

물론 그렇다고 저자가 한국의 역사를 미국이라는 외세의 힘에 전적으로 의존한 역사로 보는 것은 아니다. 그는 구한말 의병운동으로부터 시작된 민중의 투쟁, 특히 일제시대 좌파의 등장에서 8, 90년대까지 이어진 사회변혁 투쟁을 강조하며, 바로 이 역사에서 통일의 희망을 찾고 있다. 또 분단이라는 악몽만 사라진다면, 한국인들은 자기 모순적인 자본주의와 실패한 '우리식 사회주의' 경제체제라는 틀에 얽매이지 않고 민주적이며 평등하며 자주적인 국가를 건설할 것이라고 기대한다.

하지만 날로 복잡한 양상을 띠는 남한의 노동자와 자본가 간 모순, 권위주의로 변질된 북한 사회주의의 모순, 여기에 전세계를 휩쓸고 있는 신자유주의적 세계화의 대공세까지 겹치면서 50년 전보다 훨씬 복잡해진 한반도 문제가 '가상의 선'을 지우는 것만으로 해소될지는 의문으로 남는다.

물론 저자는 그 답을, 전쟁의 폐허를 딛고 60년대는 북쪽에서 '경제기적'을, 80년대는 남쪽에서 또 다른 '기적'을 이룬 한국인들에게 요구하는 듯하다.

마지막으로 한국어판의 부족함이나 잘못은, 당대 편집진의 노력과 자료수집 및 교정의 수고를 아끼지 않은 아내 박정숙의 도움에도 깔끔하고 명쾌한 원문을 제대로 소화해 내지 못한 옮긴이의 무능 탓임을 밝힌다.

2000년 6월 1일
옮긴이 신기섭